Contraste insuffisant des couvertures
supérieure et inférieure

BIBLIOTHÈQUE SOCIOLOGIQUE INTERNATIONALE
Publiée sous la direction de M. RENÉ WORMS
Secrétaire-Général de l'Institut international de Sociologie.

XIX

SCIENCE SOCIALE

ET

DÉMOCRATIE

ESSAI DE PHILOSOPHIE SOCIALE

PAR

G.-L. DUPRAT

Docteur ès lettres
Professeur de philosophie
ancien élève de l'École de psychologie de Paris

PARIS
V. GIARD & E. BRIÈRE
Libraires-éditeurs
16, rue Soufflot

SCIENCE SOCIALE

ET

DÉMOCRATIE

ESSAI DE PHILOSOPHIE SOCIALE

OUVRAGES DU MÊME AUTEUR :

L'Instabilité mentale. Essai sur les données de la Psycho-Pathologie, Paris, V. Alcan, in-8°.

Rapports de la Psychologie et de la Sociologie (Imprimerie Nationale), brochure in-8°.

L'Education physique à l'Ecole, brochure in-8°, Bordeaux, Gounouilhon.

Morphologie des faits sociaux, brochure in-8°, Paris, Giard et Brière.

Baldwin, **Interprétation morale et sociale des principes du développement mental,** traduit par Duprat (Giard et Brière).

En préparation :

Les causes sociales de la Folie.

BIBLIOTHÈQUE SOCIOLOGIQUE INTERNATIONALE
Publiée sous la direction de M. RENÉ WORMS
Secrétaire-Général de l'Institut International de Sociologie.

XIX

SCIENCE SOCIALE

ET

DÉMOCRATIE

ESSAI DE PHILOSOPHIE SOCIALE

PAR

G.-L. DUPRAT

Docteur ès Lettres,
Professeur de Philosophie,
Membre de la Société de Sociologie de Paris.

PARIS

V. GIARD & E. BRIÈRE

LIBRAIRES-ÉDITEURS
16, Rue Soufflot, 16

1900

A Messieurs Buisson et Durkheim,

Vous êtes l'un, parmi les éducateurs de la démocratie française, le premier et le plus généreux ; l'autre, parmi les sociologues français, un initiateur, un maître. Souffrez que je vous dédie à tous deux cet essai, destiné surtout aux plus modestes de vos disciples, à ceux qui, pour être de bons éducateurs du peuple, doivent, à mon avis, avoir étudié la science sociale.

G. L. DUPRAT.

AVANT-PROPOS

Nous n'avons pas voulu écrire une œuvre de polémi-
que politique : la philosophie est étrangère aux agitations des partis. Nous n'avons pas voulu davantage
faire œuvre négative : nous reconnaissons la valeur de
tous les faits historiques ; nous nous inclinons devant
leur nécessité quand nous ne pouvons les comprendre,
et nous supposons en principe qu'ils furent ce qu'ils
devaient être pour l'évolution normale de l'humanité.
Notre essai relève de la « pars construens » d'une philosophie sociale encore embryonnaire. Nous avons cru
nécessaire, étant donné notre foi dans l'avenir de la démocratie, d'apporter notre contribution à la recherche
philosophique des moyens scientifiques d'organiser rationnellement l'Etat de demain.

L'auteur de cet ouvrage n'est pas un sociologue, bien
que disciple, souvent infidèle il est vrai, de MM. Espinas
et Durkheim, à qui la sociologie française doit beaucoup.
Il s'occupe surtout des questions d'éducation, mais la
pédagogie lui offre l'occasion d'étudier la psychologie
et la sociologie. Il a été vivement frappé de ce repro-
che adressé à l'éducation française par un étranger ami
de la France (1) : « A travers toutes les vicissitudes de la

(1) M. Baldwin, professeur à l'Université de Princeton.

Duprat 1

vie républicaine en France, nous voyons une nation qui cherche *au hasard* ce qu'elle pourrait bien enseigner à ses enfants » (1); et aussi par la raison que donne de ce fait le même écrivain : « En France, on tenta d'appliquer d'emblée la philosophie démocratique d'un homme ou d'une école de penseurs dans son originalité absolue : le résultat a montré qu'il est impossible de créer ainsi de toutes pièces un nouveau moule social avec pour fondement les idées de « liberté, d'égalité et de fraternité », qui avaient si peu de rapports avec le développement antérieur de la vie nationale en France ».

Ces considérations sont en effet fort justes. Nul pays n'est plus attaché que notre pays à la démocratie ; mais un régime vraiment démocratique est loin d'y être réalisé. La Sociologie, la Philosophie sociale, l'Education rationnelle ne peuvent-elles nous aider à réaliser notre idéal social ? Nous l'avons cru. Si nous nous étions trompé, ce serait à douter de la réalisation d'une forme sociale qu'appelle de ses vœux la majorité des Français.

29 mai 1899.

G. L. Duprat.

P. S. Nous avons cru devoir reproduire à certains endroits de ce livre des idées émises dans deux communications au Congrès des Sociétés savantes en 1898 et 1899 et dans un article de la *Revue internationale de sociologie*, de mars 1899.

(1) Interprétation des faits moraux et sociaux. Trad. Duprat, p. 458.

INTRODUCTION

LES PRINCIPAUX SYSTÈMES POLITIQUES

Position du problème. — I. Platon. — II. Aristote. — III. Hobbes. — IV. Spinoza. — V. Montesquieu. — VI. Rousseau. — VII. Vue rétrospective. Comte

Y a-t-il une organisation sociale conforme à la fois aux exigences de la raison et aux prévisions qu'autorise la connaissance scientifique de la vie en société ? En d'autres termes, peut-on concilier la politique avec la science sociale et avec la morale en même temps ? Ce problème est déjà ancien : la *République* de Platon, la *Politique* d'Aristote, le *De cive* de Hobbes, l'*Esprit des lois* de Montesquieu, *Le Contrat social* de Rousseau, la *Philosophie positive* de Comte peuvent nous fournir ou nous suggérer des solutions diverses dont nous devons au moins tenir compte. Car bien que les idées de ces divers penseurs se rattachent à une conception sociologique particulière à chacun d'eux, la diversité de leurs opinions n'est pas plus grande que celle que présentent les théories sociologiques contemporaines.

Selon que, de nos jours, on considère la société comme analogue à un être biologique ou à un être psychologique ou bien qu'on reconnaît aux faits sociaux une essence propre, irréductible à celle des faits psychologiques ou biologiques, la sociologie change d'aspect. De même on voit dans l'histoire

des doctrines politiques combien les conclusions diffèrent
selon l'idée que se sont faite les penseurs de la société et de
son mode d'existence par rapport aux autres phénomènes de
la nature. Le rapprochement est donc intéressant et l'étude
des principales doctrines politiques est susceptible de nous
orienter dans notre recherche d'une doctrine rationnelle et
conforme aux indications de l'expérience systématisée.

                              I

Dans l'antiquité grecque, la politique de Platon, s'oppose à
celle d'Aristote comme la construction *a priori* s'oppose à l'expérience. De plus, ainsi que l'a dit M. Espinas, dans son introduction à l'étude des sociétés animales, chez Platon, « la
morale est le guide de la politique », tandis que chez Aristote
la morale s'adapte aux conditions qu'impose la nature même
de la vie politique. La politique d'Aristote abonde en observa-
tions de faits sociaux; celle de Platon, en prescriptions dédui-
tes des principes de la morale. Celle-ci s'applique à un peuple
idéal et elle montre à des hommes corrompus « les voies pour
rentrer dans l'ordre divin » (1).

Comment dès lors le meilleur gouvernement ne serait-il pas
pour Platon celui du pasteur divin, n'ignorant rien de la dialectique, de la science des idées, de leur hiérarchie, et capable
de conduire les hommes à la plus grande ressemblance possible avec la divinité. Ce pasteur divin n'a pas besoin de lois :
« il embrasse l'infinie variété des êtres et des relations », il est
sage et bon et ses commandements sont toujours l'expression
même de sa sainteté. S'il n'est qu'un idéal irréalisable, qu'il
serve du moins de modèle. Remplaçons sa domination par
celle de la loi : il en résultera une division de l'Etat en trois
parties analogues aux trois parties de l'âme humaine ; un

____

(1) Renouvier, *Manuel de philos. anc.*, t. II, p. 160.

corps de magistrats composé des meilleurs citoyens qui devront connaître la loi idéale et la prescrire aux deux autres ordres : à celui des guerriers afin qu'ils la reconnaissent et la fassent respecter, et à celui des artisans qui toujours trop prompts à la rébellion devront être surveillés et soumis à la domination des magistrats, par les guerriers, (pleins d'un courage éclairé qui les fait comparer dans leur ensemble à un lion dompté) (1). La justice vient de la hiérarchie ainsi établie, qui fait que chaque ordre a sa vertu : les artisans, la tempérance, les guerriers, le courage, et les magistrats, la sagesse.

Toute la politique platonicienne a son centre dans la conception d'une aristocratie philosophique. La démocratie est une forme inférieure qui n'est préférable qu'aux formes corrompues de la monarchie et de l'aristocratie : la tyrannie et l'oligarchie (2). Le bonheur des Etats ne sera assuré que lorsqu'étant sous le régime monarchique ils auront pour rois des philosophes, ou bien qu'étant sous le régime aristocratique, les sages y seront rois. « Le Sage est le représentant de Dieu, le bras dont Dieu se sert pour façonner une matière rebelle : il est l'âme de la cité qui devant lui n'est plus qu'un corps inerte... Il décrète la communauté des biens et exécute lui-même le partage des terres. Il défend à ses sujets de s'enrichir; il proscrit les professeurs de luxe, il bannit les poètes. Il prend les mesures nécessaires pour que les plus beaux hommes soient unis aux plus belles femmes en temps convenable. Il veille à ce que les enfants restent inconnus de leurs mères elles-mêmes et fait conduire à certaines heures toutes les mères auprès des nourrissons qu'elles allaitent indistinctement. Il fixe le nombre des enfants dont la cité a besoin. Il détermine la classe à laquelle chacun devra appartenir suivant ses aptitudes. Il empêche chacun de sortir de ses attributions qui ne doivent être que d'un seul genre. A chacun la sienne : aux artisans, le tra-

(1) République. Livre IV.
(2) Cf. Républ. Livre VIII.

vail; aux philosophes, la science... L'éducation est dans la main du philosophe, les études, les jeux, les chants des enfants, tout, jusqu'aux promenades des femmes enceintes et au mouvement des berceuses est réglé par sa volonté et rien de tout cela ne doit changer jamais... » (1).

Ce résumé suffit à montrer comment le régime aristocratique se concilie chez Platon avec le régime communiste le mieux réglé, le plus tyrannique qu'on puisse concevoir pour l'individu qui n'appartient pas à la caste toute-puissante des philosophes. Toute cette théorie politique ne repose que sur une conception particulière de l'âme humaine et de ses facultés et sur une analogie supposée de l'Etat et de l'homme. Nous voyons dans le IIe livre de la République que « la justice appartient non seulement à l'homme mais encore en quelque façon à la cité. La cité n'est-elle donc pas plus grande que l'homme? — Elle est plus grande en effet. Par conséquent la justice y est peut-être plus grande aussi et plus aisée à reconnaître, à étudier? » Comme le dit Kistiakowski (2), après Hermann (3), « pour Platon l'Etat est un homme en petit ».

On observe les mêmes divisions dans la cité platonicienne et dans l'âme humaine. C'est la même vertu qui résulte de la même harmonie, de la même subordination de la multitude à l'unité.

Cette analogie est bien un point de départ, un postulat : elle n'est pas le résultat de recherches d'abord distinctes sur l'Etat et sur l'individu. Elle ne repose sur rien, mais sur elle repose tout un système (4). L'attribution d'une nature divine et immortelle à l'âme supérieure, à l'Intellect, opposée à la nature périssable des deux autres âmes, autorise toutes les hardiesses spéculatives dans la conception de l'âme raisonna-

(1) Espinas. *Les Sociétés animales*, Introduction, p. 22.
(2) Gesellschaft und Einzelwesen. Berlin, Liebmann. 1899.
(3) Gesch. st. Syst. d. Platon. Phil.
(4) Cf. Kistiakowski, *op. cit.*, p. 6 et 7.

ble, de l'intellect de la cité ; elle mène à l'idée d'un gouvernement théocratique ayant pour mission de réaliser la « Cité de Dieu », elle ne peut laisser subsister dans l'âme du législateur quasi-divin que mépris pour cette foule qu'il s'agit d'ordonner comme le démiurge ordonna toutes choses dans le monde sensible, en soumettant la diversité à la domination de l'unité, la matière au joug de l'intelligence, la force dût-elle être sans cesse employée pour cela. La cité, comme l'individu d'une part, comme le monde entier d'autre part, doit présenter l'harmonie qu'expriment les formules mathématiques du Timée : il doit y avoir des différences et des intermédiaires convenables entre les différents degrés ; toutes les proportions requises par les lois de l'harmonie astronomique ou musicale doivent être gardées. La philosophie de Platon est un système où tout se tient, où tout a pour centre la théorie des Idées : la politique en fait partie ; son vice est celui de l'ensemble.

Il est vrai que Platon a cherché dans son livre des Lois à se rapprocher de la réalité et à concevoir une cité plus aisément réalisable, plus humaine, plus naturelle. Il s'efforce de démontrer que la vie sociale repose non sur des inventions humaines, mais sur un ensemble de tendances naturelles mises dans le cœur de l'homme par la Providence. Il signale l'influence du climat, de la température, de la nourriture, des conditions physiques et ethniques, dans lesquelles se constitue un Etat, sur la forme politique de cet Etat. Il renonce à son communisme ; mais non pas cependant à son organisation en quelque sorte mathématique de la cité. Il poursuit jusqu'au bout son rêve d'harmonie terrestre à l'image de la divine harmonie. Aussi les Lois « tendent-elles visiblement à remonter aux mêmes institutions que la République. Les grands ordres de l'Etat y sont les mêmes. Le gouvernement, qui s'y trouve, il est vrai, plus déterminé, est un mélange de formes diverses, qui n'est pas ce qu'il veut être et qui tend à l'oligarchie » (1). Dès qu'il tente de se rapprocher des conditions de l'expérience, Platon voit tout son édifice crouler.

II

Aristote demande à l'observation ce que Platon demandait à la spéculation : l'ordre normal des éléments de la cité. L'homme est un animal économique et politique par sa nature même, et c'est pourquoi la cité et la famille sont des formes naturelles, dont on peut étudier l'essence et les transformations comme celles des autres formes naturelles. La politique, en tant que science plus générale comprend l'économique et l'éthique ; aussi la science de la vie sociale ne sort-elle pas de la morale ; c'est au contraire la morale qui pour prescrire des règles applicables à l'homme en tant qu'être naturel doit s'adapter aux conditions politiques de l'existence humaine.

Si la vertu individuelle est pour Aristote la fin de l'Etat, il ne faut pas oublier que la vertu individuelle a pour fin à son tour la vie en société, et qu'ainsi la cité est un véritable organisme où les éléments et le tout sont réciproquement fin et moyen. La félicité sociale et la félicité individuelle sont inséparables. Toutefois Aristote se laisse guider comme à son insu par des idées *a priori* ou des préjugés qui exercent la plus grande influence sur sa politique : celles de la perfection individuelle, du juste milieu, de ce qui convient à l'homme libre. Pourquoi en effet, a-t-il presque le même mépris que Platon pour les artisans, pour le peuple ? Pourquoi ne veut-il pas que l'on enseigne aux enfants l'exercice des professions mécaniques et salariées ? Parce que l'exercice d'un métier déforme le corps et rabaisse l'esprit.

En cela Aristote est bien de son pays et de son temps. Il a comme tous ses concitoyens le culte de l'harmonie et de la

(1) Renouvier, *Manuel de philos. anc.*, II, p. 172.

beauté que Platon avait poussé aussi loin que possible. Il hait les mouvements désordonnés du peuple ; en tout il veut de la modération et c'est pourquoi la meilleure forme de gouvernement lui paraît être cette République dans laquelle la classe moyenne maintient l'équilibre entre les riches et les pauvres, préserve l'Etat des excès de l'oligarchie et de ceux de la démagogie, impose à la vie politique comme à la morale le principe du juste milieu.

La théorie exclut de la vie politique proprement dite tous ceux qui ne savent qu'obéir, que leur lâcheté, leur faible intelligence, leur bassesse rend esclaves de leurs passions d'abord, des autres hommes ensuite. Si elle confond avec ces esclaves les artisans, c'est qu'en Grèce le travail n'était pas ce qu'il est devenu de nos jours, une nécessité et un honneur pour tous. Il supposait une contrainte exercée sur des êtres inférieurs pour procurer les biens extérieurs à ceux qui pouvaient seuls s'occuper à acquérir les biens de l'âme, la vertu et la science.

L'égalité morale de tous les hommes, la fraternité ne pouvaient donc être conçues par un Grec, malgré le génie si puissant d'Aristote. L'idéal démocratique ne pouvait être imaginé qu'après l'avènement des idées stoïciennes et chrétiennes.

Cependant Aristote se rapproche autant qu'il lui est possible d'une conception démocratique : le citoyen est celui qui participe à la direction des affaires publiques, qui fait les lois pour s'y soumettre ; le gouvernement est bon, quel qu'il soit, pourvu qu'il assure le règne de la loi. Mais il est des formes politiques qui offrent à ce point de vue plus de garanties que les autres ; la royauté, surtout lorsqu'elle est héréditaire, est dangereuse et ne peut avoir de réels avantages que dans des cas exceptionnels ; l'aristocratie et la démocratie sont les deux formes les plus communes et les plus stables ; cependant la vanité méprisante des riches et la jalousie envieuse des pauvres les corrompent : il se forme deux partis ennemis dans la

cité, des troubles naissent qui mettent en péril la République.
Comment faire admettre par la multitude des pauvres, la domination du petit nombre des riches? Il faut que les meilleurs
gouvernent au nom de la raison, mais il n'est pas nécessaire
que les meilleurs soient les plus riches; ils peuvent appartenir à la classe moyenne ou à la classe des pauvres. Il semble
qu'Aristote ait été gêné sur ce point par sa classification toute
artificielle des gouvernements, fondée sur le plus ou moins
grand nombre de gouvernants. Ce n'est pas parce qu'il y a
un grand nombre de gouvernants que le régime est pour cela
démocratique ; Aristote reconnaît lui-même que le régime démocratique est bien plutôt caractérisé par ce fait que tous les
citoyens doivent y être électeurs et éligibles. C'est donc, semble-t-il, aux citoyens à élire parmi eux sans distinction de fortune, ceux qu'ils estiment les meilleurs. Mais un souci égalitaire
pousse les démocraties à substituer le tirage au sort à l'élection des magistrats par le peuple : Aristote (Montesquieu l'a
suivi dans cette voie) en fait, à tort un des traits essentiels de
la démocratie alors que c'est un caractère accidentel du gouvernement du peuple par lui-même. Rien n'est plus contraire
que le tirage au sort au choix éclairé des meilleurs, et c'est
pourquoi sans doute Aristote oppose aussi nettement l'aristocratie à la démocratie et cherche une conciliation dans l'exercice du pouvoir par une classe moyenne. La distinction qu'il
établit entre le pouvoir exécutif, le pouvoir législatif et le
pouvoir judiciaire, sa conception générale du rôle de l'Etat
dans l'éducation des enfants, sont d'ailleurs foncièrement démocratiques.

III

Avec Hobbes nous voyons la raison humaine essayer de justifier une forme historique commune, mais que la plupart des
morales réprouvent : la tyrannie. Pour comprendre cette ten-

tative, provisoirement, il faut admettre contrairement à Aristote que l'homme n'est pas un animal politique. L'axiome fondamental de la politique de Hobbes est la formule célèbre: *homo homini lupus*. Si l'homme, naturellement égoïste ne peut vivre sans léser les intérêts d'autrui, ce n'est que par le raisonnement et par la crainte qu'il sera amené à abandonner le régime de la lutte pour adopter le système pacifique de la coopération. La volonté de l'homme est le grand principe de la transformation intellectuelle et sociale. C'est la volonté qui crée le langage (1), la raison se constitue à l'aide du langage : « Apparet rationem non esse nobiscum natam, neque sola experientia acquisitam, sed *industria* » (Leviathan 1re partie chap. 5). De même, la société, œuvre de raison, est une création artificielle de l'homme. Sans doute, comme l'indique une note du *De cive*, la solitude est insupportable à l'homme; mais quelle distance n'y a-t-il pas entre la simple recherche de la vie en commun et l'organisation sociale? Pour la faire parcourir à l'homme il a fallu inventer une discipline spéciale. Mais personne n'était capable primitivement d'imposer cette discipline à ses semblables : tous les hommes étaient égaux, aucune autorité ne se trouvait dans la nature des choses, car aucune inégalité n'est naturelle (2). Cependant comme l'égalité primitive était une cause incessante de conflits, comme les hommes n'avaient d'autre moyen de résoudre les conflits qu'en faisant appel aux armes, l'insécurité était générale et le désir de paix devenait général aussi. Il fallait donc avoir recours à un monstre capable d'imposer la cessation des hostilités : « magnus ille Leviathan opificium artes et homo artificialis », maître absolu de tous les citoyens de par le Contrat social. Dans ce contrat les hommes renoncent expressément à leur liberté primitive : « Ego huic homini, vel huic cœtui, auctoritatem et jus meum regendi meipsum

(1) De Corpore, I, chap. 5, § 1.
(1) Cf. *De Cive*, I, 3-14, Leviathan, I, 13.

concedo, ea conditione ut tu quoque auctoritatem et jus tuum tui regendi in eumdem transferas » (1).

Léviathan a tous les pouvoirs ; s'il ne peut disposer à son gré de la vie des citoyens (2), du moins il peut opprimer les individus selon sa convenance ; il fixe arbitrairement les croyances religieuses et morales, les idées de crime et de vertu. C'est le monarque absolu dans tout ce qu'il a de plus hideux pour les partisans de la liberté individuelle. Cependant il est accueilli comme un libérateur, comme un Dieu, car il apporte un bien inestimable : la paix.

La souveraineté du monarque absolu est indivisible ; elle ne peut se fragmenter en pouvoirs distincts. Le roi est, dans cet être vivant que constitue la société, comme la volonté dans le corps humain : il est la volonté du « Corps social ».Diviser la volonté est impossible sans l'anéantir, diviser le pouvoir absolu c'est le détruire et retourner à l'état de guerre sans avoir les avantages de l'absolue liberté primitive. Il faut donc que la volonté du souverain soit législatrice,qu'elle soit inséparable de la raison : « Leges, id est ratio civitatis ». Toutes les forces gouvernementales émanent de la force cœrcitive : diminuer celle-ci c'est affaiblir la cohésion sociale, c'est débiliter l'organisme social.

Il est superflu d'entrer ici dans le détail de la doctrine politique de Hobbes ; il nous suffit de voir son principe, sa base. Cette tentative audacieuse de justifier la tyrannie repose uniquement sur une erreur psychologique et sociologique : l'absence de sentiments sociaux suffisants pour empêcher l'homme d'être un loup pour l'homme, alors même qu'il n'y est pas contraint par la crainte des gendarmes.Mais en admettant même que cette idée fondamentale de Hobbes fût une idée vraie, n'y aurait-il pas encore disproportion entre le rôle pacificateur du pouvoir politique et l'existence du mons-

(1) Leviathan III, chap. 17.
(2) Leviathan, XXI.

tre Léviathan ? Sur quoi est fondé ce désir immodéré de paix
qui fait renoncer l'homme libre à toute liberté ? Si cette incli-
nation pacifique est tellement forte qu'elle puisse faire accomplir un si grand sacrifice, comment ne suffit-ellepas à écarter
les horreurs de la guerre ?

IV

Spinoza ne voit dans la société rien de réel en dehors des
individus. Or l'essence de l'individu ne comporte pas *a priori*
que l'homme soit un animal politique; mais par ce fait qu'elle
consiste dans le « conatus » qui le fait être, elle lui confère une
puissance et par cela même un droit ; car le droit naturel a la
même extension que la puissance naturelle. « Puisque Dieu a
droit sur toutes choses et que son droit n'est rien de plus que
sa puissance, il s'ensuit que chaque chose de la nature a autant de droit naturel qu'elle a de puissance pour existor et
pour agir (1) ». « Par droit naturel, j'entends donc la puissance même de la nature. Tout ce que fait un homme d'après
les lois de sa nature, il le fait par le droit suprême de la nature » (2).

« Si la nature des hommes était telle qu'ils puissent vivre
selon les prescriptions de la seule raison, le droit naturel pourrait être déterminé parla seule puissance de la raison. Mais les
hommes sont plutôt conduits par une cupidité aveugle que
par la raison .., et leurs cupidités sont plutôt des passions
que des actions » ; de sorte que le droit naturel doit être restreint par un contrat, car « la raison prescrit absolument de
rechercher la paix », et elle entraîne la création d'une société
civile, indispensable d'ailleurs pour la réalisation même du
droit naturel. Celui-ci n'est rien d'effectif, il « existe en opinion plutôt qu'en fait » dans l'état primitif. « Jus naturæ vix

(1) Tract. pol. II, 3.
(2) *Ibid*, II, 4,

potest concepi, nisi ubi homines jura habent communia ».

Les hommes doivent donc s'unir « de façon à ne faire qu'un corps et une âme ». Or si l'on suit les prescriptions de la raison, on ne pourra plus dire : « Homo homini lupus », mais « Homo homini deus ». Ce qui fait que l'union rationnelle des hommes aura pour résultat d'accroître encore la liberté de chacun : « Finis ergo reipublicæ libertas est ».

Sans doute, le gouvernement a le droit de contraindre les individus « à faire, qu'ils le veuillent ou non, ce qui est nécessaire au salut de la République », car son devoir est, une fois qu'il est institué, de s'efforcer de persévérer dans son être. Pour cela, il doit user de son droit qui est égal à sa puissance, et celle-ci est considérable puisqu'elle est faite de renoncement de chacun (par le *Contrat social* lui-même), à une partie de son droit naturel. L'Etat, d'après Spinoza comme d'après Hobbes, décide de ce qui est juste et bon ; il a seul le droit de venger les injures faites aux particuliers et d'imposer des règles sanctionnées par des châtiments (1).

Mais d'abord, il ne faut pas oublier que l'Etat ne peut agir que d'après la droite raison ; s'il est livré à des passions, il diminue sa puissance. « Des décrets capables de jeter l'indignation dans le cœur du plus grand nombre des citoyens ne sont pas dans le droit de l'Etat, car la puissance et le droit de l'Etat diminuent d'autant plus qu'il fournit lui-même à un plus grand nombre de citoyens des raisons de s'associer dans un grief commun » (2). En outre, et c'est ce qui découle du texte que nous venons de citer, les individus n'ont fait le sacrifice que d'une partie de leur droit naturel, ils ont conservé une certaine puissance qui leur permet de faire appel à l'insurrection dans les cas extrêmes et de renverser par une révolution le Gouvernement existant. Quand un Gouvernement

(1) Ethique, IVᵉ part., prop. 37, sch. 2.
(2) *Traité politique*, Ch. III, § 9.

est ainsi renversé, c'est qu'il méritait de l'être, ayant perdu sa puissance par ces vices, ses passions.

L'Etat doit s'efforcer de rendre ses citoyens vertueux afin que sa puissance croisse avec la leur ; mais « on ne peut forcer personne à la béatitude ». « La concorde doit être obtenue non par la terreur, mais par le libre consentement de chacun (1) ». Le gouvernement fait donc appel à la bonne volonté de ses sujets. Pour cela, il faut qu'il ne soit pas comme le Léviathan de Hobbes une force qui maintient son pouvoir tyrannique par la terreur qu'elle inspire ; il faut que sa volonté ne diffère pas foncièrement de la volonté individuelle quand elle est raisonnable. C'est pourquoi la démocratie est le meilleur, le plus rationnel de tous les gouvernements. Dans l'état démocratique la puissance individuelle et la puissance sociale ne sont pas opposées l'une à l'autre comme deux forces d'origine différente ; leur séparation n'est autre que celle qui permet à l'individu d'être à lui-même son propre législateur.

Bien que la monarchie et l'aristocratie soient susceptibles de faire régner la raison et par conséquent de se conserver elles-mêmes comme formes gouvernementales, elles sont beaucoup trop près du règne de l'arbitraire et des passions. « Dans la démocratie, les ordres absurdes sont moins à craindre que dans les autres gouvernements ; il est en effet presque impossible que la majorité d'une grande assemblée donne ses voix à une absurdité », en outre la forme démocratique est « la plus rapprochée de la liberté que la nature donne à tous les hommes (2) ».

Dans la politique spinoziste tout semble parfaitement cohérent Un point important cependant a besoin d'être éclairci : comment l'Etat peut-il être en quelque sorte un produit artificiel de la volonté humaine, le résultat d'un contrat entre in-

(1) *Tract. théol. polit.*, Chap. XVI.
(2) Cf. *Tract. theol. pol.*, Chap. VII, et *Traité polit.*, Ch. V, § 4.

dividus et avoir comme tout être naturel, un conatus qui lui
est propre, une essence distincte, une tendance à persévérer
dans son être ? Si l'on allait du tout cosmique à l'individu en
passant par la société, on comprendrait que la force sociale
soit intermédiaire entre la force universelle, la puissance divine et les modes individuels de la substance ; mais Spinoza
va de la puissance divine à la puissance individuelle pour remonter à la puissance des individus associés ; ce n'est pas de
la force sociale que les citoyens tirent leur puissance politique individuelle, c'est de la force des citoyens réunis que sort
la puissance de l'Etat. Un mode nouveau est créé, un corps
nouveau et une âme nouvelle, dans les modes universels de
l'étendue et de la pensée. Le processus par lequel naît la vie
sociale est un processus contraire à celui de l'imagination qui
divise, multiplie les modes passagers de l'être ; c'est un processus rationnel qui tend à l'unité. La société, fondée sur « la
communion des individus dans l'ordre du mouvement et dans
l'ordre de la pensée (1) » se rattache par là même à la moralité. En devenant un être social l'individu ne fait que se rapprocher de son idéal moral, que conquérir comme Spinoza l'a
bien dit, une plus grande valeur métaphysique, une plus
grande liberté. Si le progrès moral est dans l'ordre de la nature, la constitution de la société d'êtres raisonnables, de la
démocratie, est, elle aussi, un fait naturel ; il n'y a rien d'arbitraire, rien d'artificiel dans la formation d'Etats qui tendent à
la réalisation d'une République universelle, embrassant toute
l'humanité enfin affranchie.

V

« Montesquieu, dit M. Paul Janet (2), est au moins le Des-
cartes s'il n'est pas le Newton de la politique ». En effet, avec

(1) Espinas, *loc. cit.*, p. 38.
(2) *Histoire de la science politique*, V. II, p. 479, sqq.

lui les spéculations sur la nature de l'Etat et les conditions du gouvernement semblent faire un pas décisif dans le sens d'une plus grande rigueur scientifique. « Montesquieu, dit M. Durkheim (1), est le premier à avoir conçu distinctement que les faits sociaux appellent une explication comme les autres phénomènes de la nature... Il ne serait pas de son temps s'il était resté étranger aux préoccupations pratiques ; mais il ne les sépare pas complètement des problèmes théoriques : il entend que la science serve à éclairer la pratique ».

Les institutions d'un pays doivent être adaptées aux conditions d'existence et aux mœurs de ses habitants : tel est le principe général posé par Montesquieu. Le législateur ne fait œuvre utile que si les lois qu'il propose conviennent à l'état des mœurs et à la grandeur, à la nature du pays où il entreprend de légiférer. Pour une société donnée il y a donc un genre de lois et de gouvernement correspondant, qu'il s'agit de découvrir car seul il est convenable : la République ne convient qu'aux petits peuples, le despotisme est propre aux grands empires, la monarchie aux nations d'étendue moyenne. Chacun de ces gouvernements a un principe particulier ; si ce principe est violé, la forme sociale se corrompt. La nature du gouvernement républicain veut que le peuple y ait la puissance, celle du gouvernement monarchique veut que la puissance appartienne au prince selon des lois établies, enfin celle du despotisme entraîne que la puissance appartienne à un seul sans contrôle ni règle ; quant aux principes, celui de la République est la vertu, celui de la monarchie est l'honneur, celui du despotisme est la crainte.

Mais n'y a-t-il pas lieu d'établir une hiérarchie des gouvernements au point de vue de leur valeur morale ? Sans doute, les différents gouvernements correspondant à des conditions différentes, aux divers climats, aux diverses nations, selon

____
(1) Cours inédit.

qu'elles ont plus ou moins d'étendue et des mœurs déjà plus
ou moins fixées, il va sans dire que ce qui est bon ici est in-
acceptable ailleurs ; mais la pensée n'est pas précisément satisfaite par cette diversité tant qu'on ne la ramène pas d'une
façon quelconque à l'unité d'un principe rationnel. N'y a-t-il
aucun progrès possible pour les peuples efféminés, soumis
jusqu'ici au joug odieux du despotisme ? Les grands Etats ne
pourront-ils pas devenir des Etats fédératifs composés de petites Républiques ? L'idée du progrès social semble trop étrangère à la pensée de Montesquieu. Cependant il reconnaît
qu'un gouvernement démocratique peut devenir aristocratique, puis monarchique et enfin tomber dans le despotisme,
par suite de son extension territoriale, de l'accroissement du
nombre de ses habitants, de l'abandon de ses principes fondamentaux. L'idéal est pour lui évidemment une constitution
d'ordre moyen où le pouvoir soit fort, mais où personne ne
puisse abuser du pouvoir.

Moins éloigné de la démocratie que de la tyrannie, il préfère cependant à la première forme de gouvernement la monarchie constitutionnelle dont l'Angleterre lui offre le modèle.
Le régime démocratique ou l'aristocratique, qui n'est qu'un
« régime démocratique imparfait », suppose le gouvernement
direct du peuple par le peuple; dès que le peuple a des représentants et une magistrature organisée, le régime est plutôt
celui de la monarchie constitutionnelle. Dans l'état monarchique le pouvoir royal est tempéré par un nombre variable de
pouvoirs modérateurs intercalés entre le roi et la multitude :
chacun a une certaine autonomie. L'existence de ces pouvoirs
intermédiaires est caractéristique de cette forme de gouvernement, elle entraîne ce que l'on appelle la distinction des pouvoirs : législatif, judiciaire, administratif ou exécutif. Montesquieu croit pouvoir ainsi réaliser le maximum de liberté dans
l'Etat ; car la liberté politique consiste à ne pas être contraint

de faire ce que la loi n'oblige pas à faire ; en d'autres termes,
à être soumis uniquement à la domination de la loi.

Dans la République, le principe du gouvernement est la
vertu faite de désintéressement, de dévouement aux intérêts
de tous ; mais la vertu politique est rare chez les hommes,
c'est un ressort interne sur lequel Montesquieu n'ose pas
compter beaucoup. Dans la monarchie constitutionnelle chacun tient à honneur de remplir sa fonction, de conserver son
rang. Sans doute, « l'honneur est le préjugé de chaque personne et de chaque condition » (1); ce n'est qu'un préjugé
d'une valeur morale bien inférieure à celle de la vertu ; mais
il est beaucoup plus efficace. « Les vertus de la monarchie
sont toujours moins ce que l'on doit aux autres que ce que
l'on se doit à soi-même (2) », mais parce qu'elles tiennent à
l'orgueil que chaque homme conçoit de l'exercice de ses fonctions, elles consistent surtout à empêcher que l'on soit inférieur à soi-même, que l'on descende au-dessous de ce que l'on
a valu. C'est ce qui fait les monarchies prospères : la liberté
politique s'y concilie avec la promptitude de l'action, la systématisation, l'empressement à servir le prince et à sacrifier
par point d'honneur les intérêts privés aux intérêts publics.

En affirmant sa préférence pour la monarchie constitutionnelle, Montesquieu montre son sens pratique, son esprit utilitaire ; mais il ne perd pas de vue la fin de toute politique rationnelle : l'obéissance du citoyen à la loi raisonnable et à la
raison seulement. L'existence d'un souverain unique ne semble pas lui être indispensable ; la monarchie constitutionnelle
n'a de la monarchie que le nom ; c'est en réalité une aristocratie organisée selon le système représentatif qui donne au
peuple la plus grande partie du pouvoir à la condition qu'il
sache se faire représenter comme il convient.

(1) *Esprit des lois*, III, 8.
(2) *Ibid.* IV, 2.

VI

Rousseau se demande : « Quel est le gouvernement qui par sa nature se tient le plus près de la loi ? (1) » Or la loi est ce qui « donne au corps politique, créé par le pacte social, le mouvement et la volonté (2) ». «Ce qui est bien et conforme à l'ordre est tel par la nature des choses et indépendamment des conventions humaines. Il est une justice universelle, émanée de la raison seule ; mais cette justice pour être admise entre nous doit être réciproque. Faute de sanction naturelle, les lois de la justice sont vaines parmi les hommes. Il faut donc des conventions et des lois pour unir les droits aux devoirs et ramener la justice à son objet. Mais qu'est-ce donc enfin qu'une loi ? Tant qu'on se contentera de n'attacher à ce mot que des idées métaphysiques, on continuera de raisonner sans s'entendre ». La loi est une décision générale prise par la volonté générale sur un matière générale (3). « La loi considère les sujets en corps et les actions comme abstraites, jamais un homme comme individu, ni une action particulière... Toute fonction qui se rapporte à un objet individuel n'appartient point à la puissance législative ».

Rousseau définit la République: « tout Etat régi par des lois, sous quelque forme d'administration que ce puisse être ». Il s'ensuit que « tout gouvernement légitime est républicain » ; mais « la monarchie elle-même est républicaine si le gouverment est le ministre du souverain » (4). Aussi la forme gouvernementale peut-elle, doit-elle varier de pays à pays. Se demander quel est le meilleur gouvernement, c'est se poser une question insoluble à cause de son manque de précision : il y

(1) *Confessions.*
(2) *Contrat social*, livre II, chap. 6.
(3) Cf. *Ibid*.
(4) *Ibid*, note.

a « autant de bonnes solutions qu'il y a de combinaisons possibles dans les positions absolues et relatives des peuples...
Toutes choses d'ailleurs égales, le gouvernement sous lequel,
sans moyens étrangers, sans naturalisation, sans colonies, les
citoyens peuplent et multiplient davantage, est infailliblement
le meilleur ; celui sous lequel un peuple diminue et dépérit est
le pire. Calculateurs, c'est maintenant votre affaire : comptez,
mesurez, comparez (1) ». Vous constaterez d'ailleurs que « ce
qui fait vraiment prospérer l'espèce est moins la paix que la
liberté ». La paix en effet peut être réalisée par la tyrannie,
comme Hobbes l'a montré ; la liberté n'existe que si le peuple
est souverain, si la volonté générale fait toutes les lois, qu'elle
charge ensuite un monarque ou plusieurs magistrats de les
appliquer et de prendre des décisions particulières.

Le pacte social a eu pour objet de créer « une forme d'association qui défende et protège de toute la force commune la
personne et les biens de chaque associé et par laquelle chacun
s'unissant à tous n'obéisse pourtant qu'à lui-même et reste
aussi libre qu'auparavant (2) ». Une « personne publique se
forme ainsi par l'union des autres » qui prend le nom d'Etat
quand elle est passive et de souverain quand elle est active.
Les modalités du gouvernement dépendent des différents genres de ministres, mais ne peuvent en rien détruire cette exacte
correspondance de l'état et du souverain. Donc en droit, il n'y
a qu'un genre normal de vie politique : la démocratie pure ; il
n'y a qu'un seul genre de peuple propre à la législation :
« celui qui, se trouvant déjà lié par quelque union d'origine,
d'intérêt ou de convention, n'a point encore porté le vrai joug
des lois ; celui qui n'a ni coutumes, ni superstitions bien enracinées ; celui qui ne craint pas d'être accablé par une invasion
subite ; qui, sans entrer dans les querelles de ses voisins,
peut résister seul à chacun d'eux ou s'aider de l'un pour

(1) *Contrat social*, livre III, ch. 9.
(2) *Ibid*, livre I, ch. 6.

repousser l'autre, celui dont chaque membre peut être connu de tous et où l'on n'est point forcé de charger un homme d'un grand fardeau qu'un homme ne peut porter ; celui qui peut se passer des autres peuples et dont tout autre peuple ne peut se passer ; celui qui n'est ni riche ni pauvre et peut se suffire à lui-même ; enfin celui qui réunit la consistance d'un ancien peuple avec la docilité d'un peuple nouveau » (1).

La République de prédilection de Rousseau n'est pas plus grande et plus peuplée, moins vaillante et moins fière que la Corse, ou l'Etat de Thlascala dans le Mexique, ou même un canton suisse (2).

On a reproché à Rousseau d'avoir introduit en politique la notion d'absolu, que Kant a conservée dans sa morale. « Chaque homme est un monde qui se suffit ; monde absolu et indépendant : il est cette réalité auguste qu'on appelle une personne. Contre la personne et son autonomie native, nulle puissance de fait ne saurait prévaloir » (3). Rousseau ne considère pas la société comme un être naturel ; il en fait à son tour un artifice créé et maintenu par un libre fiat de la volonté humaine. Mais s'il a insisté plus qu'il ne fallait sur la liberté absolue de l'individu, il a du moins profondément gravé dans la pensée du XIXe siècle, dans notre pensée contemporaine, l'idée du respect moral pour la personne humaine, idée régulatrice du droit positif et directrice de la politique rationnelle.

VII

Au moment d'aborder l'examen sommaire de l'œuvre d'Auguste Comte en sociologie, il nous faut jeter un regard en arrière pour juger l'ensemble des résultats acquis par la phi-

---

(1) *Contrat social,* livre II, ch. X.
(2) Cf. *Ibid* et note *ad finem.*
(3) Espinas, *loc. cit.,* p. 45.

losophie sociale de Platon à Rousseau. Nous voyons immédiatement que les deux théories les plus arbitraires, celles de Platon et de Hobbes, aboutissent l'une à l'aristocratie avec tendance à la théocratie, l'autre à la tyrannie ; une doctrine toute métaphysique, celle de Spinoza, aboutit comme celle de J. J. Rousseau, plus historique, quoique fort *a priori*, elle aussi, à la démocratie ; Montesquieu et Aristote, tous deux beaucoup plus proches de l'expérience, nous feraient admettre un gouvernement mixte : le premier une monarchie démocratique, le second une aristocratie démocratique, si l'on peut s'exprimer ainsi. Tous, sauf Hobbes, se préoccupent de la liberté morale de l'individu, préconisent le règne de la loi en l'opposant au régime de l'arbitraire et proclament l'individu libre quand il obéit à des prescriptions rationnelles. On constate un progrès continu, dans l'histoire de la spéculation politique comme dans l'histoire des faits politiques, vers une reconnaissance de plus en plus explicite du respect de la dignité humaine, des droits moraux de l'individu. Pour la plupart, en outre, les philosophes ont montré l'importance de l'éducation, qui fait des individus des êtres sociables, au gré de la société qui les instruit, leur inculque ses principes et même ses préjugés.

Ce qui a fait défaut en général aux théories sociales *a priori*, c'est, en dehors de l'esprit positif lui-même, la conception des faits sociaux comme phénomènes constituant un ordre à part, ayant leurs lois spéciales, irréductibles aux lois de l'esprit ou aux autres lois de la nature. Sans doute Platon, Aristote, Hobbes, Spinoza, Montesquieu, Rousseau ont tous parlé du « corps social », ou même de la société comme d'un « être vivant », d'une « chose de la nature » ; mais, le premier, Auguste Comte a conçu la possibilité et la nécessité d'une science sociale.

« Ce qu'il y a d'original et à notre avis de profond dans la philosophie de Comte prise intégralement, dit M. Espinas, c'est la tentative qu'il a faite pour marier deux éléments d'ordinaire séparés dans les autres systèmes : la pensée et l'amour, l'esprit et le cœur, *la science et la moralité* ». Avant lui, les philosophes s'étaient surtout préoccupés de concilier la moralité et les exigences pratiques de la vie sociale ; autour de lui on disait « que les conséquences morales d'une doctrine ne devaient compter pour rien dans le jugement qu'on en portait, que la spéculation était une chose, la pratique une autre... Avec Kant, mieux que Kant peut-être, notre compatriote a compris, je ne dis pas la souveraineté du point de vue moral, mais ses rapports profonds avec le point de vue scientifique (1) ».

« Vivre pour autrui, dit Comte, subordonner la personnabilité à la sociabilité ne cessera pas de constituer jusqu'au bout le bien et le devoir suprêmes ». La science sociale lui enseigne en effet que la prépondérance de la société sur l'individu va s'accentuant, et qu'après avoir obéi à des prescriptions théologiques, puis à des prescriptions métaphysiques, l'homme obéissant à des prescriptions sociologiques verra dans toutes les obligations qui lui seront imposées par la raison un devoir social à remplir.

La nature de la civilisation pose comme condition au progrès social la division des pouvoirs politiques, tout d'abord de la puissance spéculative et de la puissance active. La philosophie présidera à la réorganisation spirituelle ; l'esprit inspirera aux forces matérielles le respect des lois morales, car c'est à la morale qu'appartient la suprématie sociale ; il établira les devoirs de chacun pour en faire découler les droits particuliers et permettra à la charité de chasser l'égoïsme ; enfin, l'autorité spirituelle sera décisive en matière d'éducation, elle donnera une éducation industrielle, esthétique, scientifique et philosophique qui engendrera des convictions morales aussi stables qu'universelles et permettra de résoudre les problèmes sociaux dans le sens de la justice et de l'amour des hommes les uns pour les autres.

(1) Espinas, *op. cit.*, p. 114-115.

La distinction entre les fonctions dites publiques et les fonctions dites privées, ne saurait subsister; chaque membre d'une société bien organisée est un fonctionnaire de cette société, un vrai fonctionnaire public. Il devient dès lors possible de concevoir l'ensemble de la hiérarchie sociale à ériger sur les ruines de l'ancienne distribution en classes ou castes. Dans l'ordre social, les activités particlles se subordonnent les unes aux autres suivant leur degré de généralité et d'abstraction. Ainsi la progression sociale devient comme le prolongement de la série animale, et les caractères qui distinguent les divers degrés de la hiérarchie humaine doivent même être analogues à ceux qui distinguent les divers degrés d'animalité. Or si la dignité animale dépend de l'action exercée par le système nerveux, la dignité sociale dépend de la prédominance accordée par l'être, en lui, aux facultés proprement sociales.

Dans la hiérarchie industrielle, Auguste Comte place au premier rang les banquiers à cause de la généralité de leurs opérations abstraites ; ensuite viennent les commerçants puis les manufacturiers, enfin les agriculteurs dont les travaux sont plus complets et les relations plus particulières. La subordination plus spéciale de l'ouvrier à l'entrepreneur repose sur le même principe, ainsi que toutes les autres. L'économie politique reçoit de la philosophie positiviste une base toute nouvelle : à mesure que les travaux deviendront plus concrets leur utilité réelle sera moins contestable et par conséquent leur rémunération mieux assurée, en même temps l'indépendance sera plus grande et la responsabilité moins étendue. Il y aura compensation des inconvénients inhérents aux situations inférieures par les avantages qui leur seront assurés.

La prépondérance de la richesse disparaîtra, car la richesse dépend de l'extension des travaux entrepris et de leur utilité ; or l'extension est généralement en raison inverse de l'utilité, il y a opposition entre les deux facteurs de la richesse qui ne peut s'accroître outre mesure tant que subsiste l'ordre social réglé par la philosophie positiviste. D'ailleurs, la puissance exorbitante du capital qui tient les prolétaires à l'écart du système social ne peut manquer d'être détruite. Les devoirs des classes supérieures envers le peuple ne sont pas réglés par le principe chrétien de l'aumône : ils consistent en général dans l'obligation de procurer à tous l'éducation et le travail, avec rémunération convenable du travail. Mais il appartient au pouvoir central de régler ces détails (1).

Car « loin d'admettre avec Fichte que le rôle du gouvernement est de se rendre inutile, la politique qui résulte de la sociologie proclame que l'organisme social ne peut agir qu'en s'incorporant dans une personnalité individuelle ; elle établit de plus que l'action centrale doit croître en raison de l'indépendance et de la vitalité des membres composants. Une nation est d'autant plus gouvernée qu'elle est plus libre. Une part considérable est aussi laissée par cette politique à l'esprit de continuité et de tradition » (2).

La philosophie sociale d'Auguste Comte était « destinée à faire disparaître tout ce qui subsiste encore de l'ancien système politique, arrêter le développement de l'Ecole catholique, en posant dans l'ordre des idées sociales, en présence de l'esprit religieux, l'esprit scientifique, son éternel antagoniste » (3). En fait, la politique continue à s'inspirer surtout d'idées métaphysiques ; la distinction de la science et de la pratique pousse certains esprits, comme au temps d'Auguste Comte, à considérer la politique comme un art qui exige beaucoup d'expérience et point de connaissances théoriques.

Le moment est peut-être opportun de rechercher à nouveau sur quels fondements repose la philosophie sociale et quels fondements elle peut fournir à son tour à l'art politique et à

(1) Cf. *La Sociologie* d'Aug. Comte, rés. p. Rigolage, Chap. XII.
(2) Espinas, *loc. cit.*, p. 113.
(3) Rigolage, *op. cit.*, p. 37.

l'éducation. Si l'on parvenait à établir d'une façon quasi-scientifique la valeur d'une conception démocratique de la vie sociale, on contribuerait sans doute à l'union des bonnes volontés et au développement normal de la civilisation.

PREMIÈRE PARTIE

LA SOCIOLOGIE

CHAPITRE PREMIER

LA SOCIOLOGIE ET LES AUTRES SCIENCES

I. — *Rapports généraux des sciences entre elles*

Auguste Comte a placé la sociologie au sommet de la hiérarchie des sciences, non seulement parce qu'elle est de toutes
celle dont l'objet est le plus complexe, mais aussi parce qu'elle
est conditionnée par toutes les autres. En outre, toutes les
sciences sont des faits sociologiques ; les découvertes qui font
le progrès des divers ordres de connaissance sont des événements sociaux dont on peut faire l'histoire, qui occupent une
place dans le développement de l'humanité, des faits dont la
science sociale doit montrer l'enchaînement et les différents
rapports : de sorte que la sociologie domine les autres sciences
et est capable d'en faire la systématisation.

Mais il faut distinguer les rapports de la sociologie avec les
autres sciences, considérées comme produits de l'esprit humain, des rapports de la sociologie, science particulière elle-
même avec les autres sciences particulières. Dans ce dernier
cas, il vaut mieux examiner quels rapports ont entre eux les
objets de nos divers ordres de connaissance, car des rapports
analogues existent nécessairement entre les sciences correspondantes.

Personne qui réfléchisse n'ignore que les sciences positives
prennent délibérément pour objets des abstractions : les nom-

bres, les grandeurs géométriques, le mouvement, les qualités physiques, les organismes, la pensée, la société. On remarque une hiérarchie parmi ces abstractions qui deviennent de plus en plus complexes, de moins en moins intelligibles, à mesure que l'on s'éloigne des mathématiques pour se rapprocher de la sociologie. On s'aperçoit même bien vite que l'on ne peut pas réduire les unes aux autres ces diverses abstractions, et la fameuse formule universelle qui représenterait sous une équation mathématique le devenir total des phénomènes concrets de l'univers n'a sans doute jamais été l'objet de recherches sérieuses. La qualité irréductible à la quantité, la pensée irréductible au mouvement, voilà des formules toujours vraies mais déjà vieilles ; on peut y ajouter : le mouvement irréductible à l'espace et au temps, l'organisation biologique irréductible à des processus physico-chimiques, etc.

L'unité de la science ne doit pas être cherchée dans la réductibilité du « supérieur à l'inférieur », comme le disent les métaphysiciens, ou d'un ordre quelconque d'abstractions à un autre ordre, de celui-ci à un autre et ainsi de suite jusqu'à ce que l'on parvienne à un genre unique de phénomènes. De sorte que les rapports assignables entre les diverses sciences ne sont pas des rapports de science achevée à sciences imparfaites et provisoires ; ce sont des rapports de subordination ou de coordination.

Toutefois les sciences ne sont pas simplement juxtaposées les unes aux autres. Leurs objets appartiennent à des genres séparés ; mais l'existence des genres supérieurs est conditionnée par celle des genres inférieurs ; de sorte que les sciences dont l'objet est le plus complexe sont conditionnées par celles dont l'objet est le plus simple. Tout fait social présuppose des faits mécaniques, physico-chimiques, biologiques, psychologiques, ainsi que tout fait biologique suppose des faits mécaniques et physico-chimiques. L'être concret comprend tous les ordres de relations qu'étudient les diverses sciences : on peut voir en lui, par abstraction, un être physique, un organisme, un système de consciences, un être social ; mais il est tout cela en même temps et pour le connaître il faut faire appel aussi bien à la physique qu'à la biologie et à la sociologie. N'est-il donc pas tout naturel que l'on commence par étudier les lois les plus simples auxquelles cet être est soumis, les conditions élémentaires, et, pour ainsi dire, matérielles de son existence. Si ces conditions étaient autres, ne serait-il pas un être psychique, un être social tout différent ?

La constitution chimique de ses tissus par exemple, a une grande influence sur certaines de ses relations sociales : elle entraîne certains modes d'existence, d'alimentation, d'aération, qui déterminent certaines techniques, des relations industrielles et commerciales, des entreprises coloniales et tant d'autres phénomènes sociologiques qui tous s'enchaînent et mènent à de grands effets pour des causes bien petites en apparence. Le milieu physique, l'ordre cosmique dans lequel vivent les individus, détermine en partie leur nature sociale ; il n'est pas, comme l'a fait remarquer Auguste Comte (1), jusqu'aux dimensions de notre planète, qui, en assignant d'insurmontables limites à l'extension de la population, n'aient au moins autant d'importance en sociologie qu'en biologie. Toutes les perturbations atmosphériques et surtout de grands événements cosmiques tels que des inondations, des tremblements de terre, ont leur répercussion dans la sphère des faits sociaux. Bref les obstacles que la nature oppose à la volonté, tout comme les auxiliaires qu'elle lui fournit ; les lois de toutes sortes auxquelles un être, quel qu'il soit, doit se soumettre et que pour cela il doit connaître ; les influences accidentelles qu'il lui faut subir, les événements imprévus qui l'accablent ou le sauvent, selon que la science lui refuse ou lui prête son concours, voilà des sujets de recherche scientifique qui inté-

---

(1) Cf. *La Sociologie*, résumée par Rigolage, p. 37.

Duprat   3

ressent non pas seulement tel ou tel ordre de savants, mais tous les savants, chacun restant placé toutefois à son point de vue particulier.

Le temps n'est plus où l'on pouvait opposer la nature à la société et voir dans cette dernière une invention humaine. De laborieux penseurs de notre époque ont trop bien montré d'abord qu'il y a, outre la société humaine, des sociétés animales naturellement constituées (1), ensuite que l'homme est, comme l'avait dit Aristote, un être naturellement sociable ; enfin qu'il n'y a pas de lieu habité sur la terre où la vie sociale ait jamais manqué d'exister et de se développer conformément aux lois les plus générales qui régissent la nature entière. Sans doute, on peut reconnaître avec M. Baldwin qu'il y a une différence entre les « compagnies animales » et les « sociétés humaines » ; et avec M. Lester Ward que la société humaine doit tellement au caractère rationnel de l'homme qu'elle est actuellement comme une invention de la raison (qui seule l'a rendue possible sous sa forme présente, qui seule a permis son évolution, son perfectionnement) ; mais la raison humaine est-elle donc étrangère à la nature ? et si la vie sociale que nous vivons est en partie son œuvre, n'est-elle pas en définitive le produit de ce qu'il y a de plus essentiel à la nature même ?

La société humaine avec son fondement rationnel et naturel à la fois, a pu modifier l'aspect d'un coin de l'univers ; elle a pu triompher des forces aveugles, les diriger, les faire servir à ses fins. Bien plus, elle a tantôt avancé tantôt retardé l'évolution physique, supprimant les obstacles ou les accumulant. C'est donc une puissance naturelle de la plus haute importance dont toutes les sciences de la nature doivent tenir compte. Non pas que la société puisse tenir en échec la loi de la gravitation ou la loi de l'hérédité en elles-mêmes ; mais

_____

(1) Espinas. *Les Sociétés animales.*

elle peut du moins modifier certaines conséquences qu'entraî-
neraient ces lois. La vie sociale peut, par exemple, déterminer
des modifications biologiques assez importantes pour que le
physiologiste soit obligé d'en tenir compte.

Comment dès lors les savants de tout ordre ne s'intéresse-
raient-ils pas aux résultats de la sociologie, de même que les
sociologues sont instruits nécessairement des résultats de
toutes les autres sciences?

II. *La Société, fait naturel.*

Dans un ouvrage récent, « Outlines of Sociology » (Macmillan, 1898, Londres et New-York), Lester Ward a recherché précisément les rapports de la sociologie avec la cosmologie et la
biologie, les deux grandes sciences qui peuvent, dans l'ensemble embrasser toutes les sciences physiques, exception
faite toutefois de la psychologie et de la sociologie. La nature
n'est d'après lui ni favorable, ni hostile à l'homme et par conséquent à la vie sociale (1); elle est « dépourvue de toute qualité morale, de toute intelligence » et c'est précisément pourquoi elle peut être asservie par l'homme à ses fins individuelles
et sociales ; tandis que si « elle avait des sympathies et des
préférences, elle serait pour l'homme un despote, comme elle
l'a été aux premiers temps de son existence » (2). La vie sociale ne serait donc qu'un accident dans l'évolution cosmique,
ainsi d'ailleurs que la vie organique, la conscience et la raison?

En effet, l'auteur affirme « que la nature ne tend à aucun
but défini, par l'introduction de la vie organique en elle ».

Sans doute on constate une « tendance au progrès, au perfectionnement des structures biologiques, dans l'histoire de la

(1) P. 25, p. 36, *op. cit.*
(2) P. 36, *Ibid.*

terre depuis que la vie y a été introduite ; mais rien ne permet de croire qu'il en sera toujours ainsi » (1). Il est faux que, comme l'a prétendu le Dr Gray (2) après bien d'autres, et comme semble le supposer la doctrine la plus conforme aux vues de Darwin, « accumuler le plus grand nombre possible « d'êtres vivants dans un espace donné, et leur procurer, dans « les conditions où ils se trouvent, la vie la plus large (la plus « organique, la plus systématique) dont ils puissent jouir, soit « le but que semble se proposer la nature ». Pas de finalité dans la nature ; les organismes sont plus complexes simplement parce que plus de force est accumulée en eux : il y a chez eux « concentration ou localisation de l'énergie cosmique ». Cependant on y voit naître un « système de coopération » en tout analogue au système social, qui n'est « après tout qu'une modification du processus uniforme et universel de concentration de cette énergie cosmique », identique sans doute à la force de Spencer. Mais dès qu'on parle de système, on introduit fatalement la finalité (3). Aussi M. Lester Ward estime-t-il qu'avec la vie organique la finalité entre en quelque sorte subrepticement dans la nature, d'où elle ne sortira plus, puisque nous la retrouverons en sociologie ; mais dès lors, il y a solution de continuité dans l'évolution cosmique, au moment même où la vie organique apparaît ; un nouveau règne commence ; celui qu'étudiera la Bio-psycho-sociologie dont parle M. Goblot (4).

III. — *Le système des sciences.*

Laissons de côté pour le moment les conséquences du rapprochement de ces trois sciences : la biologie, la psychologie

(1) *Op. cit*, Ch. III, p. 42.
(2) « Darwiniana », New-York, 1877, p. 175.
(3) *Op. cit.*, p. 49.
(4) *Essai sur la classification des sciences.*

et la sociologie. Bornons-nous à l'examen de cette idée que la vie sociale et la vie organique sont des accidents dans le monde, que c'est par accident que l'homme s'est trouvé doué d'un cerveau puissant qui eût pu tout aussi bien appartenir à une espèce animale physiologiquement supérieure aux ancêtres de l'homme (ce qui eût entraîné une modification radicale de l'aspect présenté par notre globe terrestre).

On a reconnu la thèse de l'empirisme : les qualités qu'étudient *in abstracto* les diverses sciences se sont surajoutées les unes aux autres, juxtaposées accidentellement ; le monde ne constitue pas un système et la science dont le monde est l'objet ne constitue pas davantage un tout systématique : il n'y a que des sciences juxtaposées ; leur enchaînement n'est pas nécessaire ; la sociologie eût pu être tout autre qu'elle n'est : elle ne repose pas sur des principes nécessaires, valables pour toute pensée ; bref, elle n'est qu'une coordination de faits contingents. Voilà les conséquences de la doctrine empirique, les mêmes pour la science en général que pour la sociologie en particulier.

Peut-on cependant se refuser à souscrire aux exigences de « l'esprit systématique » ? Nous entendons par ces deux mots le fond même de la raison. Celle-ci veut en effet reconnaître partout un ordre nécessaire, des lois ; et non pas seulement des séries partielles dont les termes soient ordonnés, mais encore un ordre dans l'ensemble de ces séries. Elle ne se contente pas de reconnaître la finalité dans tel ou tel domaine, dans le domaine biologique ou le domaine sociologique ; elle veut la voir partout, soit que la catégorie de finalité doive être rangée au nombre des concepts premiers de l'entendement, soit que, comme le voulait Kant, la finalité doive être postulée par une sorte de « jugement » différent de l'entendement.

La science sera systématique ou elle ne sera qu'une mauvaise rapsodie, déconcertante pour la raison humaine, impropre à satisfaire notre esprit. Et pour que la science soit systématique, il faut que le monde entier ne fasse qu'un système orienté vers certaines fins. Nous ne nions pas la contingence naturelle, restreinte il est vrai dans de très étroites limites. Les existences les plus simples sont les plus rigoureusement déterminées à être ce qu'en fait elles deviennent ; mais les êtres complexes peuvent être dans l'avenir ceci ou cela, A ou B, sans que B soit plus nécessaire que A et réciproquement. Pour parler le langage aristotélicien, ils sont en puissance plusieurs choses, bien qu'ils ne doivent être en acte que l'une d'elles. Mais d'abord, les puissances données dans un même sujet pour le même moment sont très voisines les unes des autres, de sorte que la réalisation de l'une plutôt que celle de l'autre ne change pas d'une façon appréciable l'ordre du monde et la face de l'évolution ; en outre, la contingence sert surtout de base à la liberté des êtres raisonnables qui font un choix tantôt rationnel, tantôt dicté par la passion, selon leurs efforts spontanés. La contingence ne fait donc aucune place à l'accident, défini par Aristote encore : ce qui arrive sans but, en dehors de toute finalité.

Que de philosophes pensent comme nous sur ce point, se disent rationalistes, et reculent devant cette idée : la société, fin de l'évolution terrestre. Et cependant si l'on admet que la nature est un système, que son devenir est systématique, à plus forte raison le devenir de notre planète l'est-il : il a une fin, et la fin que les faits nous indiquent, n'est-ce pas cette vie sociale qui, si elle est un fait naturel, se place au sommet de la hiérarchie des phénomènes cosmiques connus de nous ?

Ce qui veut dire non pas que tous les phénomènes de la nature ont expressément pour fin la vie sociale, mais que tous ceux que nous constatons à la surface de notre globe rendent cette vie possible et lui permettent d'être l'efflorescence d'une énergie cosmique qui se manifeste de tant de façons diverses avant de prendre nettement conscience d'elle-même dans l'humanité.

Ce qui veut dire encore que toutes les lois établies par les diverses sciences, mécaniques, physico-chimiques, biologiques et psychologiques, sont non pas simplement préparatoires à la sociologie (car elles ont une valeur, une portée par elles-mêmes) mais telles que les lois sociologiques les complèteront, en feront un système achevé, satisfaisant pour la raison.

Par quelle dialectique passons-nous nécessairement des concepts scientifiques les plus simples, des sciences les moins complexes aux concepts et aux lois les plus difficiles à établir, même avec le concours de l'expérience, — du type mathématique au type sociologique ? — Ce n'est pas notre tâche de l'expliquer ici. D'ailleurs nous n'en serions pas capables : ce n'est pas trop d'une méditation d'un demi-siècle et d'un génie comparable à celui d'Hegel pour mener à bonne fin l'étude de « l'enchaînement dialectique des concepts fondamentaux de la science humaine », de ce système scientifique, dont nous concevons et affirmons la nécessité, dont nous voyons confusément les articulations, dont nous nous proposons enfin d'étudier ici une partie seulement en montrant les liens de la biologie, de la psychologie et de la sociologie.

CHAPITRE II

LA BIO-SOCIOLOGIE

I. *La sociologie.*

Si la nature est un système, comme la raison l'exige, les faits physico-chimiques préparent, appellent les faits biologiques sans se confondre avec eux. Autrement dit, les lois physico-chimiques auxquelles sont soumis tous les êtres ne nous satisfont pas, et pour parler la langue d'Hegel, le mécanisme, le chimisme et la téléologie organique sont trois moments successifs d'un même processus par lequel le concept objectif se réalise et l'idée devenue nature se développe. L'existence biologique est la finalité inhérente à la nature devenue intérieure à l'objet (1).

Car d'abord la vie est universelle. Où s'arrête la vitalité, où commence l'inertie, qui serait vraiment le contraire de la vie si elle pouvait se réaliser quelque part ? Partout il y a de l'énergie, de l'action, ne devînt-elle manifeste que par la résistance. La physique néglige cette activité universelle ; elle s'occupe des qualités qui constituent l'essence des phénomènes vus du dehors. Mais déjà la chimie est obligée de tenir compte des appétitions ou affinités et des répulsions ; déjà, elle pénètre dans l'intérieur du phénomène. Nous arrêterons-nous sur le seuil de la réalité, ne voudrons-nous pas voir la raison de ces attractions et de ces répulsions que présentent tous les êtres

(1) Cf. Noël, *La logique de Hegel*, Alcan, 1897.

de la nature à l'observateur superficiel ? « Si on étudie les phénomènes du dehors, dit avec raison M. Goblot (1), on n'y
trouvera certes rien autre chose que de la physique et de la
chimie, c'est-à-dire du mécanisme ; mais rien ne prouve qu'on
réussisse jamais ainsi à les expliquer complètement ». Sans
doute « jusqu'à présent presque tout ce qu'on a fait en physiologie se réduit à la physique biologique et à la chimie bio·
logique qui ne sont pas différentes de la physique et de la
chimie en général. Cela signifie seulement que la véritable
physiologie n'est pas encore ou est à peine commencée ». En
effet, derrière le mécanisme, il y a le dynamisme qui comme
l'a dit Leibnitz, rend raison du mécanisme ; il y a de l'énergie
derrière le mouvement, et toute énergie tend à une fin, et elle
est la vie même.

Mais cette vie diffuse s'oppose pour ainsi dire à elle-même
dans les êtres particuliers : un processus de différenciation
nous mène de l'homogénéité relative des matériaux dits
« inorganiques » à la complexité de la cellule, puis des organismes mono-cellulaires aux organismes pluri-cellulaires et
aux individus distincts, véritables colonies animales où l'unité
synthétique remplace l'homogénéité de l'unité brute. D'après
M. Lester Ward c'est ici que commence le domaine de la biologie : l'être biologique est pour lui un organisme composé par
l'association de plusieurs éléments tendant à une même fin et
aspirant par conséquent à l'unité de direction la plus rigoureuse possible. De quel droit considère-t-il les êtres mono-cellulaires comme étrangers à la vie organique ? La cellule n'est
pas un élément simple ; ce n'est pas un simple agrégat d'éléments chimiques ; la cellule vit et tout en elle jusqu'à ses der-
niers éléments vit encore. Et non seulement la cellule animale,
mais encore la cellule végétale vit elle aussi, ainsi que ses éléments, si proches de la prétendue matière inerte. Le champ

(1) *Op. cit.*, p. 290.

de la biologie est incontestablement aussi étendu que celui de la nature vivante ; qui donc pourrait lui assigner des limites sans se flatter de n'avoir point posé arbitrairement des bornes provisoires ?

Si M. Lester Ward a borné la biologie à l'étude des organismes pluri-cellulaires, c'est peut-être pour rendre plus aisée la comparaison des objets respectifs de la biologie et de la sociologie, comparaison dont on a souvent tiré cette conclusion que nous devons examiner maintenant : La Société est assimilable à un organisme et relève par conséquent en quelque sorte de la biologie.

II. *L'analogie biologique*

L'assimilation n'est pas récente. Thucydide et Platon l'avaient déjà faite. Hobbes et Hegel, puis H. Spencer l'ont renouvelée. Récemment M. Worms a repris (1) la plupart des arguments apportés par M. Spencer et y a ajouté des vues nouvelles et conciliatrices.

M. Spencer aperçoit d'abord quatre analogies entre la société et les organismes biologiques : 1° comme eux, « elle débute par de petits agrégats dont la masse augmente insensiblement » ; 2° comme eux, « elle a d'abord une structure si simple qu'on pourrait la considérer comme en étant dépourvue et sa complexité va croissant ensuite continuellement » ; 3° comme la société, les organismes « présentent d'abord une sorte d'indépendance des parties, et la dépendance mutuelle devient enfin si grande que l'activité et la vie de chaque partie n'est possible que par celles de tout le reste » ; 4° la vie et le développement d'une société sont indépendants de la vie et du développement de chacune des unités qui la composent, et sont de beaucoup plus de durée » ; il en est de même de

(1) Dans sa thèse « *Organisme et société* » Paris, Giard et Brière.

l'organisme qui survit à la disparition ou pluôt au remplacement continuel de chacune de ses parties. « Ce sont précisément les quatre points sur lesquels les organismes diffèrent
de toutes les autres choses de la nature... Le progrès régulier
de la simplicité à la complexité, présenté par les corps politiques comme par les êtres biologiques est la caractéristique
qui distingue les corps vivants des êtres inanimés au milieu
desquels ils se meuvent... Dans aucun agrégat, hors des agrégats organiques et sociaux, il n'y a un perpétuel remplacement
des parties compatible avec l'intégrité continue du tout. De
plus, les plus hautes sociétés, comme les plus hauts organismes, présentent ces caractères au plus haut degré (1) ».

Il y a cependant des différences entre les sociétés et les organismes biologiques ; mais M. Spencer les atténue le plus
possible en les signalant : 1° « Les sociétés n'ont pas de formes externes spécifiques... Mais dans le règne animal, aux
degrés inférieurs, les formes sont souvent très indéterminées,
les formes définies étant plutôt l'exception que la règle » ; 2°
« Les tissus vivants qui constituent un individu forment une
masse continue, tandis que les éléments vivants de la société
ne forment pas une masse continue et sont plus ou moins
dispersés sur quelque portion de la surface terrestre... Mais
aux degrés inférieurs du règne animal et du règne végétal il y
a des types d'organisation beaucoup plus proches qu'on ne le
suppose de l'organisation sociale, des types où l'on voit les
unités vivantes qui constituent essentiellement l'animal ou la
plante dispersées parmi une substance inerte ou que l'on peut
difficilement appeler vivante dans le même sens du mot. Tels,
quelques Protococci et les Nostocex, les Thalassicollæ ; quelques Acalèphes présentent en de notables portions de leur être
plus ou moins distinctement, ce type de structure ». De plus on
peut prétendre qu'il existe entre les hommes qui composent

____

(2) Spencer, *Essays scientific, political and speculative*, 1891.

une même société un véritable tissu intra-cellulaire « qui n'est pas dépourvu de vie, mais qui possède une vie d'un degré inférieur », subordonnée à celle des membres de la société et la conditionnant. « La végétation qui couvre un pays rend possible la vie animale dans ce pays » et par là indirectement la société humaine..; 3° « Tandis que les éléments essentiels d'un organisme biologique restent fixes dans leurs positions respectives, ceux de l'organisme social sont capables de changer de place »... Mais si les citoyens sont des éléments mobiles au point de vue privé, il n'en est pas de même au point de vue de leurs fonctions publiques ; s'ils s'absentent, ils doivent laisser quelqu'un pour les remplacer ; ils sont donc vraiment *attachés* à leur fonction sociale ; 4° « Tandis que dans le corps animal un seul tissu est chargé des fonctions de sensibilité, dans la société tous les membres sont des sujets sentants ». Mais chez les animaux inférieurs la sensibilité est commune à toutes les parties, confusément répandue en elles. De plus on peut remarquer que les sociétés ne sont pas sans présenter une différenciation analogue à celle que présentent les organismes biologiques dans leur système nerveux ; il y a une classe d'êtres sociaux qui possède une sensibilité beaucoup plus nette que toutes les autres, et « les classes occupées aux travaux de l'agriculture ou de l'industrie ont généralement moins d'aptitudes émotionnelles et intellectuelles que les autres et surtout que celles qui ont bénéficié d'une haute culture de l'esprit ». Cependant Spencer reconnaît que cette distinction est de toutes la plus importante et qu'elle vaut en ce sens que dans la société les éléments ne peuvent pas « perdre leur conscience individuelle », abdiquer complètement au profit d'un centre supérieur, comme le font les éléments biologiques, et ils le peuvent d'autant moins que « les collectivités dans leur ensemble n'ont pas une conscience commune ».

Mais, à part cette différence (sur laquelle M. Spencer insiste peut-être par suite de ses tendances individualistes plus que

ne l'eût fait un penseur collectiviste ou simplement « socialiste »)
les points de ressemblance sont si nombreux que l'on peut as-
similer même les fonctions sociales aux fonctions de l'organisme biologique. Les « profits correspondent à l'excès de
nutrition », la circulation des richesses est analogue à la circulation du sang, les fonctions gouvernementales se rappro-
chent des fonctions cérébrales. En suivant cette même voie,
M. Worms a vu dans la société l'analogue des tissus intra-
cellulaires, des organes, des fonctions de nutrition, circulation, relation, reproduction, etc.

III. *Différences entre l'organisme biologique et la société.*

Peut-on, d'après ces vues, conclure à l'identité foncière des
organismes biologiques et des organismes sociaux, considérer
par conséquent la sociologie comme une partie de la biologie,
en lui donnant sous le nom de bio-sociologie la même méthode et le même but ? Une affirmation de ce genre n'a jamais
été produite, croyons-nous, sous une forme aussi nettement
tranchée que celle que lui a donnée M. Fouillée dans son livre
sur la science sociale contemporaine, où il dit (1) : « La science
de la société humaine rentre dans cette science concrète qu'on
nomme biologie, qui n'est elle-même qu'une forme de la physique universelle ». Mais la plupart du temps on a risqué de
produire l'équivoque, de faire croire à la possibilité d'une
bio-sociologie qui n'en serait pas une. Il importe de démontrer tout d'abord l'impossibilité de confondre les organismes
sociaux et les organismes biologiques au point que leur science
soit une et du type biologique.

Y a-t-il vraiment dans la société comme dans le corps
humain, par exemple, une fonction de respiration ; une fonction

―――――――

- (1) P. 383.

de locomotion ? En admettant qu'il y ait exactement l'analogue des fonctions de nutrition, de sécrétion et d'excrétion, de reproduction, on ne peut s'empêcher de constater que bien d'autres manquent radicalement. Mais, dira-t-on (et c'est l'argument favori de M. Spencer), l'organisme social est plutôt comparable aux organismes biologiques inférieurs. Soit ; dès lors il faudrait que dans ces êtres tels que les Protococci ou les Acalèphes, on puisse retrouver l'analogue des fonctions sociologiques que remplissent l'art, la science, le gouvernement. On prétend les trouver, il est vrai, mais à quelle condition ? En faisant intervenir des phénomènes psychologiques inaperçus, en faisant en outre, de la psychologie et de la sociologie une même science, on trouve dans les êtres inférieurs des fonctions analogues à celles des organismes sociaux.

« Mentalisez » d'abord un organisme ; remplacez la cellule purement biologique, qui n'est qu'une abstraction, par une synthèse d'atomes psychiques ou de monades ; superposez à la vie la conscience, ici tout à fait obscure et là plus claire ; puis, « socialisez » ce que vous venez de « mentaliser » ainsi ; donnez à chaque élément psycho-physiologique une tendance à la vie en commun, à l'association, donnez à l'agrégat un gouvernement, une sorte de monarque avec l'âme, dont la sensibilité, l'intelligence, la volonté seront les ministres ; que la vie et la pensée commune circulent partout comme le sang et le prétendu « fluide nerveux » ; qu'une désagrégation psycho-physiologique vous représente une révolte de certains éléments las de la sujétion et, désireux de recouvrer leur autonomie, fondant un état dans l'état ; que les phagocytes vous paraissent remplir le rôle de gendarmes destinés à assainir moralement un pays ; allez même jusqu'à voir dans la fonction vicariante remplie par certains centres nerveux, le germe du remplacement spontané des fonctionnaires les uns par les autres, du père ou de la mère par le frère ou la sœur aînée dans la famille ; et conduisez-nous ainsi jus-

qu'au cœur même de la vie charitable en société ; qu'y aura
donc gagné la science ? Ne résultera-t-il pas une plus grande
obscurité encore de ces analogies parfois forcées. Et d'ailleurs
que prouve une analogie quand elle ne repose pas sur l'identité de phénomènes essentiels, de caractères prédominants
dans les deux termes que l'on considère ?

Comme l'ont remarqué entre autres, récemment, MM. Si-
miand (1) et Baldwin (2) la socio-biologie ne reposerait que
sur des analogies plus ou moins lointaines ; elle serait donc
sans valeur scientifique. Pour compléter le système de ses
analogies elle serait obligée, comme nous venons de le voir,
de recourir à la psychologie. Il est vrai qu'Auguste Comte
confondait la biologie et la psychologie et entendait faire
entrer la physiologie mentale dans le cadre des recherches
biologiques ; mais ses disciples eux-mêmes renoncent à cette
confusion. Sans doute les deux sciences sont proches parentes.
« C'est par une sorte de violence, dit M. Goblot (3), qu'on
sépare en deux la science des vivants, et cette scission a trop
souvent pour conséquence de spécialiser les études de la façon
la plus artificielle et la plus funeste. Beaucoup de physiolo-
gistes dédaignent, quelques-uns veulent ignorer les travaux
des purs psychologues ; ils emploient sans précision les termes de sensation, perception, image, souvenir, jugement et
tout le vocabulaire psychologique; ils se contentent des
explications les plus superficielles.. et croient achevée la théorie de l'association des idées, de la mémoire et de l'imagination, parce qu'ils ont découvert des fibres commissurales entre les diverses régions de la substance grise corticale. De leur
côté, certains psychologues prétendent se passer de l'anato-
mie et de la physiologie cérébrales et faire une science sans

____

(1) L'année sociologique. *Rev. de Mét. et de Mor.*

(2) Baldwin, *Interprétation morale et sociale des principes du développement mental.* Trad. Duprat, Giard et Brière, 1899.

(3) *Op. cit.*, p. 186.

autres données que celles de la conscience ». Heureusement pour la science objective « des ouvriers entreprennent un tunnel par les deux côtés et s'avancent patiemment les uns vers les autres. On appelle cette étude la *psychologie physiologique*. On l'a crue spéciale, or elle est destinée à devenir toute la physiologie et toute la psychologie. » En effet, d'après M. Goblot, toute la physiologie sera psychologique et toute la psychologie sera physiologique. « Il faut se rallier, comme à l'hypothèse la plus satisfaisante pour le présent, à l'identité de la physiologie et de la psychologie, non pas à la manière. des matérialistes qui absorbent la psychologie dans la phy-siologie, mais en élargissant la psychologie jusqu'à y com-prendre la physiologie tout entière. Car il y a non seulement une psychologie de l'animal, mais une psychologie du végétal une psychologie de la cellule, peut-être même une psycho-logie de l'atome, une monadologie (1). »

Par de telles déclarations M. Goblot ne vise-t-il pas à « mentaliser » l'univers ? et dès lors, quand il affirme que la sociologie est « déjà fort avancée dans la physio-psychologie, qu'un organisme est déjà une société »,fait-il autre chose que « socialiser » ce qu'il vient de « mentaliser », comme nous le disons plus haut ? Certes, c'est à bon droit qu'il voit partout dans la réalité les relations supérieures aussi bien que les relations inférieures, c'est à bon droit qu'il mentalise et qu'il socialise les organismes biologiques, mais il a tort de « men-taliser », si l'on peut s'exprimer ainsi, la biologie tout entière et de « socialiser » la psycho-physiologie. L'objet de chaque science est une abstraction bien déterminée : l'objet propre de la biologie est l'organisme, abstraction faite des phéno-mènes psycho-sociologiques qui font l'objet d'une étude dis-tincte ou plutôt de deux sciences également distinctes, comme nous le verrons plus loin.

(1) *Op. cit.*, p. 290.

N'ajoutons donc rien de psychique aux organismes biologiques et nous verrons mieux combien une véritable socio-biologie est irréalisable. C'est ce qu'ont bien compris M. Espinas d'abord, M. Worms ensuite.

« Sans aucun doute, dit M. Espinas (1), les sociétés sont des êtres vivants. Mais cette première solution n'est pas entièrement satisfaisante, car il n'est guère admissible qu'il n'y ait aucune différence entre les organismes matériels et les organismes sociaux et que la sociologie soit un simple prolongement de la biologie. Ce n'est pas assez de dire qu'une société est un être vivant, il faut chercher quel être vivant elle constitue et, par suite, en quoi la sociologie diffère de la science immédiatement inférieure ». Et l'on constate alors « qu'en passant d'un ordre à l'autre, le consensus organique devient solidarité, l'unité organique figurée dans l'espace devient conscience invisible, la continuité devient tradition, la spontanéité du mouvement devient invention d'idées, la spécialisation des fonctions reprend le nom de division du travail, la coordination des éléments se change en sympathie, leur subordination en respect et en dévouement, la détermination elle-même des phénomènes devient décision et libre choix »... « Corrigeant donc notre première définition nous dirons qu'une société est, il est vrai, un être vivant, mais qui se distingue des autres en ce qu'il est avant tout constitué par une conscience. Une société est une conscience vivante ou un organisme d'idées (2). »

On peut contester l'existence de la conscience sociale et nous reviendrons plus loin sur ce point très discuté ; mais on ne peut méconnaître la clarté avec laquelle M. Espinas a établi la distinction des organismes biologiques et des organismes sociaux. De même M. Worms déclare que si « la société est comparable, analogue à l'organisme biologique, elle est da-

(1) *Sociétés animales*, 2ᵉ édit., p. 527.
(2) *Ibid.*, p. 530.

Duprat   4

vantage, un supra-organisme, ou, exactement, qu'elle constitue un organisme avec quelque chose d'essentiel en plus ».

Ce qu'il y a d'essentiel en plus, ce qui précisément en fait un phénomène d'un autre ordre, c'est, d'après M. Lester Ward, la distinction et l'opposition des consciences individuelles, distinction qui met obstacle » d'après Huxley, à toute analogie sérieuse de la société avec l'organisme biologique. Mais il y a plus encore : tandis qu'en biologie nous ne considérons qu'un système de cellules, de tissus, d'organes qui sont pour nous comme n'existant pas encore pour soi, comme n'ayant pas encore conscience de leur être, en sociologie nous considérons un système d'êtres pensants, de sujets, eux-mêmes formés chacun de plusieurs subconsciences subordonnées à une conscience unique et constituant chacun une personnalité. C'est-à-dire que les relations dont la biologie nous oblige à prendre connaissance appartiennent à toutes les catégories sauf à une, la catégorie de personnalité, tandis que la sociologie a affaire à toutes les catégories de la représentation objective et subjective.

Le processus dialectique par lequel nous passons des relations les plus simples aux relations les plus complexes nous oblige, dans son ensemble, à passer de l'objet au sujet et, après les avoir opposés, à les concilier dans une synthèse supérieure le sujet-objet ou la personnalité. La biologie ne connaît encore que l'objet ; la sociologie synthétise le subjectif et l'objectif. L'esprit systématique exige qu'entre la sociologie et la biologie il y ait une connaissance du subjectif susceptible de s'opposer à celle de l'objectif pour se synthétiser ensuite avec elle.

CHAPITRE III

I. *L'analogie psychologique.*

Dans l'élégant discours qu'il prononça à la clôture du Congrès des Sociétés savantes de 1898 (dans lequel avait été dis-
cutée la question des rapports de la psychologie et de la
sociologie) (1), M. Darlu, après avoir constaté les progrès de la
conception psychologique de la société en opposition à la conception biologique, disait : « On comprend donc plus profondément les phénomènes sociaux si, au lieu d'y chercher les
lois de la vie animale, on y entrevoit les lois de la vie psychologique. Ainsi il est permis de considérer la nouvelle conception comme un progrès de la science sociale. »

Mais une sociologie qui se bornerait à « entrevoir les lois de
la vie psychologique » dans les phénomènes sociaux serait-
elle une vraie sociologie à plus juste titre que celle qui aper-
cevrait dans ces mêmes phénomènes les lois de la vie organique ? Aurait-elle fait plus que celle-ci, à savoir, découvrir les
lois qui conditionnent l'existence sociale sans cependant lui
être essentielles ? Pour prétendre qu'il suffit au sociologue de
montrer comment les lois psychologiques s'appliquent aux
faits sociaux, il faut être convaincu qu'il n'y a pas de lois
sociologiques proprement dites. Et s'il y a des lois propres à

____

(1) Cf. Duprat. *Rapports de la Psychol. et de la Sociol.*, Imprim. nationale, 1898.

la sociologie, il est bien certain que leur découverte est la vraie
tâche du sociologue sans préjudice de la tâche qu'entrepren-
dront de concert les sociologues et les psychologues pour
relier les deux ordres d'études, s'il en est besoin.

La question doit se poser ici aussi nettement que plus haut:
La société est-elle assimilable à l'être psychologique, de telle
sorte que la sociologie ne soit qu'une partie de la psychologie
et poursuive par la même méthode le même but, la découverte de lois psychologiques, applicables dès lors aussi bien
à une société qu'à un individu?

D'après M. Tarde (1), la société « aboutit à des fictions ou à
des créations d'objets généraux qui correspondent aux objets
déjà imaginés ou créés par l'esprit individuel pour harmoniser
les impressions et les impulsions confuses de son cerveau. Un
même problème conduit à des solutions analogues ». Aussi le
distingué sociologue assimile-t-il la conscience et la gloire, les
perceptions et les découvertes, la mémoire et l'imitation sociale,
les coutumes et les instincts, l'ataxie locomotrice et les crises
révolutionnaires, l'aboulie et l'anéantissement du patriotisme,
bref l'activité psychique et la vie sociale tout entière (2).

Que valent ces analogies ? Pas plus assurément que les
analogies biologiques. Elles ne sauraient davantage tenir lieu
de science. Pour qu'elles eussent quelque valeur scientifique,
il faudrait précisément que les mêmes lois, strictement les
mêmes, déterminent les phénomènes affirmés analogues. En
est-il ainsi dans la théorie de M. Tarde ? Nous y voyons que
« tout n'est socialement qu'inventions et imitations » (3), que
« le caractère constant d'un fait social quel qu'il soit, est
d'être imitatif, et que ce caractère est exclusivement propre aux
faits sociaux » (4), que par conséquent toutes les lois sociales

(1) *Logique sociale*, p. 112.
(2) Cf. *Logique sociale*, *passim*, notamment pp. 90, 109 sqq.
(3) *Lois de l'imitation*, p. 3.
(4) *Lois sociales*, p. 37.

sont dérivées des lois de l'imitation. Il n'en est pas de même
des lois psychologiques. Sans doute, les lois de l'habitude y
jouent un rôle prépondérant, et l'habitude est, par la répétition que généralement elle suppose et que toujours elle faci-
lite, proche parente de l'imitation qui n'est qu'une répétition
des actes d'autrui. Mais l'habitude suppose une modification,
l'imitation explique une nouvelle manière d'être chez un
individu en relation avec d'autres individus ; l'imitation peut
donc être un fait psychologique résultant de la vie sociale et
entraînant des conséquences sociales sans que l'ordre social
et l'ordre psychologique se confondent. Ici encore nous ne constatons que des analogies; par exemple, celle-ci : les êtres
sociaux se répètent les uns les autres comme les états de
conscience successifs tendent à le faire. Ceci prouve simplement que la répétition est un fait très répandu dans la nature,
sans doute universel, et en opposition constante avec l'innovation.

D'ailleurs personne n'a soutenu sérieusement que les lois
sociales se confondent avec les lois psychologiques, pas plus
que personne n'a soutenu qu'elles se confondent avec les lois
biologiques. Mais on va répétant que « la sociologie est une
simple psychologie sociale » (1) qu'en tant que « science spéciale
elle doit s'enfermer dans la série des phénomènes et dans leur
explication psychologique » (2); ce qui n'est pas sans créer des
malentendus. Toutefois il est un malentendu plus grave qui
est l'origine de beaucoup d'autres : il existe sur le sens du mot
psychologique. Trop souvent on confond individuel et psychologique, comme si l'individu ne pouvait pas être naturellement
aussi bien sociologique que psychologique. De quel droit
prétend-on que le sociologique cesse dès qu'il n'y a plus en
fait association d'individus ? C'est comme lorsqu'on prétend
que la biologie s'arrête aux êtres monocellulaires et n'a pas le

(1) Tarde, *La logique sociale*, ch. II, p. 87.
(2) Simmel. *Rev. de Mét. et de Mor.*, 2ᵉ année, sept. 1894.

droit d'en traiter sous prétexte qu'ils ne présentent plus une association d'éléments biologiques. L'individu dans la société et l'individu pris à part ne sont pas deux êtres différents et la qualité d'être social ne disparaît pas comme une relation tout extrinsèque. Car les relations sociales ont leur retentissement dans la conscience; elles ne sont pas seulement objectives; elles ont aussi une existence subjective.

De sorte que lorsqu'on observe l'individu, on y constate à côté de faits purement psychiques, des sentiments, des idées, des faits en un mot, d'origine et de nature sociale, que l'on croit purement psychiques aussi. Sans doute ils sont psychiques puisque ce sont des états internes, mais ils sont sociologiques aussi, puisqu'ils tiennent à la nature sociale de l'individu en qui ils se présentent. Ceci nous conduit à nous demander ce qu'est un fait sociologique.

II. *Nature du fait sociologique.*

Prenons pour exemple un fait reconnu de tous comme social : l'impôt. Dans un tel phénomène nous devons distinguer : 1º l'acte par lequel le contribuable s'acquitte de ses obligations pécuniaires envers l'Etat; 2º l'institution même; 3º la fonction de cette institution dans la vie sociale. Le paiement de l'impôt, l'impôt en lui-même, le rôle joué par l'impôt, voilà des faits sociaux de trois genres différents et cependant inséparables les uns des autres. Le premier est un fait particulier destiné à se répéter autant de fois que le second, l'institution, exercera son action sur un esprit individuel; il s'accompagne toujours d'un état de conscience provoqué précisément par l'institution elle-même : il ne peut être conçu sans être rapporté à l'être social qui accomplit la démarche, pénible à certains égards, que lui commande la loi; il est inséparable de sa conscience individuelle; il est essentiellement un fait de conscience·vu du dehors, examiné à un point de vue objectif. Cette constatation aisée à vérifier, qu'il est des faits sociologiques qui se rapportent directement à des consciences individuelles, nous montre qu'*un fait sociologique particulier est le résultat de l'action exercée sur des individus par une institution sociale.*

L'institution de l'impôt, voilà un fait sociologique que l'on pourrait appeler général. Car l'impôt en lui-même n'existe pas : on ne constate vraiment que les effets de la décision gouvernementale qui a prescrit à tous l'observation d'une règle commune. Il y a dans la plupart des pays une loi en vertu de laquelle les individus se tiennent pour astreints à payer l'impôt; cette loi se renouvelle tous les ans ; elle a son analogue dans tous les pays. S'il n'y a pas de loi, il y a des mœurs, des coutumes, bref une contrainte exercée sur les individus d'une façon constante et générale. Il en est de même de toutes les autres institutions sociales. Elles se ramènent à des principes constants d'où découlent des faits sociologiques particuliers. Pour être généralement formulés par des individus, ils ne sont pas nécessairement arbitraires et leur origine peut se trouver dans la nature même de la vie sociale.

C'est ce que montre le troisième genre de faits sociaux que nous considérons dans l'impôt : la fonction de l'impôt dans la vie sociale. L'impôt en effet permet à l'Etat de subvenir à ses besoins, de réaliser ses entreprises, de conserver son existence et de se développer. Il est donc, à parler strictement, *fonction* de l'existence sociale : il s'élève avec ses besoins, sans elle il ne serait pas, et elle ne serait pas sans lui. Cette institution était donc indispensable, commandée par la nature même, s'il est vrai que la société est un fait naturel et non une invention de certains animaux supérieurs ou des hommes. Le rôle joué par l'impôt nous donne sa raison d'être. Le fait social primordial, c'est donc la fonction de chaque institution, à moins que ce ne soit quelque chose de plus élevé encore : la fin dont cette fonction est un moyen tout en étant elle-même une fin pour l'institution sociale.

Les *fins sociales* sont donc, semble-t-il, les phénomènes sociaux par excellence, les faits prédominants, dont la connaissance est le principe de la connaissance exacte de tous les autres. Mais ces fins sociales les perçoit-on ? Peut-on les constater? Ne se borne-t-on pas à constater les institutions et leurs effets ?

Elles n'existent, il est vrai, que dans l'esprit des individus; mais elles y déterminent des tendances, et une tendance est un fait que la conscience perçoit, qui en outre, se manifeste au dehors par des attitudes du corps, des actes commencés ou inhibés, des ébauches d'action. Idéal social et tendance sociale ont donc surtout une existence subjective. Ne peut-il pas arriver, ne doit-il pas arriver que l'idéal social soit conçu d'une façon différente par différents individus et que les tendances connexes soient par conséquent différentes? Sans doute, c'est en tant qu'être social que chacun les conçoit, les éprouve ainsi ; mais ce sont des faits sociaux particuliers, comme les sentiments et les démarches qu'inspire à une personne l'institution générale de l'impôt.

Toutefois, il y a des fins sociales confusément conçues par tous, ignorées peut-être en tant que telles par la plupart des membres d'une même société, qui, sans qu'on s'en aperçoive, déterminent chez tous des tendances elles-mêmes très obscures, mais très puissantes cependant. Ce sont ces tendances que nous éprouvons non seulement tous, mais à peu près tous de la même façon, qui sont dans tous les lieux et dans tous les temps les principes mêmes de la vie sociale, quel que soit le degré d'intensité que celle-ci ait atteint. Car l'évolution sociale est comme l'évolution psychologique et l'évolution cosmologique : elle est continue, précisément parce qu'elle repose toujours sur les mêmes principes fondamentaux de plus

en plus féconds, mais, malgré une complexité croissante en
apparence toujours identiques à eux-mêmes.

Qu'importe, qu'un individu, un homme de génie les conçoive plus distinctement que tous les autres ? Il leur fait plus
vite porter leurs fruits, mais il ne change pas leur nature. Il
révèle à ses compagnons des forces qu'ils ne soupçonnaient
pas et qui les animaient cependant : il ne les crée pas, il les
découvre. Parfois un homme ou un groupe d'hommes parviennent à établir dans tout un peuple une tendance passa-
gère ; mais ils n'y réussissent qu'à deux conditions. Il faut
1º qu'ils soient devenus comme l'âme de ce peuple et qu'ils
agissent sur lui en tant qu'organes d'une fonction sociale supérieure, la fonction directrice (qui est celle du gouvernement
et des classes dites dirigeantes, en temps ordinaire, mais qui,
dans les occasions exceptionnelles, est celle des prophètes, des
tribuns, de ceux que le peuple proclame des saints ou des génies) ; 2º qu'ils se bornent à perfectionner, à compléter ou à
simplifier, à mutiler ou à développer une tendance fondamentale de la conscience commune. Ces novateurs, ces révolutionnaires qui en apparence bouleversent les sociétés ne font
que représenter sous un autre aspect les tendances sociales
permanentes.

Mais pour que les tendances sociales n'entrent pas en conflit avec les tendances individuelles, pour que d'autre part les
tendances qu'éprouve un individu puissent devenir celles de
tous les individus qui l'entourent, il faut qu'entre les tendances individuelles et les tendances sociales il y ait une identité
foncière. Si nous suivons M. Tarde, nous verrons naître les
tendances sociales des tendances individuelles par propagation *imitative* de celles-ci dans leur milieu social. M. Baldwin,
nous fait voir dans la Société une force qui *généralise* les inventions, les sentiments, les actions, en un mot les « particularisations » individuelles. Mais est-ce l'individu qui a eu tout

d'abord à particulariser, ou est-ce la société qui a eu tout d'abord à généraliser ?

L'histoire des civilisations primitives, nous montre que les particularisations sont relativement tardives.

Aux époques les plus reculées de la vie humaine et de nos jours, dans les peuplades dont l'organisation sociale est le plus rudimentaire, il n'y a pas de tendances sociales propres à tel ou tel individu : tous les membres du même groupe ont mêmes besoins, mêmes désirs ; tous recherchent en commun la nourriture et la sécurité communes, tous ont les mêmes sentiments religieux, la même conception du devoir, la même horreur de certains actes réputés auprès de tous nuisibles à l'existence collective. L'individu en tant qu'être social (et non plus en tant qu'unité biologique et psychologique) n'existe pas encore, le citoyen ne se distingue pas de la masse sociale et il n'a pas encore songé à opposer aux intérêts publics, aux fins collectives, des intérêts qui seraient les siens propres, des fins privées à la réalisation desquelles il amènerait ses semblables à concourir. Un même esprit social anime toutes les consciences ; beaucoup plus tard cet esprit social se différenciera en conceptions sociales individuelles.

Celles-ci sont dérivées, comme le sont les tendances particulières. Les unes et les autres naissent du fonds social primitif.

Comment dès lors s'étonner que plus tard, lorsque l'unanimité des premiers âges a disparu pour faire place à une « conscience sociale » très variée, les tendances individuelles puissent devenir des tendances collectives. L'individu rend alors à la société ce qu'elle lui a donné en dépôt : elle lui a confié des tendances à rendre plus claires, plus conscientes, plus efficaces ; comme un foyer lumineux auquel plusieurs réflecteurs de forme et de courbure différentes empruntent la même lumière, elle a projeté ses rayons en chacun de ses membres ; elle s'est multipliée, dispersée, segmentée (pour emprunter à la biologie une expression courante) ; il est tout naturel qu'elle se retrouve quand, après le travail de différenciation, s'accomplit celui d'intégration.

La « conscience sociale » n'a jamais pu vivre que dans des consciences individuelles ; mais primitivement elle est en toutes la même ; plus tard, elle diffère avec chacune ; plus tard encore elle cherche, devenue plus complexe, à être encore la même en tous les êtres sociaux particuliers. Le second stade est analogue à celui que M. Pierre Janet a signalé en psychologie sous le nom d'automatisme psychologique : comme chaque subconscience psychologique, chaque « subconscience sociale » agit, pense à sa guise, lorsqu'un principe dominateur a cessé de tout coordonner dans l'être ou la société, avant qu'une conscience dirigeante vienne tout soumettre à la même loi.

Donc, dans l'état social le plus stable, celui que nous devons envisager ici, il existe, comme faits essentiels, des tendances sociales, qui déterminent les fonctions sociales ; à celles-ci correspondent les institutions ; de ces institutions résultent les faits sociaux particuliers.

Voilà ce que nous a appris l'observation d'un fait social : l'impôt. Pouvons-nous maintenant généraliser et dire de tous les phénomènes sociaux ce que nous pouvons assurément dire de l'impôt : qu'il est un fait ou un ensemble de faits, particuliers et généraux correspondant à une tendance collective ? — Le suicide est, comme l'a montré M. Durkheim (1), un fait sociologique (si on l'examine à un certain point de vue, car il est, à d'autres points de vue un fait psychologique et un fait physiologique). Il ne satisfait pas apparemment une tendance sociale, à moins que l'on ne prétende qu'il réponde à un désir collectif de se délivrer des individus peu aptes à la lutte pour l'existence, et que la fonction sociale du suicide est

(1) *Le Suicide*, Alcan, 1897.

en quelque sorte analogue à la fonction biologique de l'excrétion. Mais le suicide n'est-il pas un fait social pathologique ;
ne provient-il pas d'une « désintégration sociale », d'un état
« d'anomie » qui est un état social assurément morbide. Or
à quoi distinguons-nous précisément le pathologique du
normal ?

En psychologie nous avons cru montrer (1) que le fait morbide n'est pas reconnaissable à sa nocivité, souvent plus apparente que réelle, souvent aussi cachée ; qu'il ne l'est pas
davantage à son caractère exceptionnel, mais bien à son caractère asystématique, accidentel, au sens aristotélicien du mot,
c'est-à-dire dépourvu de finalité ou contraire à une fin normale.

Il en est de même en sociologie ; le fait morbide est en opposition avec la tendance systématique de toute organisation
biologique, ou psychologique ou sociale;le fait social morbide
est en opposition avec le système social.Un tel système à n'en
pas douter existe ou doit théoriquement exister; dans la pratique il peut ne pas être parfait et cela précisément parce qu'il
n'est pas exempt des inconvénients qu'entraînent pour lui les
faits sociaux morbides ; mais il y a des fonctions sociales, il y
a des tendances sociales, nous venons de le voir. Or si ces
tendances et ces fonctions étaient simplement juxtaposées
sans être « en fonction » lés unes des autres, le terme société,
unique malgré la diversité des faits sociaux, serait un mot
vide de sens ; il y aurait dans la même société plusieurs sociétés, dans le même être social, plusieurs êtres sociaux ou plusieurs séries de faits sociaux ne dépendant pas les unes des
autres : ce que l'expérience ne nous indique pas. La société
est un système de fins, de tendances ou de besoins ou d'intérêts, de fonctions, d'organes, de faits : sa réalité même consiste dans cette unité systématique. Tout ce qui en elle tend à
détruire cette unité est morbide quoique sociologique ; car ce
qui est anti-social est sociologique comme son contraire.

(1) *L'Instabilité mentale*, Alcan, 1899.

Le suicide que nous avons pris pour exemple est une manifestation particulière d'un fait général socio-pathologique : la
désintégration sociale. N'est-il donc pas suivant notre définition un fait *correspondant* à une tendance collective ? et cela à
un double titre : il correspond à une tendance sociale normale en la contrariant, et à une tendance sociale anormale
qu'il décèle.

On pourrait en dire autant du crime et de tous les autres
faits socio-pathologiques. Tous portent la même marque : ils
sont opposés à une tendance collective fondamentale, tandis que les faits contraires, les faits sociaux normaux, en sont
tous à quelque titre dérivés.

III. *La psychologie.*

Il est plus aisé maintenant de délimiter le domaine de la
psychologie pure des deux domaines de la psycho-physiologie d'une part et de la sociologie d'autre part. L'absence de
bornes bien établies et reconnues de tous, fait que tantôt la
biologie et tantôt la sociologie semblent absorber toute la psychologie : ainsi s'explique l'erreur de Comte au sujet de cette
dernière science qu'il a méconnue et pour ainsi dire démembrée. Et quand inversement on veut faire à la psychologie
une part, on risque de la lui faire trop grande et de ne savoir
où s'arrêter dans les empiétements successifs que l'on se permet d'un côté et de l'autre, dans le domaine biologique comme
dans le domaine sociologique.

Le champ de la psychologie, c'est le subjectif ; tout ce qui
est objectif sans être encore subjectif est biologique ou physique. Tout ce qui est à la fois subjectif et objectif est sociologique. Nous l'avons déjà indiqué plus haut et nous avons montré comment l'opposition de l'objectif et du subjectif et leur
synthèse constituent un processus dialectique qui seul peut

satisfaire l'esprit systématique. Mais nous venons de mieux voir l'opposition nécessaire du simple subjectif au subjectif-objectif. Celui-ci peut se considérer comme du subjectif objectivé ou comme de l'objectif subjectivé selon qu'on le considère dans l'ensemble du système social ou dans la conscience individuelle ; mais il est de sa nature d'être à la fois l'un et l'autre et d'exister simultanément des deux côtés.

On nous objectera que les faits psychiques ne sont eux aussi que la prise de conscience de faits objectifs, les faits biologiques. C'est du moins une théorie fort répandue que le biologique et le psychique ne sont que les deux aspects, l'un objectif, l'autre subjectif d'une même réalité. Mais cet objectif et ce subjectif sont tout à fait hétérogènes l'un à l'autre ; entre eux il n'y a pas de relation, en dehors de celle d'opposition spécifique. Au contraire, le subjectif et l'objectif sociologiques sont de même nature : une tendance sociale dans l'individu ne diffère pas foncièrement, nous venons de le voir, d'une tendance sociale dans la collectivité.

La subjectivité est ce qu'il y a de psychique dans la nature et par conséquent dans la société. Ce n'est pas tout ce qui est subjectif qui est psychique, ce n'est pas la matière de certaines pensées, de certains sentiments individuels ; c'est bien plutôt leur forme, leur qualité de faits conscients. La matière est sociale dans bien des cas.

Dans beaucoup d'autres cas, il est vrai, matière et forme sont purement psychiques. Mais, par exemple, dans la sensation visuelle ou tactile, la conscience supérieure est modifiée à la suite de modifications des subconsciences inhérentes aux organes périphériques mêmes de la vue ou du toucher. Vue du dehors la sensation est un phénomène biologique et mécanique, vue du dedans elle est un phénomène purement psychologique ; mais comme nous ne nous rendons pas un compte exact de ce qui se passe dans nos consciences inférieures, comme nous ne le connaissons même pas grossièrement, nous en sommes réduits à juxtaposer l'explication biologique et mécanique à l'explication psychologique et à faire à propos de la sensation une étude psycho-physiologique (1). Il en est de même pour la mémoire, l'attention, les émotions, les tendances, tous les phénomènes psychiques qui impliquent retentissement dans la conscience suprême, des subconsciences disséminées dans l'organisme ou retentissement dans celles-ci des modifications de celle-là. Nous suppléons à notre ignorance des faits psychiques par l'observation des faits biologiques ; nous substituons l'objectif au subjectif dès que nos moyens d'investigation du subjectif nous paraissent insuffisants, ou bien, comme l'a indiqué M. Munsterberg, dès qu'il s'agit de donner des faits subjectifs une description et une explication objectives.

Rien de pareil pour les faits sociologiques. Une notion scientifique, par exemple, n'est vraiment telle que si elle est objective, commune à plusieurs consciences, adoptée par ce que nous appellerons la pensée collective ; et cependant elle doit exister aussi dans des consciences individuelles prises une à une, être un fait subjectif, un phénomène psychologique en tant que représentation donnée à une conscience. Cette notion scientifique, cette idée a donc deux existences, l'une subjective, l'autre objective, et tel est le privilège des faits sociaux. L'Eglise, fait social, est un phénomène objectif ; mais, elle n'existe que par la pensée, le sentiment, la volonté de chacun de ses fidèles et c'est donc aussi un phénomène subjectif. En tant que pensée et sentiment, ce fait social est soumis aux lois psychologiques de la pensée et du sentiment ; mais en tant que telle pensée, tel sentiment déterminés, il est soumis aux lois sociologiques qui déterminent la nature et le mode d'apparition des faits sociaux dans les consciences individuelles. aussi bien que dans le système social tout entier.

(1) Cf. Munsterberg. *Psychology and Life*, 1899.

III. *La conscience sociale.*

Si ce qui précède est vrai, comment ne pas opposer la psychologie à la sociologie, comme on l'oppose à la biologie? Les faits proprement psychologiques ne deviennent pas sociaux : une sensation n'est jamais un fait social ; les lois psychologiques ne deviennent pas des lois sociales.

Mais, dira-t-on, n'y a-t-il pas une conscience sociale comme il y a des consciences individuelles, et les faits collectifs ne s'y présentent-ils pas comme les faits individuels se présentent dans la conscience psychique.

C'est précisément à cause de l'existence d'une conscience sociale que M. Fouillée prétend « compléter la physiologie des sociétés par leur psychologie » (1). M. Tarde parle d'un esprit social, d'un « cœur public » (2), M. Durkheim lui-même d'une « âme collective » et de « manières d'agir et de penser qui présentent cette remarquable propriété qu'elles existent en dehors des consciences individuelles » (3). Les sociologues allemands nous ont habitués aux expressions Volkgeist, Zeitgeist, et la conception d'une « âme nationale », d'une « âme ethnique » leur semble familière. Pourquoi la science de l'âme ne serait-elle pas une, s'élevant de l'étude des âmes inférieures aux organismes sociaux? D'après certains auteurs ne trouverait-on pas dans l'âme sociale des instincts analogues à ceux des animaux (Cf. Renan. Dialogues philosophiques), des impulsions obscures et subconscientes (Cf. de Hartmann. Philosophie de l'inconscient), un génie inconscient (Cf. Schœffle. Bau und Leben des Socialen Korpers).

Il semble que les objections soulevées jusqu'ici par l'idée d'une conscience sociale, d'une âme de la société ne soient pas

(1) *La science sociale contemp.*, 3° édit. Hachette, p. 192.
(2) *Logique sociale*, p. 291.
(3) *Règles de la méth. soc.*, p. 6, 8, 14.

telles qu'elles suscitent des difficultés insurmontables. On reconnaît que la société est constituée par des personnalités distinctes ; mais on remarque aussitôt que l'être psycho-physiologique, l'individu, est lui aussi constitué par des centres nerveux distincts qui sont autant de subconsciences séparables les unes des autres puisque la désagrégation psycho-physiologique n'est pas un vain mot. (Nous renvoyons sur ce point le lecteur au chap. III, 1re partie de notre ouvrage : « L'Instabilité mentale », Alcan, 1899.) Et des subconsciences aux personnalités la distance n'est pas si grande déjà ; elle le paraît moins encore quand on considère que dans la société il y a des consciences claires et des consciences confuses (des hommes de génie, de talent, d'intelligence vive, d'élite en un mot, et des hommes à l'esprit obtus, aux sentiments étroits, sans volonté), tout comme dans l'individu il y a des centres psycho-physiologiques supérieurs et des centres inférieurs.

Les êtres sociaux, les consciences personnelles, communiquent entre elles comme les subconsciences dans le même individu. M. Fouillée et M. Espinas sont bien d'accord sur ce point; mais tandis que M. Espinas voit dans les êtres sociaux des monades qui « ont jour les unes sur les autres et par là se renvoient, tantôt par minces rayons, tantôt en larges ondes, la lumière et le mouvement », M. Fouillée prétend que « c'est métaphoriquement et non au propre que les représentations et impulsions sont communicables » entre êtres sociaux : « il n'y a pas un véritable échange entre nos consciences quand je vous communique une idée, car l'idée que je vous donne, je ne la perds pas pour cela » (1).

Mais quand une impression se communique de la subconscience la plus rapprochée de l'objet sensible à la conscience supérieure, cesse-t-elle d'être en celle-là parce qu'elle vient en celle-ci ? Y a-t-il davantage « un véritable échange » ? Ce n'est

_____
(1) Fouillée, *op. cit.*, p. 232.

Duprat 5

pas le mode de la subconscience qui passe dans la conscience
personnelle et y devient sensation nettement aperçue : il ne
fait qu'y déterminer cette sensation, commé mon émotion
détermine votre émotion, comme mon idée détermine votre
idée.

« De ce que plusieurs consciences peuvent participer aux
mêmes *objets* de pensée et de sentiment, dit M. Fouillée, il ne
s'ensuit pas qu'elles puissent former un seul et même *sujet* ».
Ici l'affirmation demande des explications. M. Fouillée veut-il
dire que les consciences sociales ne peuvent pas former un
système analogue au système qui constitue l'individu psychologique ? Pourquoi non, si elles peuvent avoir des pensées
communes, des sentiments communs, si elles peuvent vivre à
l'unisson ? Sans doute, dans l'état actuel de la société, le système social est loin d'être réalisé et les consciences humaines
sont loin de présenter dans leur ensemble une unité synthétique à laquelle convienne le nom d'Humanité. Mais l'humanité en tant que système universel des personnalités est
possible ; elle est un idéal de la vie sociale.

Dans l'humanité, tout organisée, y aura-t-il subordination
des centres ou groupes sociaux les uns aux autres de sorte
qu'un groupe supérieur, l'Elite, si l'on veut (1), gouverne
tout le reste de la même façon que l'âme gouverne le corps ?
On ne peut nier que l'évolution sociale tende à une telle hiérarchie. Enfin cette élite ne se réduirait-elle pas à une conscience unique, directrice du corps social, comme l'âme dirige
l'être psycho-physiologique ?

C'est du moins ce qu'exigerait une analogie complète de la
société et de l'individu. En effet dans l'individu, ce qu'on
appelle conscience, c'est sans doute un faisceau de représentations présentant une unité synthétique, indivise malgré la
multiplicité de ses éléments, et une identité relative dans son

____

(1) Comme l'enseigne M. Izoulet. Cf. *La Cité moderne*, p. 630.

devenir (c'est-à-dire une certaine permanence de principes directeurs, comme nous l'avons montré ailleurs (1), mais c'est en outre une synthèse représentative distincte des autres synthèses représentatives qui constituent dans le même individu des subconsciences. On a donc tort de concevoir la conscience psychologique comme diffuse dans tout l'organisme, comme un total de représentations venues de toutes les parties de l'individu : de toutes ces parties il vient à la conscience suprême des excitations à se modifier sans cesse et de telle ou telle façon plutôt que de telle autre ; comme nous l'avons déjà indiqué, les subconsciences ont leur retentissement dans l'âme qui à son tour présente aux subconsciences des fins à réaliser : une communication plus intime, une véritable fusion des consciences de l'individu, telle que semble parfois la concevoir M. Fouillée (2), est impossible.

Si donc la société a une âme, une conscience, au sens psychologique de ce mot, il faut d'abord que cette âme soit une synthèse de représentations communes : rien de plus aisé puisqu'il y a communication des éléments sociaux entre eux et par conséquent possibilité d'accord sur bien des idées et des sentiments ; il n'est même pas impossible que cette synthèse persiste identique à elle-même, à la façon de la conscience individuelle, c'est-à-dire en variant sans cesse son contenu matériel, bien que sa forme, son caractère, ses principes directeurs offrent une réelle stabilité, par conséquent en présentant une parfaite continuité. La vie sociale peut comme la vie individuelle, (et la vie sociale idéale le doit même), avoir un développement régulier, une évolution systématique. Mais il faut en outre que la synthèse de représentations communes constitue une unité indivise malgré la diversité des éléments contenus ; il est donc impossible qu'elle soit répartie entre plusieurs per-

(1) *L'Instabilité mentale,* 1ʳᵉ partie.
(2) *Op. cit.,* ch. III.

sonnalités. Car alors comment penserait-elle ? Répartie entre
plusieurs sujets chacun penserait-il une partie de son contenu
total ou l'ensemble ? Selon un raisonnement déjà bien vieux
mais toujours juste, si chaque partie de l'âme pense une partie
de l'objet à concevoir, l'objet ne sera jamais conçu totalement,
et si elle le pense totalement il sera pensé plusieurs fois, autant de fois qu'il y a de parties, ce qui est inutile. Il y a donc
ou plusieurs consciences sociales, ce qui revient à dire qu'il n'y
a que des consciences individuelles concevant plus ou moins
distinctement l'ensemble du corps social ; ou une conscience
sociale en un seul sujet, en une seule âme, qui est le centre où
viennent retentir toutes les idées, tous les sentiments sociaux
et dont la représentation est plus ou moins confusément donnée dans la conscience particulière de chaque être social.

Nous parlons, bien entendu, de l'humanité idéale, et non de
l'état social présent qui assurément n'offre rien de tel. C'est
déjà dire que la conscience sociale, unique dans le corps social
comme la conscience psychologique est unique dans l'individu,
n'existe pas actuellement. Mais ne pourra-t-elle jamais exister,
ou même ne doit-elle pas exister en droit, alors même qu'elle
n'existerait jamais en fait ?

La conscience sociale ou l'âme de l'humanité couronnerait
sans doute le système social pourvu au préalable d'une « tête »,
selon le mot de M. Izoulet, (qui d'ailleurs confond l'âme sociale
et la « littérature esthétique et scientifique », la tête avec l'E-
lite (1). Mais nous ne la concevons que par suite d'une analogie, injustifiée encore, de la société et de l'individu ; et précisément nous avons entrepris de rechercher si la conscience
sociale existe, pour justifier dans le cas de l'affirmative l'assimilation du corps social à l'individu psychologique. Nous
tournerions donc dans un cercle vicieux si nous affirmions
maintenant la nécessité d'une âme, d'une conscience sociale,
uniquement pour parfaire la ressemblance contestée.

(1) *Op. cit.*, p. 651.

A examiner le système social sans préjugé psychologique nous reconnaissons que l'existence d'un système de pensées collectives, de sentiments collectifs, de tendances communes à tous les êtres sociaux, suffit à donner à la société l'unité systématique que requiert la raison. Si donc nous conservons l'expression « conscience sociale », qui est commode et consacrée par l'usage, nous entendrons par ces mots non pas une espèce de conscience psychologique, mais un fait *sui generis*, une synthèse de conceptions sociales répandues chez tous les êtres sociaux en qui elle reçoit une existence subjective, ici plus claire, là plus confuse.

M. Fouillée a donc raison de dire qu'on ne peut pas conclure de la communication des consciences individuelles à l'existence d'une conscience sociale constituée à la tête du corps social par un *sujet* qui en serait l'âme. Les relations sociales ont comme nous l'avons montré une existence subjective dans les consciences individuelles et une existence objective dans le système social : cela leur suffit. Elles n'ont pas besoin d'avoir une troisième existence subjective. Qu'un monarque de l'humanité entière, sorte de Dieu terrestre, vienne un jour réaliser approximativement l'âme de cette humanité, des rêveurs et même des penseurs de bonne foi peuvent l'espérer ; mais la raison ne l'exige pas : elle se satisfait par la conciliation du subjectif et de l'objectif que lui offre la vie sociale telle qu'on peut la concevoir actuellement d'après les faits.

CHAPITRE IV

LA SOCIOLOGIE

I. *Sociologie et sciences sociologiques.*

Nous venons de distinguer la sociologie de la psychologie
et de la biologie, par conséquent de toutes les autres sciences
de la nature objective. Cependant nous n'avons pas nié que
la sociologie n'eût pas besoin des autres sciences : celles-ci
lui servent de fondement et derrière les faits sociologiques il
faut découvrir les lois cosmologiques, physico-chimiques, biologiques, psychologiques, que présupposent les lois sociales.
L'ignorance de ces lois entraînerait sans doute une fausse
interprétation des faits sociaux que l'on veut étudier. Comme
l'a remarqué Spencer, la psychologie des deux sexes est le fondement indispensable des considérations comparatives sociologiques sur l'union sexuelle et la vie sociale tout entière.

Est-ce à dire que la sociologie doive attendre, pour se
constituer que les autres sciences aient atteint leur plein développement ? Ce serait d'abord prétendre retarder indéfiniment la naissance de la véritable sociologie et infirmer *a
priori* les résultats obtenus à l'heure présente par les sociologues de tous les pays ; ce serait ensuite méconnaître la vérité
historique, qui n'est pas dans la loi positiviste de la succession
des sciences suivant leur ordre de complexité, mais dans
l'affirmation souvent renouvelée depuis Comte que les diver-

ses sciences sont nées presque simultanément, se sont inégalement développées sans doute, (les unes à cause de la complexité de leur objet, les autres par suite des déviations qui ont produit, par exemple, l'astrologie et l'alchimie), mais ont profité de l'avancement de chacune d'elles. Ce serait enfin oublier que la sociologie est aussi nécessaire au progrès des autres sciences que celles-ci à son propre progrès ; car, comme l'a vu Comte, toutes les sciences sont en tant que connaissances humaines l'objet de la sociologie ; elles attendent de celle-ci une vue claire sur leur ensemble, sur leur coordination, sur l'unité foncière de leurs méthodes et sur les conditions de leur développement continu. L'histoire des sciences fait partie de l'histoire rationnelle de l'humanité.

La sociologie doit donc avoir un cours parallèle à celui des autres sciences, profiter de leurs progrès et faire profiter des siens les autres ordres de connaissance. C'est ainsi que la science, dans son ensemble, forme comme un organisme vivant, un système où tout est réciproquement fin et moyen. Nous avons montré qu'il y a opposition et conciliation dialectique entre les diverses parties de ce système : les sciences de la nature forment le moment objectif, les sciences psychiques le moment subjectif, les sciences sociales un moment à la fois subjectif et objectif. Nous n'avons pas à revenir sur ce point essentiel de tout le développement antérieur de notre étude. Mais l'esprit systématique exige encore autre chose : il exige la même opposition et la même conciliation au sein de chaque science et par conséquent dans la sociologie elle-même.

Les principales sciences secondaires qui d'après M. L. Ward constituent la sociologie sont : « l'ethnographie, l'ethnologie la technologie, l'archéologie, la démographie ; l'histoire, l'économique, la jurisprudence, la politique et l'éthique » (1).

____

(1) *Oultines of Sociology*. Macmillan 1898, p. 136.

D'après M. Goblot (1), « la sociologie doit être divisée en pure
et appliquée. La sociologie pure est l'étude des lois qui
régissent en général les faits sociaux ; leur distribution dans
l'espace est l'objet de la *géographie sociologique* (géographie des
langues, géographie économique, géographie des religions,
des littératures, des sciences, des arts, etc., géographie politique) ; leur évolution dans le temps est l'objet de l'*histoire* ».
On voit que cette classification correspond à la distinction établie par Comte entre la sociologie statique et la sociologie
dynamique.

Au cours de son examen de la sociologie, M. Goblot a énuméré successivement comme sciences sociales : 1° l'économique ; 2° la rhétorique — « moins une science qu'un
art » il est vrai) ; 3° la sémantique, la linguistique et la gram-
maire générale ; 4° la politique ; 5° le droit, (« science pratique et science historique, mais où il y a place pour une science
théorique du droit ») ; 6° la science de la famille ; 7° la science
des religions ; 8° la logique des sciences ; 9° l'esthétique (2).

Mais s'il est légitime de faire correspondre à chaque ordre
de faits sociaux une branche particulière de la sociologie,
comme en physique un ordre particulier de recherches correspond aux phénomènes de chaleur, un autre aux phénomènes de pesanteur, etc., il n'en est pas moins vrai que c'est là le
principe d'une division secondaire de la science sociale et que
les premières distinctions qu'il y ait lieu de faire soient d'un
autre genre. Dans l'état actuel de la sociologie, il n'existe encore
guère que des études sociales particulières portant l'une sur les
religions, l'autre sur la famille, l'autre sur l'Etat, etc. : ce qui
indique simplement que l'œuvre a été entreprise sur plusieurs
points à la fois. Ce n'est pas une raison pour que la diversité
actuelle subsiste au sein de la science sociale unifiée. Une
bonne classification des faits sociaux accompagnée d'une *mor-*

(1) *Op. cit.* p. 291
(2) Goblot, *Op. cit.* p. 204, 236.

phologie ou description systématique, fera disparaître ces divisions provisoires ou du moins restreindra singulièrement leur importance : elles ne vaudront pas plus que celle qui en biologie mettrait d'un côté l'hippologie, de l'autre l'anthropologie. Que de lois communes pour quelques relations particulières, plus ou moins hétérogènes ! La psychologie décrit bien séparément la perception, le souvenir, l'émotion, le désir, etc. ; chacune des fonctions psychiques a-t-elle pour cela sa science ? De même, chacune des fonctions et des institutions sociales pourra être décrite à part, faire l'objet de monographies instructives ; mais toutes les fonctions sociales étant connexes comme toutes les fonctions psychologiques ou biologiques, il y a tout intérêt à étudier leurs lois communes, à faire la *physiologie de la société* comme on a fait la physiologie de l'esprit et la physiologie animale et végétale.

Toutefois il faut distinguer les sociétés plus jeunes, imparfaitement développées, des sociétés adultes pleinement épanouies. Comme on fait la psychogenèse, il faut faire la *sociogenèse*. Mais la psychogenèse a bien des auxiliaires : l'étude des animaux, « nos frères inférieurs », des sauvages, des idiots, des imbéciles vient compléter celle des enfants ; la psychopathologie, comme nous l'avons montré ailleurs (1), achève de nous révéler la hiérarchie des formes mentales, leur succession nécessaire, les conditions psychologiques de leur apparition. Il en est pour les formes sociales comme pour les formes mentales : leur hiérarchie doit être établie, ainsi que les conditions sociologiques de leur apparition, et cela par l'étude des sociétés animales ou « compagnies animales » (selon la distinction de Tonnies et de Baldwin), par celle des sociétés humaines rudimentaires et des sociétés en décadence. Ces recherches sur les diverses sociétés de tous les temps et de tous les lieux supposent l'*histoire*, l'archéologie,

____

(1) *L'Instabilité mentale*, IIIe partie.

l'histoire des religions, celle des mœurs, celle des institutions politiques et juridiques, celle de la littérature et des sciences, celle des différentes races (ethnologie), celle de toute la civilisation humaine, en un mot, jointe à celle des progrès de la vie animale.

La géographie sociologique (des langues, de la vie économique, des religions, des littératures, des sciences, des arts, des institutions politiques) fait partie de la *morphologie sociale*. Les lois qui président de tous temps à la vie collective, à l'exercice des fonctions et au rôle des institutions sociales, à la vie des races (ethnologie), des nations (politique), des différents groupes sociaux (corporations, familles, églises, etc.) font l'objet de la *physiologie sociale*. L'histoire sous toutes ses formes constitue l'*ontogénie sociale* dont la pathologie sociale et la sociologie comparée sont les auxiliaires. Le devenir s'oppose ainsi à l'actuel, dans lequel l'action réciproque des éléments différenciés est une négation de l'immobilité ; mais au devenir incessant s'oppose le système des lois immuables, véritable objet de la science.

II. *Objectif et subjectif.*

Ces lois ont, nous l'avons vu, des effets objectifs et des effets subjectifs. Aussi « l'étude du présent social, comme le dit M. Bernès, doit-elle être à la fois objective et subjective » (1). Car « on dénature les faits sociaux aussi bien quand on veut les réduire à leurs éléments objectifs et les considérer comme des choses qu'en leur substituant, soit les impressions subjectives, soit des concepts que la raison construit dans l'abstrait ». L'auteur que nous venons de citer a bien marqué les deux moments successifs par lesquels a dû passer la sociologie avant

(1) *Rev. de Mét. et de Mor.*, trois. année, mars 1895, p. 166.

d'arriver à une conception plus complète de sa méthode : on a eu d'abord la « sociologie subjective » alors que « les problèmes sociaux ne se posaient pas encore avec assez de netteté pour les soustraire à l'arbitraire de la réflexion purement individuelle » (1) ; puis la « sociologie objective » quand « l'examen des données est devenu la préoccupation dominante des sociologues », et par « imitation des sciences positives de la nature ». M. Bernès a montré quelles sont les erreurs qui résultent de la sociologie sous l'une et l'autre de ces formes tant qu'elles sont exclusives l'une de l'autre. C'est en somme la critique « des principales conceptions successivement adoptées par les sociologues ». En ne voyant que les faits objectifs, on s'est exposé à ne voir « qu'un fragment de l'expérience réelle, en matière sociale », les faits « d'ordre idéal et subjectif » étant aussi importants pour le présent social et plus important pour le devenir social que les institutions susceptibles d'être observées du dehors. C'est au vif désir de constituer une sociologie purement objective que nous sommes en partie redevables des rapprochements si fréquents que l'on a faits, d'Auguste Comte et Spencer à Durkheim et Lilienfeld en passant par Schœffle et Espinas, entre la biologie et la sociologie. La tentative de M. Durkheim, qui veut traiter les faits sociaux comme des « choses », n'est que l'exagération de cette tendance.

M. Bernès veut sans doute que l'on tienne compte sans cesse de la société, qui est « la matière première et la garantie de toutes les analyses sociologiques », qu'on la considère comme une réalité qui dure, qui à chaque instant a déjà un passé, où s'est formé peu à peu tout ce qui dans le présent social est consolidé, mais qui aussi aura probablement un avenir, représenté en partie dans ce que la donnée présente enferme d'incomplètement fixé, d'idéal ». Il « admet donc que la société inter-

(1) *Ibid*, p. 151.

vient tout entière dans une exacte notion de chaque fait social » (1). Mais il estime que le « passé objectivé n'a de sens que si on revient à des causes internes, psychologiques et subjectives » (2). Ne commet-il pas ici la faute de confondre le psychologique et le sociologique subjectif, si l'on peut s'exprimer ici ? Tout ce qui est subjectif n'est pas essentiellement psychologique ; il y a, avons-nous dit, des faits sociaux subjectifs qui ne sont des faits psychiques qu'en tant que représentations ou sentiments, mais non *materialiter* ; des faits par lesquels « la société vit en nous », comme le remarque M. Bernès lui-même, et grâce auxquels « nous n'avons pas besoin de regarder dans le monde extérieur » puisqu'en descendant assez avant en nous, nous pouvons grâce à eux « franchir les bornes de notre individualité » (3).

C'est pourquoi il y a quelque ambiguïté dans cette conclusion : « Le centre naturel de l'étude du présent social est ainsi dans une *psychologie collective ou sociologique* » (4). M. Bernès veut-il dire que la psychologie n'a qu'à devenir collective, d'individuelle qu'elle est ordinairement, pour se transformer en sociologie ? Si oui, il confond à tort le psychologique et le sociologique ; il n'établit pas entre eux une différence assez nette. Mais s'il veut dire que les faits sociologiques subjectifs, en tant que faits psychiques soumis aux lois de la sociologie, veulent être examinés à ce double point de vue et constituent ainsi l'objet d'une science intermédiaire, la psycho-sociologie, nous restons pleinement d'accord avec lui sur la haute importance de cette étude mixte.

Comme la psychologie physiologique, la psycho-sociologie jette un pont entre deux sciences distinctes. Elles naissent l'une et l'autre du besoin de considérer simultanément à l'occasion

(1) *Loc. cit.* p. 158.
(2) *Ibid* p. 159.
(3) *Ibid.* p. 161.
(4) *Ibid,* p. 166

de faits particuliers d'une série, ces faits eux-mêmes et leur base immédiate, leurs conditions matérielles. Comme nous l'avons vu, la psychologie est impuissante à découvrir les antécédents psychologiques de nombreux faits qu'elle étudie : elle comble ses lacunes en faisant appel à la physiologie. L'objectif remplace le subjectif. Dans l'étude des faits sociaux, il arrive inversement que l'objectif soit obscur sans le subjectif et que celui-ci ne soit pas très clair lui-même si l'on reste dans le domaine purement sociologique : de là, nécessité de passer dans le domaine psychologique et de rechercher les faits d'ordre mental qui expliquent d'une certaine façon les faits correspondant d'ordre sociologique.

Grâce à la psycho-sociologie et à la psycho-physiologie tout hiatus entre les trois sciences supérieures est évité : la raison est satisfaite dans l'ensemble et dans le détail.

CHAPITRE V

L'homme en tant que savant, artiste ou être religieux, présente des caractères psychologiques et des caractères sociologiques intimement unis. Au premier abord il semble intéressant surtout pour le psychologue, car les idées, les découvertes scientifiques, les créations et les sentiments esthétiques ainsi que les sentiments religieux semblent être des faits purement psychologiques en eux-mêmes, bien qu'ils aient des conséquences sociales. Leur caractère social doit d'abord être reconnu, leurs causes sociales ensuite pourront être recherchées.

I. *Le savant*

Il est inutile d'insister sur la psychologie du savant : c'est celle du concept, du jugement et du raisonnement jointe à celle de l'imagination et parfois de la perception, considérée dans une personnalité dont on ne peut pas tout à fait négliger le caractère particulier. En effet, ce caractère explique la nature des découvertes, les procédés employés, les erreurs mêmes. C'est lui qu'on appelle génie dans certains cas où il se singularise par une fécondité réelle et par l'extraordinaire valeur de ses effets, l'exceptionnelle portée de ses manifestations. Pour comprendre la science il est évidemment nécessaire de

connaître les lois psychologiques de la formation des concepts
scientifiques dans un esprit particulier. Mais cela ne suffit
pas.

La science est un ensemble de connaissances objectives,
c'est-à-dire susceptibles de s'imposer à tous les esprits. Les
idées scientifiques sont comme un bien commun dont chacun
découvre une parcelle, comme un pays à conquérir pour l'humanité entière par les hommes qui se succèdent dans la même
tâche de génération en génération. Le savant remplit donc une
fonction sociale de la plus haute importance ; son œuvre lui
survit. Même avant sa mort, elle le dépasse de son universalité, de sa nécessité, lui, être contingent et perdu au sein de la
société, comme sa vie est perdue au sein des siècles où elle
compte si peu par elle-même. Est-il possible que cette œuvre
sociale soit sans causes sociologiques ?

D'abord la science implique le langage. D'après M. Tarde,
la langue est une « catégorie sociale » (1) ; la parole est « une
conséquence de la floraison et de la succession des mythes »,
presqu'un produit de la religion (née du besoin de conciliation
et *d'unification sociale* sous la suprématie d'un chef perma-
nent, d'une puissance surnaturelle, d'un Dieu (2). La parole
est aussi un instrument d'unification sociale : « grâce à la
langue, l'ordre s'établit, un ordre relativement admirable,
dans le fouillis des visions et des hallucinations contradictoires qui troublent le cerveau des premiers âges... A force
de parler de même, les hommes finissent par penser à peu
près de même », Le langage répond à un besoin de la vie
commune, à une tendance sociale ; mais qu'est-il sans les
idées, et le besoin de « parler de même » n'est-il pas l'indice
du besoin qu'ont les hommes « de penser de même », de
rechercher des notions objectives en même temps que le
moyen de se les communiquer les uns aux autres ?

(1) *Op. cit.*, p. 92
(2) *Ibid.*, p. 97.

Mais, dira-t-on, c'est parce que les hommes sont raisonnables que chacun d'eux éprouve le besoin de se mettre d'accord avec tous. Sans doute ; mais n'est-ce pas parce que les hommes sont des êtres sociaux qu'il sont aussi raisonnables? Les animaux ont leurs sociétés bien qu'ils soient à peu près dépourvus de raison ; mais une vie sociale plus intense, le besoin de lutter avec plus d'énergie et plus d'intelligence contre les obstacles naturels, a pu amener la race humaine à réfléchir sur ses moyens intellectuels, sur la portée de ses conceptions, sur l'universalité et la nécessité de certaines idées, de certaines formes. Si l'on admet que les catégories abstraites de nombre, temps, espace, causalité, finalité, etc. furent de tous temps constitutives de tous les esprits avant que l'expérience ait pu leur donner naissance, on ne se refusera pas cependant à reconnaître que ces notions ont été de moins en moins confuses, de plus en plus nettement distinguées au sein des représentations concrètes. Et n'est-ce pas un besoin social de posséder des notions communes élémentaires qui a stimulé les penseurs dans ce travail de réflexion, de découverte progressive?

M. Espinas a montré les rapports des techniques primitives et de l'évolution des sciences ou des progrès de la raison humaine. L'arpentage a donné naissance à la géométrie, les mécaniques à la physique, la médecine à la biologie, la politique à la sociologie ; des besoins pratiques de la vie commune ont fait découvrir des besoins spéculatifs. La science est venue en aide à l'action collective, et au sein de la science la raison s'est reconnue, comme un ouvrier immanent à son œuvre. « L'âme », dit M. Izoulet dans son langage mystique, « est une fille de la cité ». « Vérité capitale et dont les conséquences ne vont à rien moins qu'à renverser totalement les façons de voir et de sentir de l'Europe depuis vingt siècles ». Ce que M. Izoulet appelle « l'âme », c'est « ce qui possède les attributs proprement humains, à savoir non plus seulement la sensation, mais la raison, non plus seulement l'impulsion, mais la liberté; non plus seulement le cri, mais la parole et le verbe (1)». Entre l'âme et la cité, la « corrélation est patente et le lien causal hors de toute contestation. Oui, l'association ou cité est cause et la pensée ou âme, effet. — C'est la cité qui transforme l'authropoïde en homme ; c'est la cité qui élève l'individu de l'instinct animal à la pensée humaine; c'est la cité la seule cité, qui, dans la « bête » fait lentement éclore l' « ange » (2).

Personne ne peut contester que sans le secours de la société l'homme ne se fût jamais élevé aussi haut dans l'échelle des connaissances; sans laboratoires, sans bibliothèques, sans tous les instruments que la société fournit au chercheur, que seraient les sciences de la nature ? Quant aux mathématiques et à ces spéculations métaphysiques, dans lesquelles Aristote prétendait qu'un homme seul, sans ami, réduit à ses propres ressources (Eth. à Nic. livre X), pourrait cependant exceller, seraient-elles possibles sans la transmission en quelque sorte héréditaire et des idées émises par les générations antérieures, et des analyses de plus en plus subtiles des penseurs qui avant la méditation contemporaine ont perfectionné, affiné, rendu plus pénétrant et plus complexe non pas seulement leur esprit, mais l'esprit humain ?

La raison agit sur nous d'autant plus efficacement que nous avons des concepts rationnels plus clairs, plus distincts. Le concept de société ou du moins un concept quelconque correspondant à la vie sociale ne dut pas tarder à éclore dans la pensée humaine, et cela bien antérieurement au concept d'universalité (correspondant à celui de nécessité) qui sert actuellement de fondement aux idées de science et de loi. N'est-il donc pas vraisemblable qu'avant de rechercher la nécessité et l'universalité pour leurs conceptions, les hommes recher-

(1) Izoulet, *La cité moderne,* p. 149-150.
(2) *Loc. cit.,* p. 150.

Duprat 6

chèrent l'unité et l'harmonie sociale dans la pensée elle-même en même temps que dans le sentiment et dans l'action ? Ce ne fut donc pas en vertu du concept rationnel de science que les premiers savants recherchèrent des connaissances objectives sur lesquelles l'accord de tous pût se faire ; mais ce fut en vertu de tendances sociales confirmées par des concepts de l'entendement que les premières notions objectives furent remarquées, reconnues, appelées à former un ordre particulier dans le système social. Leur valeur venait de leur utilité sociale ou de leur intérêt social ; leur valeur fut cause de l'attention qu'on leur prêta ; cette attention, c'était le commencement de l'évolution de la raison humaine.

Ainsi l'œuvre scientifique, sociologique dans son origine, psycho-sociologique dans ses moyens, est une satisfaction des tendances et de l'esprit individuel, de l'être psychologique, et de l'être social.

II. *L'artiste.*

Pour M. Tarde, l'art comme la science est « un moyen d'atteindre un but social » (1). « Il flatte et nourrit, il échauffe ou enflamme à chaque époque et en chaque peuple son illusion propre : ciel posthume, gloire, plaisir. Seul, il donne forme et corps à cette chimère dont un peuple vit, à l'objet vague et confus de son enthousiasme. Seul il précise le bonheur posthume, les idoles populaires, les dieux, les demi-dieux, les légendes divines ou royales. Seul il pare et embellit l'objet de l'amour, et l'on dirait qu'il l'éternise » (2). L'art « c'est le culte et le *déploiement* du beau social », et la beauté, c'est « le pressentiment de la vérité ou de l'utilité future, indé-

(1) *Op. cit.*, p. 402.
(2) *Op. cit.*, p. 404.

finie, pleine et totale, et, en outre, *de la vérité ou de l'utilité collective,* s'il s'agit de la beauté de l'art ».

Combien de telles idées nous éloignent des théories esthétiques si simples, émises par Leibnitz ou par Kant ! Cependant, elles ne font que nous en éloigner, car les premières sont un véritable point de départ. L'esthétique d'Hegel avec sa dialectique propre, se déroulant au sein des civilisations successives, était un acheminement vers les doctrines sociologiques de l'art et de la beauté. Il faut en effet reconnaître le rôle des fonctions psychologiques dans le sentiment esthétique, y voir surtout le rapport fondamental de la sensibilité et de l'entendement. La formule d'Hegel reste vraie, quelle que soit la nature sociologique de l'art : le beau, c'est l'idée rendue sensible. De plus, le beau, c'est une idée féconde en suggestions, manifestée dans la plus grande harmonie possible d'éléments divers : l'imagination, la mémoire, « l'association des idées », viennent donc s'ajouter avec leurs lois propres à la fonction de perception des objets concrets ; les lois de l'émotivité et de l'appétition contribuent aussi à expliquer le sentiment esthétique ; et l'art doit ainsi tenir compte de la physiologie presque tout entière de l'esprit humain. Comme le dit Taine (1), il « s'adresse non seulement à la raison, mais encore aux sens et au cœur de l'homme le plus ordinaire » ; il découvre à l'homme les mêmes objets de « contemplation » que la science, les « caractères dominateurs et essentiels qui régissent chaque ensemble et impriment leur marque dans les moindres détails », les idées maîtresses de la pensée organisée par conséquent, et cela « non plus en formules arides, inaccessibles à la foule et intelligibles seulement pour quelques hommes spéciaux », car bien qu'il « manifeste ce qu'il y a de plus élevé, il le manifeste à tous » (2).

Est-il possible d'entendre par cette expression : « ce qu'il y

(1) *Philos. de l'Art.* L. 1er, ch. 1er, p. 54. Hachette, 7e édition.
(2) *Op. cit. Ibid.*

a de plus élevé », simplement le plus haut degré de « spiritualité », d'exaltation des facultés psychiques considérées comme « la nature même vue dans ses tendances supérieures » (1) ? Il faudrait qu'il n'y eût pas au-dessus des « facultés psychiques », dans l'homme même, des « facultés sociologiques » pour ainsi dire ; ou, pour parler plus exactement, que l'être social ne fût pas, dans l'homme, supérieur à l'être mental. Car si la mentalité de l'homme n'est à certains égards qu'un moyen dont la sociabilité humaine est la fin, ce qu'il y a de plus élevé dans la nature, c'est évidemment l'être social.

Est-ce à dire que nous n'éprouvons pas un réel plaisir esthétique lorsque nous sommes en présence d'une œuvre qui ne nous rappelle point notre haut degré de mentalité ou de sociabilité ? En dehors des œuvres humaines, n'y a-t-il donc pas dans la nature des choses belles, susceptibles de nous émouvoir de la même façon que les produits de l'art ? Comme ceux-ci, elles suscitent en nous des idées, des sentiments très complexes, synthétisés par notre entendement même, formant comme un faisceau harmonieux dont le lien est une idée. De quelle nature est donc cette idée ? Est-ce toujours la conception d'un idéal esthétique ? Ou bien parmi les idées maîtresses de l'humanité, à un moment donné de son évolution, dans une civilisation donnée, y a-t-il un idéal religieux, un idéal moral, un idéal social, un idéal de l'animalité, de l'humanité, de la nature, toutes sortes d' « idéaux » qui, par eux-mêmes, ne sont pas esthétiques, mais qui, s'ils sont exprimés par une harmonie d'éléments concrets, déterminent avec leur enveloppe sensible le sentiment esthétique en tous les êtres de la même société ?

Guyau, en particulier, nous semble avoir conçu l'idéal esthétique d'une seule façon : pour lui, « l'objet de l'art est d'imiter la vie pour nous faire sympathiser avec d'autres vies », et l'i-

____

(1) Guyau : *L'Art au point de vue social.* p. 172. Alcan. 2ᵉ édit.

déal est par conséquent la vitalité la plus intense. Pour être conséquent avec lui-même il est obligé de prétendre qu'un « paysage est un état d'*âmes* », ce qui est manifestement faux : on ne songe pas du tout à la nature « humanisée », à l'âme des plantes ou des rochers, quand on admire un beau site. Le plus haut degré de vitalité est un idéal parmi plusieurs autres, et c'est même un idéal très peu précis, très variable. Il en est de même de l'idéal social de sympathie universelle que Guyau rattache à l'idéal psycho-physiologique du maximum de vitalité. Il y a pour nous des choses belles en dehors de la vitalité intense et de la sympathie la plus désintéressée : il y a de belles ruines pour l'archéologue, de beaux monuments pour l'architecte, de belles harmonies pour le musicien, de belles découvertes pour le savant, toutes choses par lesquelles les idées qui paraissent proéminentes à chacun de ces hommes sont réalisées dans des perceptions concrètes, des associations d'idées et de sentiments harmonieux.

Mais alors, semble-t-il, ce qui est beau pour un individu ne l'est pas pour un autre ; ce que j'admire, vous le méprisez. N'est-ce pas ce qui arrive tous les jours ? Que de gens sont incapables de saisir la beauté qui apparaît à des esprits plus raffinés ou simplement placés à un autre point de vue ! C'est qu'ils sont incapables de comprendre les mêmes objets de la même façon. La différence psychologique des caractères et les divers degrés de développement mental expliquent en partie les divergences d'opinions sur les choses de l'art, au sein d'une même société.

Cependant il reste théoriquement vrai que l'art tend à « rendre manifeste à tous ce qu'il y a de plus élevé » dans chaque ordre de conceptions. Ainsi complétée, la formule de Taine permet de poser plus rigoureusement le problème. Comment ce qu'il y a de plus élevé en chaque ordre de pensées peut-il être rendu manifeste à tous, si les hommes d'une même société ne sont pas déterminés à concevoir les formes de l'idéal

tous de la même façon ? Comment y aurait-il une beauté éter-
nellement admirée par l'humanité, si l'humanité n'a pas un
idéal non seulement éternel, mais concevable par tous de la
même façon ? Sinon, comment expliquer ces conceptions
communes à tous les êtres d'une même race, soit en un
moment donné de son existence, soit même pendant toute
sa durée ?

« L'œuvre d'art, dit Taine (1), est déterminée par un ensemble qui est l'état général de l'esprit et des mœurs environnantes ». Ce qu'on dit de l'œuvre d'art peut se dire aussi du sentiment esthétique qu'elle est appelée à produire, du beau, par
conséquent. Les différentes formes de l'idéal esthétique sont
donc déterminées par des causes sociales. Mais on peut prétendre aussitôt qu'elles ont d'abord été « inventées » ou conçues par des individus, puis généralisées par imitation ; devenues ainsi partie intégrante de l'état général d'esprit, elles ont
pu guider les artistes en même temps que susciter l'approbation des admirateurs. Notre objection à cette théorie sera la
même que celle que nous avons adressée plus loin à une théorie analogue: l'imitation et l'invention peuvent créer et propa-
ger une grande diversité de types esthétiques ; mais pour que
quelques-uns de ces types deviennent sociaux, une sélection
est nécessaire, et cette sélection ne peut se faire que si certains « idéaux » sont plus conformes que tous les autres à l'esprit social en voie d'évolution.

« Il y a, dit Taine (2), une température morale, qui est l'état
général des mœurs et des esprits et qui agit de la même façon
que l'autre ». Elle est déterminée par des lois sociales comme
l'autre est déterminée par des lois physiques. La température
changeant, les types esthétiques changent. « C'est par un
mécanisme de cette sorte que vous voyez en certains temps et
en certains pays, se développer dans les écoles tantôt le senti-

(1) *Op. cit.*, p. 55.
(2) *Op. cit.*, p. 62.

ment de l'idéal, tantôt celui du réel, tantôt celui du dessin, tantôt celui de la couleur. *Il y a une direction régnante* qui est celle du siècle ; les talents qui voudraient pousser dans un autre sens trouvent l'issue fermée ; la pression de l'esprit public et des mœurs environnantes, les comprime ou les dévie en leur imposant une floraison déterminée » (1).

L'artiste qui ne tiendrait compte ni des travaux de ses prédécesseurs, ni du goût de son temps, ni des opinions généralement acceptées, ni des tendances collectives, qui en un mot s'écarterait de la voie tracée à tous par le *déterminisme sociologique,* non seulement serait méconnu, mais encore serait un être socialement anormal car il ne tendrait à rien moins qu'à rompre la continuité du devenir social. Celui dont le goût esthétique est conforme aux idées, aux sentiments, aux tendances de son pays et de son temps « à l'aide de tout son siècle, trouve des matériaux préparés par les écoles précédentes, un art tout fait, des procédés connus, une voie tracée », et surtout des gens pour le comprendre, l'apprécier, sentir ce qu'il veut exprimer, éprouver le plaisir qu'il veut procurer. « Les hommes ne peuvent comprendre que des sentiments analogues à ceux qu'ils éprouvent. Les autres sentiments, si bien exprimés qu'ils puissent être, n'ont point de prise sur eux ; les yeux regardent, mais le cœur ne sent pas et tout de suite les yeux se détournent » (2).

Comment pourrait-on prétendre que les artistes, les novateurs, les « inventeurs », font, grâce à l'imitation, inséparable de l'invention, le goût d'un peuple, d'une époque, d'une race, alors que pour être compris, pour agir sur les autres hommes par conséquent, il leur faut adopter dans une large mesure l'esprit collectif de leur milieu social ? Cet « esprit » n'est-il pas avec son déterminisme propre, le véritable point de départ pour quiconque veut comprendre la formation du goût

(1) *Ibid,* p. 61.
(2) Taine, *op. cit.,* pp. 67-68.

esthétique, la nature des œuvres d'art d'un siècle et d'un pays, le caractère du beau à une certaine époque, dans une certaine civilisation.

« L'œuvre la plus forte doit être la plus sociale, dit Guyau (1), celle qui représente le plus complètement la société même où l'artiste a vécu, la société d'où il est descendu, la société qu'il annonce dans l'avenir et que l'avenir réalisera peut-être ». Mais le même auteur, après MM. Spencer et Hennequin, fait remarquer avec raison l'hétérogénéité croissante des milieux sociaux et la relative indépendance des cercles artistiques et des esprits cultivés les uns à l'égard des autres, et des uns comme des autres à l'égard de l'esprit social. « C'est par le développement graduel de cette indépendance des esprits qu'il faut expliquer dans le domaine de l'art, la persistance de moins en moins longue des écoles et leur multiplication, le caractère de moins en moins national des arts à mesure que la civilisation à laquelle ils appartiennent se développe et s'agrandit (2) ». M. Hennequin (3) donne du même fait l'explication suivante : « Une littérature, un art national se composent d'une suite d'œuvres, signés à la fois de l'organisation générale des masses qui les ont admirées et de l'organisation particulière des hommes qui les ont produites ». On ne saurait affirmer plus nettement le caractère psycho-sociologique de l'art. La société et le génie individuel ont également leur rôle dans la formation du goût esthétique d'un peuple et dans la production artistique ; mais le génie n'est, selon l'expression de Guyau, « créateur d'un nouveau milieu social », qu'en tant qu'il accélère l'évolution d'un peuple ou d'une race sans changer la direction de cette évolution. Pour être un génie fécond, un homme doit être pénétré de l'esprit social à la fois du présent et du futur le plus immédiat : ce

(1) *Op. cit.*, p. 33.
(2) *Ibid*, p. 37.
(3) Hennequin « La Critique scientifique », cité par M. Guyau.

qui revient à dire qu'il lui faut en un sens ressembler à la moyenne de ses contemporains, mais dans un autre sens en différer sensiblement.

Par ses génies artistiques, une nation ou une race peut voir l'évolution de son goût esthétique accélérée sur un point ou sur un autre ; un type de beauté peut être découvert, plus beau que tous les autres types communément admirés ; certaines époques sont favorables au développement de la peinture ou de la sculpture, d'autres au développement de la musique ou de l'architecture ; et cela pour deux causes : soit parce que des phénomènes sociaux (la guerre, la prospérité économique, la religion) favorisent l'une plutôt que l'autre, soit parce que des hommes de génie se sont trouvés doués, quant à leur nature psychologique, de tels dons de l'esprit plutôt que de certains autres. Une heure d'exaltation psychique chez un homme dans un milieu social particulier suffit à dévoiler au monde un nouveau type de beauté jusque-là inconnu, mais qui, tôt ou tard, devait se révéler à lui en vertu des lois sociales.

III. *L'Etre religieux.*

Comme la science et l'art, la religion doit faire l'objet d'études psycho-sociologiques. L'être religieux est un produit social ; son Dieu est un idéal collectif que la tradition au moins autant que le raisonnement font concevoir avec des attributs empruntés à la conception de l'être social à un moment donné. Mais le sentiment religieux ne s'explique que par une synthèse des sentiments de crainte et d'amour dont l'étude, en tant que sentiments en général, relève de la psychologie, et même comme l'a montré M. Ribot (1), de la

(1) *Psychologie des sentiments.*

psychologie physiologique. Comment des sentiments aussi différents que la crainte et l'amour peuvent-ils s'amalgamer dans une conscience pour donner comme résultat le sentiment religieux ? C'est ce que la psychologie doit expliquer soit par les lois de l'association des idées, soit par tout autre loi du devenir conscient. Comment l'idéal métaphysique, l'idéal scientifique et l'idéal moral peuvent-ils être conçus ensemble, confondus sous une même forme à laquelle on attribue même parfois l'infinité ? C'est encore à la psychologie à nous l'expliquer par la genèse des concepts, l'abstraction, l'inférence ou le raisonnement. Comment l'être primitif a-t-il pu concevoir Dieu analogue à un souffle, à une force naturelle, ou à un animal ? Comment s'est opéré le transfert des sentiments que le guerrier éprouvait pour ses chefs ou ses héros morts, de ces êtres encore humains à un être surhumain (1) ? La psychologie nous le dira peut-être.

Mais ce que la psychologie ne saurait expliquer, c'est cette uniformité du sentiment religieux dans tout un peuple, dans toute une race, c'est ce besoin commun d'adorer, de prier, de sacrifier, d'offrir des victimes propitiatoires selon des rites reconnus de tous comme les seuls efficaces, au point que quiconque viole les prescriptions qui se rapportent aux cérémonies religieuses est souvent puni de mort. Il faut recourir en effet à des facteurs sociaux pour bien comprendre la religion et l'état d'esprit de l'être religieux.

La religion est un fait social de la plus haute importance. Ce n'est pas une invention d'un grand génie ou d'un chef désireux d'ajouter à son prestige ; c'est une conséquence naturelle de l'existence sociale, c'est une transformation du sentiment social. Peut-être même, comme l'enseignait il y a quelques années M. Durkheim, les premiers dieux ne furent-ils que des personnifications de la force collective, de la société,

_____

(1) Selon la théorie de Spencer, dont les vues *évhéméristes* ont été récemment reprises et discutées (*Cf. Revue philos. juillet et août 1899*).

en tant que pouvoir encore mystérieux capable de contraindre, de punir ou de récompenser, de perdre ou de sauver. Assurément c'est l'imagination populaire qui a créé les Dieux ; ce sont les sentiments collectifs qui les ont fait douer d'attributs terrifiants ou de qualités excellentes. Sans les traditions, sans l'éducation, sans l'hérédité sociale, la conception des dieux n'eût jamais été réalisée : elle fût restée confuse, voilée par les sentiments d'appréhension ou d'espoir que tout homme éprouvait aussi bien dans la solitude qu'en compagnie de ses semblables, lorsqu'une force inconnue venait confondre son intelligence incapable de comprendre. Mais dans la foule terrifiée, ou anxieuse, ou pleine d'espérance, les sentiments se propageaient, non sans susciter des idées de plus en plus précises, et, le langage aidant, des « nomina » surgissaient les « numina » vénérables.

Plus tard le culte des héros avec son caractère purement social fut l'origine d'une nouvelle conception des Dieux. A mesure que la nature devenait plus intelligible pour l'homme, les valeurs morales demeurées incompréhensibles suscitaient dans la foule des sentiments d'admiration qui donnaient naissance à la vénération et au culte. L'individu se sentait pénétré de ces sentiments collectifs ; ignorant leur source et les sentant provenir de quelque chose de supérieur à lui, il se croyait pénétré de l'esprit divin, la grâce l'illuminait ; ou bien, élu de Dieu, il devenait son prophète, et la suggestion sociale, la contagion morale aidant, il créait une nouvelle religion ; ou bien, rempli de béatitude, il communiquait sa flamme à ses compagnons, exaltait leur mysticisme, renforçait les sentiments qui déjà existaient en eux, donnait un nouvel élan à l'imagination religieuse.

De nos jours, l'être religieux subit la pression de longs siècles pendant lesquels les traditions se sont accumulées, les rites se sont fixés, les sacerdoces se sont organisés avec des doctrines arrêtées, et des pratiques religieuses ont pénétré

partout, jusque dans le plus humble foyer où l'enfant les
trouve à sa naissance. Sur ce point l'hérédité sociale est donc
nécessairement plus puissante que sur tout autre. C'est pourquoi l'être religieux encore plus que le savant et l'artiste est
avant tout un être sociologique.

IV. *Le citoyen*

Le citoyen, comme l'avait vu Aristote, est l'être réel, l'être
concret, l'homme dans toute l'acception du mot. Il n'est pas
l'objet de l'anthropologie dont on pourrait dire qu'elle
étudie l'homme présent, passé et à venir, sous ses multiples
aspects, biologique, psychologique et sociologique. En effet,
elle étudie aussi bien les modifications de la structure ana-
tomique de l'homme que le progrès dans ses fonctions psychiques, aussi bien les races que les individus, les transformations du caractère ethnique que celles du caractère national
ou régional, l'homme préhistorique que l'homme actuel. Mais
quand on parle du citoyen, on parle surtout de l'être psycho-
sociologique qui peut réunir le savant, l'artiste, l'homme de
foi, et de plus le fonctionnaire, dans le sens le plus sociologique du mot (c'est-à-dire l'être remplissant une fonction sociale
déterminée); ce qui fait que pour le connaître, et pour qu'il
se connaisse lui-même, la psychologie est aussi nécessaire
que la sociologie.

La première nous instruit sur l'enchaînement des représentations, des sentiments, des idées, des actes; elle nous fait
concevoir la causalité psychique ou psycho-physiologique
grâce à laquelle certains états de conscience sont appelés par
certains autres, et par conséquent certains effets peuvent être
produits sous certaines influences qui n'ont rien de sociologique. La seconde nous permet de connaître les causes sociales
et leurs effets dans l'ordre social : ce qui explique la nature
de bien des sentiments, bien des représentations que font

naître dans le citoyen tous les phénomènes sociaux, les institutions, les variations du devenir collectif.

Nous avons vu combien est légitime la recherche des lois psychologiques sous les faits sociaux subjectifs, afin de compléter l'explication que donnent de ces faits les lois sociales proprement dites. Si donc nous laissons à la sociologie objective le soin d'étudier les fonctions et institutions sociales. leurs formes, *leur action* réciproque, leurs lois constitutives et leur devenir, nous reconnaissons à la psycho-sociologie un rôle tout aussi important, celui d'étudier les lois psychologiques et les lois sociales qui par leur effet combiné donnent naissance aux faits sociaux subjectifs, aux idées, sentiments, déterminations de nature sociale que l'on peut constater dans les consciences individuelles.

Cette psycho-sociologie existe déjà, sinon avec une claire conscience de son véritable rôle, du moins avec une pleine confiance en elle-même, qui lui donne la plus grande vitalité en attendant que sa légitimité soit établie. M. Tarde en est en France le représentant le plus autorisé. « Donnez-lui le désir et la croyance, dit M. Darlu (1), et il construit le monde social. » Mais peut-on ajouter que M. Tarde, « incline à voir dans les individus des monades, à la manière de Leibnitz, tout originales et substantiellement distinctes, et qui sont, dans l'uniformité de la matière, le principe de toute différence et de toute nouveauté. » C'est, nous semble-t-il, pousser un peu trop loin peut-être la théorie de l'invention chez M. Tarde ; car que fait M. Darlu de l'imitation, beaucoup plus essentielle au système que l'invention ? Si les individus sont des monades à la façon de Leibnitz, ils sont fermés les uns aux autres, sans communication : M. Tarde prétend au contraire que l'être social, c'est l'être qui imite, qui par conséquent reçoit du dehors une bonne partie de ce qui le constitue.

(1) *Loc. cit.*, n° 2494 du *Journal officiel*, du 17 avril 1898.

On ne saurait concevoir un individu subsistant par soi,
un être humain vivant d'une vie purement psychologique et
qui, par sa réunion avec d'autres êtres de même nature, se suffisant également chacun à soi-même, constitue, on ne sait pourquoi, une société. Une telle conception, qu'on pourrait
appeler l'atomisme social, autrement dit l'individualisme,
a présidé, par exemple, à l'élaboration de la plupart des
théories du contrat social. Ce prétendu contrat n'est qu'un
artifice dont on suppose capable les individus primitifs désireux de passer de l'état d'isolement à l'état grégaire. Hobbes
et Rousseau l'ont présenté de façons différentes : ils ne lui ont
pas enlevé son caractère d'artifice. Supposons avec eux des
personnalités, non pas insociables sans doute par nature, mais
« asociables ». Comment de ces « atomes asociaux » la société
pourrait-elle naître naturellement ? Ne faudrait-il pas que la
vie sociale fût l'invention d'un homme de génie ? Mais pour que
cet homme puisse agir sur ses semblables, ne serait-il pas nécessaire qu'une sorte de vie sociale antérieure lui fournît les
voies par lesquelles s'exerçât son action ? Or on constate une
vie grégaire ; c'est déjà la vie sociale dont les animaux sont
reconnus capables par nature ; l'homme est donc par nature
un être sociable, c'est-à-dire qu'il a lui aussi, et *a fortiori*, des
tendances à la vie en commun, des représentations plus ou
moins claires de la société à réaliser, un instinct social si l'on
veut, qui ne va pas sans les actes correspondants ; de sorte
que la société est contemporaine de la première humanité et
que les faits sociaux coexistent, dans la conscience individuelle
primitive, avec les faits psychiques. C'est tout ce que nous
désirons qu'on nous accorde. En retour nous accorderons que
l'évolution de la raison chez l'homme a permis un perfectionnement continu de la société humaine qui tend à devenir de
plus en plus une association contractuelle. C'est ce que pensent et M. Renouvier et M. Fouillée. D'après celui-ci, la sociabilité est primitive : « elle se résout dans la tendance à con-

tracter » (1), qui suppose simplement la liberté morale, mais n'en découle pas nécessairement.

M. Tarde admet si peu la théorie du contrat qu'il écrit : « Il n'est pas vrai que tout lien social soit fondé sur l'idée du contrat. On s'est associé de fait sans avoir jamais contracté, même implicitement ». L'état contractuel ne serait même pas l'idéal vers lequel tendent toutes les formes sociales : la religion tendrait à l'unité des croyances, l'art à l'unité des sentiments esthétiques sans qu'aucun contrat n'intervienne. Mais il ne faut pas prendre trop à la lettre le mot contrat. Si l'on entend par là un accord implicite comportant des engagements réciproques que l'on devra tenir, alors même qu'on ne les aurait pas pris avec une pleine conscience de leur portée, que l'on accepte de tenir par ce fait seul qu'on jouit des avantages qu'ils procurent, la réfutation de la théorie de M. Fouillée devient plus difficile que ne le semble supposer M. Tarde. Ne chicanons pas sur la différence des expressions « s'associer » et « être associés » : par ce fait seul que les animaux, les hommes, se trouvent associés, ils ont des fins communes, qu'ils doivent réaliser par une action collective ; tous bénéficieront des résultats acquis : ils les désirent tous ; mais ils désirent corrélativement que chacun y coopère, remplisse sa fonction. Voilà le germe des devoirs sociaux ; en devenant plus conscients, en prenant le caractère d'obligations rationnelles, ils gardent leur fondement primitif, leur rapport avec la poursuite en commun de fins communément désirées : ce rapport constitue l'essence même du contrat. On désire jouir des avantages de la vie sociale ; on en jouit en fait ; on en accepte par là même les devoirs. Tel l'enfant en tutelle, qui trouve bon de jouir de la gestion de ses affaires. par un tuteur, accepte les engagements que ce tuteur prend en son nom, en vertu de ce qu'on appelle en science du droit.

(1) *Op. cit.*, p. 8.

le quasi-contrat (1). La tendance à contracter dont parle
M. Fouillée est donc implicitement contenue dans la tendance
à jouir des bienfaits de la vie sociale. La première se dégage
à la réflexion de la seconde ; elle devient réfléchie, décision
volontaire ; elle prime enfin l'autre, et l'association des bonnes
volontés apparaissant désirable par elle-même, l'adhésion de
chaque citoyen à la vie civique, religieuse, esthétique devient
un acte libre en tout analogue à la signature d'un contrat.
Tous les membres de la société idéale tendraient nécessairement à l'unité de croyance, de sentiment, d'action, à l'harmonie parfaite des consciences individuelles par nne libre adhésion de chacune, par un véritable contrat social.

Hume dit avec raison que dans la société actuelle, en
fait, les obligations sont imposées sans qu'on s'inquiète de
savoir si l'individu accepte de les remplir. Il reste à se demander si l'individu ne tend pas spontanément à la vie sociale
avec tout ce qu'elle comporte en général d'avantages et d'inconvénients, de tâches agréables et d'obligations pénibles.
Trouvera-t-on un individu normal qui ne soit pas désireux
de vivre la vie sociale, un être sans sociabilité naturelle?
Oui, si les individus dont l'ensemble forme la société sont
essentiellement des monades closes, où rien d'autrui ne
peut entrer. Et même, dès lors, ce n'est qu'en apparence
qu'il existe un ordre particulier de faits sociaux ; en
réalité, les relations sociales étant tout extrinsèques, on
peut les enlever sans rien enlever à chaque individu ; elles
sont comme les mailles d'un réseau où des oiseaux sont
retenus captifs, et il ne reste qu'un agrégat de personnalités
radicalement indépendantes les unes des autres, une pure
multiplicité d'êtres psychologiques.

Mais si l'être psychologique n'est qu'une abstraction, une
notion découpée dans la représentation totale de l'être con-

____

(1) Cf. L. Bourgeois. *La Solidarité*; Andler, « Le quasi-contrat social ». *Rev. de mét. et de mor.*, juillet 1897.

cret, et cela pour les besoins de la science ; si tout individu réel
est plus qu'un être pensant, sentant, voulant pour soi, si c'est
un être social par nature, le sociologue peut n'étudier que
l'individu et étudier cependant en lui des faits sociaux. Quand
M. Tarde dit que la Sociologie « doit s'attacher *exclusivement*
aux idées et aux intérêts des hommes, à leurs convictions et à
leurs passions » (1), il a le tort d'affirmer que seule la sociologie subjective doit exister ; il nie la sociologie objective et
nous avons vu plus haut qu'il se condamne ainsi à ne voir
qu'un aspect de la réalité. Mais attachons-nous avec lui,
pour le moment, aux idées et aux intérêts, aux convictions et
aux passions des individus : nous y trouvons l'objet de la
psycho-sociologie.

V. *L'imitation*

Les idées, dit en substance M. Baldwin (2), voilà la matière
de la vie sociale ; l'imitation et la contrainte, qui peut se rattacher à l'imitation, voilà la forme. Idées signifie assurément :
représentations de toutes sortes, sentiments et perceptions
aussi bien que concepts. Elles sont matière sociale, car elles
passent de l'un à l'autre grâce à l'imitation, revêtant chez chacun un aspect particulier, se transformant dans leurs incessantes pérégrinations au point de devenir méconnaissables et
de façon à paraître toujours nouvelles. Il est bien entendu que
nous ne parlons pas ici avec une rigueur suffisante : les idées
ne voyagent pas ; elles naissent dans des consciences par
imitation de ce qui se passe dans d'autres consciences. Mais
cette remarque faite, nous pouvons continuer à parler sans
inconvénient des voyages accomplis par les idées : l'usage est

(1) *Loc. cit.*
(2) *Op. cit.*

Duprat   7

commode et aucun malentendu n'est possible désormais à ce sujet.

L'être qui imite et celui qui invente sont inséparables l'un de l'autre : toute imitation est en fait aussi une invention puisque chacun imite à sa façon ; et réciproquement, toute invention est en même temps une imitation, car on n'invente rien de toutes pièces, on transforme des matériaux acquis par imitation. Selon que la part de l'invention est plus grande que celle de l'imitation ou inversement, nous parlons simplement soit d'imitation, soit d'invention.

De ce que tous les êtres d'un même milieu, toutes les générations successives de ce même milieu, se répètent les uns les autres en s'imitant, il résulte une certaine uniformité sociale. Le fond de tous ces êtres qui s'imitent est naturellement le même ; « moi, c'est toi. » Baldwin insiste avec raison sur cette identité foncière de l'*ego* et de l'*alter*. L'ego commence par copier l'alter, puis il donne à ces emprunts faits à autrui une teinte personnelle ; enfin il attribue à autrui ce qu'il pense, ce qu'il sent lui-même, il conçoit autrui à son image après s'être fait à l'image d'autrui ; et ainsi il y a entre l'alter et l'ego non seulement une ressemblance effective, mais une ressemblance conçue par l'un et par l'autre. C'est assurément la base de bien des relations sociales que cette identité du moi et du toi, à la fois réelle et pensée, objective et consciente.

La conséquence la plus importante, à notre avis, de l'imitation, c'est l'établissement de types sociaux de personnalité. Chacun de nous cherche, inconsciemment ou consciemment, à réaliser un type de personnalité qu'il a conçu plus ou moins confusément, ou qu'il conçoit progressivement, à mesure qu'en lui il se réalise partie par partie, l'une appelant l'autre. D'où viendrait généralement le modèle, sinon d'autrui, surtout lorsque la réalisation d'un type se fait pour ainsi dire automatiquement, sans une claire conscience du terme auquel on aboutira ? On imite donc spontanément autrui, qui a imité lui aussi, de sorte qu'un type unique se retrouve chez un nombre plus ou moins grand d'individus et devient un type social. S'il est adopté par le plus grand nombre, il s'impose à tous ; il « est à la mode » pour plus ou moins longtemps ; il risque de devenir traditionnel et d'être considéré par les générations ultérieures avec ce respect que l'on a pour certains faits de tradition.

VI. *L'explication sociologique*

Voilà les faits de l'imitation, de la mode, de la coutume, de la contrainte sociale, examinés dans leur ensemble, Ils ne sont pas expliqués pour autant. Recherchons donc leurs conditions psychologiques d'une part, sociologiques de l'autre. Et tout d'abord remarquons qu'à la suite des inventions, inséparables, comme nous l'avons vu, des imitations, plusieurs types de personnalité ont été produits dans le même milieu. Un homme de génie ou simplement un homme de talent, un fou, un criminel ne présenteront pas tous le même aspect, le même type, imité par chacun d'eux du même individu. Il y aura donc « lutte pour l'existence » entre les différents types proposés. Un seul deviendra le type social. A quelles qualités ou à quelles lois psychologiques et sociologiques devra-t-il son triomphe sur les autres ?

Pour qu'un type soit adopté par suite d'une imitation spontanée, volontaire ou contrainte, il faut qu'il soit perçu ou conçu ; ce qui implique qu'il a été à quelque degré objet d'attention. Le fait social que nous étudions repose donc sur les lois psychologiques de l'attention. Or l'attention elle-même dépend non seulement de la vivacité des impressions, mais encore et surtout du cours des pensées dans le sujet qui perçoit ou conçoit, cours qui, comme nous l'avons montré ail-

leurs (1), est déterminé par la nature du caractère. Les lois de
la formation du caractère et de son action sur la succession des
états de conscience, ainsi que la loi d'instabilité mentale qui
est antagoniste de la loi de continuité mentale, sont donc
indirectement impliquées dans le fait d'imitation,

J'imite ce maître, cet ami, plutôt qu'un autre à cause des
affinités de mon caractère avec celui de l'homme que j'imite,
que je me propose sciemment pour modèle ou dont je deviens
inconsciemment une copie plus ou moins fidèle ; mes souvenirs, mes sentiments antérieurs ainsi que mes réflexions et
mes émotions m'y déterminent. Mon caractère ne s'est pas
fait tout d'une pièce : à la nature sont venues s'ajouter des
habitudes ; et ce sont mes habitudes de penser, de sentir et
d'agir, qui déterminent, sous le nom de caractère, mes préférences pour ce type choisi parmi bien d'autres. Les lois de
l'habitude, de la mémoire, du sentiment, de l'action viennent
ainsi s'ajouter aux lois du caractère et de l'attention ; sans
compter que les lois de la perception sensible ou de l'élaboration des concepts méritent aussi d'être considérées. Bref à peu
près toutes les lois qui régissent l'ensemble des fonctions psychiques sont supposées par ce fait si simple en apparence :
l'imitation d'un type de personnalité, choisi ou involontaire-
ment adopté parmi plusieurs types offerts.

Mais ce n'est pas tout. Le type que j'adopte peut ne pas
être adopté par la majorité de mes concitoyens ; je puis rester
seul avec mon modèle à représenter un type exceptionnel qui
risque fort de paraître même anormal. Si nous en étions
réduits aux raisons d'ordre psychologique, nous n'en trouve-
rions point pour expliquer comment un type social devient
l'objet d'une imitation *collective* ; nous comprenons désormais
uniquement l'imitation individuelle, mais par cela même
nous sommes portés à nous demander comment il se fait que
les caractères changeant d'individu à individu, les raisons

(1) « Cf. L'instabilité mentale ». Alcan, 1899.

d'ordre privé étant autres, il n'y a pas une plus grande hétérogénéité dans les résultats.

M. Baldwin nous semble faire intervenir avec raison en
face de la « force qui particularise » une « force qui généralise ». Chacun de nous particularise en tant qu'être psychologique ayant un caractère particulier ; mais la Société
implique la généralisation d'un type donné, exige la constitution d'un type social commun. L'action des lois sociales est
une entrave aux variations individuelles trop considérables ;
elle contrebalance celle des lois psychologiques.

En vertu du devenir propre à la Société, le devenir propre à
la personnalité individuelle se trouve déterminé autrement
encore que par son caractère. En tant qu'être psychologique,
je pourrais peut-être préférer ce type à celui-là ; mais en tant
qu'être social et psychologique à la fois je préfère, je choisis
ou j'adopte ou simplement j'imite celui-là. Car en tant qu'être
social, je subis le joug de la dialectique du devenir social,
comme en tant qu'être psychologique je subis la loi de mon
devenir psychique personnel. J'appelle dialectique du devenir social cette succession de moments sociaux (comparable à
la succession de mes états de conscience) qui fait que les contraires s'appellent, puis appellent une conciliation et qu'ainsi
le progrès social est assuré par une oscillation perpétuelle
d'un type à un autre plus élevé et relativement contraire.

Parmi les types sociaux possibles à un moment donné il en
est un ou deux (je mets au pluriel pour laisser quelque contingence subsister au sein du déterminisme social) qui sont plus
particulièrement appelés à être parce qu'ils conviennent
mieux à la fois pour s'opposer au type précédent et pour préparer le type à venir. La succession des types sociaux n'a pas
lieu au gré de l'imitation individuelle ; l'évolution sociale
n'est pas livrée aux caprices d'êtres qui s'imiteraient pour
s'imiter. L'imitation est un moyen ; l'évolution sociale en est
la fin en même temps que le produit.

Nous touchons ici une fois de plus au problème des rapports de la liberté individuelle et du déterminisme sociologique. Si l'évolution sociale n'a pas de lois propres, il n'y a pas de science sociale possible, car la Société n'est qu'une apparence, n'est pas une réalité. Mais si l'avenir social est déterminé par le passé, que peuvent les efforts du génie pour changer ce qui doit être, pour susciter un type social supérieur. On a déjà répondu brièvement plus haut : le génie peut accélérer l'évolution sociale, faire franchir plus rapidement à l'humanité des étapes plus ou moins nombreuses ; mais il ne change pas d'une façon appréciable la direction même du cours de l'évolution. Il n'est pas vrai que le nez de Cléopâtre, s'il avait été autre, que la destruction de Capoue avant que les soldats d'Annibal s'y amollissent, que le succès des armées françaises dans la guerre franco allemande de 1870, eussent changé la face du monde. Les causes qui ont provoqué les événements historiques eussent produit d'autres effets si ceux-là ne s'étaient pas produits et d'autres effets qui eussent eu en définitive le même résultat pour l'évolution sociale prise dans son ensemble.

Il y a, nous le répétons, quelque contingence dans le devenir social ; A eût pu arriver aussi bien que B, mais l'apparition de A eût entraîné à peu près les mêmes effets que l'apparition de B. Jésus, Mahomet auraient pu ne pas venir ; quelqu'un eût plus tard joué le même rôle, réalisé les mêmes types sociaux que ces deux grands génies. De tels types devaient apparaître tôt ou tard et Jésus eût pu vivre plus longtemps, Mahomet eût pu mourir plus jeune, être assassiné au lendemain de son premier triomphe : le christianisme et l'islamisme eussent été quand même ce qu'ils sont et fussent devenus ce qu'ils sont devenus. Il n'est pas nécessaire d'admettre la prédestination des individus pour croire au déterminisme des faits sociaux. La liberté morale se concilie avec l'existence des lois sociales : l'une permet aux individus de déterminer un peu par eux-mêmes ce qu'ils font et ce qu'ils sont, tandis que les autres font les sociétés ce qu'elles doivent être, de par l'évolution naturelle et universelle. Que des individus faillissent à leurs obligations, d'autres rempliront à leur place la fonction sociale qui leur semblait échue ; mais la fonction ne reste pas sans organe.

Je puis donc adopter, reproduire ou au besoin créer un type de personnalité tel qu'il ne corresponde pas aux exigences de la loi du devenir social ; seul le type qui y correspondra exactement ou le type le plus voisin deviendra commun, deviendra un type sociologique. La raison de sa sélection, de son triomphe se trouve dans sa conformité au caractère social comme la raison de l'adoption d'un type par un individu se trouve dans sa conformité au caractère de cet individu. Si par conséquent le caractère social se réflète en moi, si dans ma conscience l'esprit collectif, ce qu'on appelle la « conscience collective », vit avec clarté et puissance, ce qui est conforme à mon caractère psycho-sociologique est à peu près conforme au caractère social, et le type que j'adopte, moi, être normal, à la fois psychologique et sociologique, est le type de personnalité qui doit l'emporter sur tous les autres, et, à quelques petites différences près, devenir le type commun.

Il en est du caractère social comme du caractère individuel : il a ses lois, celles qui régissent le développement social aussi bien que celles qui règlent les rapports des différentes fonctions entre elles. Pour comprendre la réalisation d'un type social par voie d'imitation il faut donc faire appel à des lois sociologiques en même temps qu'à des lois psychologiques. C'est peut-être ce que n'a pas assez bien vu M. Tarde ; c'est ce que n'a pas nettement établi M. Baldwin.

M. J.-F. Crowell (1) a, au contraire, insisté sur la « survivance par sélection, des types de personnalité ». Il les a étu-

____

(1) Crowel. « The Logical Process of social Development » Holt and C°, New-York, 1898.

diés au point de vue logique, celui de la méthode en
sociologie ; et il a vu se dégager de ses recherches des
« postulats » concernant la structure des types sociologiques ; des « axiomes » concernant les « sanctions fonctionnelles par le respect desquelles un type social survit » ;
des « lois » ou « principes fondamentaux par lesquels on peut
expliquer la persistance des relations sociales entre les hommes sous la succession des événements sociaux. » (1)

Il reconnaît à l'homme une tendance naturelle à la vie en
société, « une sociabilité », dont l'être raisonnable parvient à
prendre une conscience de plus en plus claire. C'est là en effet
un postulat essentiel à la sociologie, comme nous l'avons
montré plus haut. Par un second postulat, nous admettons
que « l'homme non seulement tend à s'associer avec des
individus de même type que lui, mais encore se refuse à
une vie sociale qui aboutirait à un type inférieur et qui ne
tendrait pas à le développer dans le sens d'un type social
supérieur à celui qu'il réalise actuellement. » (2)

Il s'ensuit que les êtres sociaux « sont susceptibles de se
proposer plus ou moins consciemment des fins conçues comme
normalement nécessaires. » Ils peuvent toutefois être soit de
type semblable ou homogène (ce qui se trouve dans les formes
primitives de la vie sociale), soit de types différents : d'où
il résulte un conflit qui doit se résoudre ou bien par le triomphe d'un seul type social ou d'un petit nombre de types
sociaux, ou bien par l'accord de certains types qui se complètent réciproquement et font de la société un tout organique,
de plus ou moins longue durée, selon la puissance de l'hérédité
sociale. Le processus social qui résulte de l'existence des types
de personnalité (auxquels d'après M. Crowell des conceptions
logiques correspondent, avec leur enchaînement rationnel,
dialectique, avons-nous dit) et de leur lutte (dans laquelle

(1) *Op. cit.*, p. 6.
(2) *Ibid.*, p. 8.

triomphent ceux qui sont conformes aux tendances normales
et aux lois sociales), est donc « essentiellement systématique
parce que c'est le devenir d'un tout organique formé de fonctions qui agissent réciproquement les unes sur les autres. »(1)

L'idée fort juste des types sociaux complémentaires est
étrangère aux théories de l'imitation considérée comme fait
social primordial. C'est que l'imitation ne peut expliquer
comment la différenciation sociale (que nous avons vu se
produire sous l'influence des caractères particuliers, qui font
que les hommes imitent chacun à sa façon et selon ses préférences), tend à la réalisation d'une unité synthétique, d'une
harmonie sociale, d'une organisation de l'ensemble. M. Tarde
parle de la tendance de l'esprit à résoudre finalement les oppositions en un accord logique, que les oppositions soient psychologiques ou sociales; il montre dans sa « logique sociale »
l'unité triomphant de la diversité, l'harmonie triomphant de
contrariété ; mais il ne pourrait pleinement l'expliquer qu'en
faisant intervenir des facteurs sociaux. La tendance de l'esprit à
l'unité systématique n'est qu'un moyen ; la fin est une certaine unité systématique, déterminée par les lois sociales,
appelée à être à l'exclusion de toutes les autres, harmonie de
types sociaux correspondant à l'harmonie des fonctions
sociales, celle-ci provenant enfin de l'unité de la vie sociale,
et non des caractères individuels divergents en tant que caractères psychologiques.

« L'idéal poursuivi, dit M. Tarde (2), serait que l'unanimité
et la collaboration des membres d'une société fussent complè-
tes, sans dissidence » ; que par conséquent la société ressem-
blât à cet être psycho-physiologique que nous appelons
l'individu. Le centre de l'unité synthétique individuelle, c'est
le moi, la conscience supérieure avec son caractère propre et
le devenir particulier qui en résulte, déterminant celui de la

(1) *Ibid.*, p. 11.
(2) *Logique Soc.*, p. 89.

personnalité entière. Il faut de même un centre à l'unité social, un noyau qui apporte un principe directeur de l'évolution
collective. Ce qui joue précisément dans la formation d'une
société le rôle du moi dans la constitution progressive d'une
personnalité, c'est ce que nous avons appelé la « conscience
sociale », synthèse d'idées et de sentiments collectifs qui s'imposent aux consciences individuelles, d'abord pour les rendre
homogènes au point de vue social, ensuite pour faire de leur
hétérogénéité relative un moyen de se diversifier en restant
foncièrement identiques. Kant ne voyait pas d'où l'unité synthétique eût pu venir aux perceptions objectives sinon de
« l'unité originairement synthétique du moi » ; de même nous
ne voyons pas d'où viendrait l'unité synthétique de la société,
sinon de l'unité *originairement* synthétique de sa forme
suprême. La faire dériver de sa matière est impossible : l'ordre
s'impose au chaos, et ne vient pas de lui.

M. Tarde raille, il est vrai, ce prétendu « *principe social* où
« la psychologie n'entre pour rien, créé tout exprès pour la
« science qu'on fabrique, et qui paraît beaucoup plus chimé-
« rique que l'ancien *principe vital* » (1). Mais ne venons-nous
pas de montrer que, contrairement à ce que prétend M. Tarde,
tout ne s'explique pas par l'imitation, qu'il ne « s'agit pas toujours de faits d'imitation » ou de « contrats, de services, de
contraintes » réductibles à l'imitation ? D'abord, la transformation d'un type de personnalité, d'individuel qu'il est tout
d'abord, en type social, communément adopté ; ensuite, l'harmonie des types sociaux coexistant dans une même société à
un moment donné, nous ont paru impliquer outre des faits
psychologiques d'imitation et d'attention, de choix ou d'habitude, etc., des lois sociologiques agissant simultanément sur
tous les individus de la collectivité pour leur faire adopter en
général le même type ou leur faire admettre le même système
de types.

(1) *Op. cit.*, p. 6.

Nous n'avons pas fait appel pour cela à un « principe social » mystérieux, analogue à l'entité métaphysique des médecins vitalistes ; nous avons simplement reconnu à la forme sociale, aussi bien qu'à la forme individuelle, des droits à l'existence, et par conséquent attribué à la société des lois auxquelles ses parties, les individus, sont soumises comme son ensemble ; notamment, une loi d'évolution qui détermine certains types sociaux à se réaliser plutôt que d'autres. Nous ne supposons pas que l'on ait créé les concepts des types sociaux et les lois sociales pour la sociologie ; nous pensons plutôt qu'on a créé la sociologie parce qu'il y a des lois sociales et des êtres sociaux présentant des types qui correspondent aux exigences de la vie sociale et qui, loin de se présenter au hasard, de se juxtaposer sans raison, de dépendre de caprices individuel‧ ont leur raison d'être dans les lois sociales aussi bien a‧ moins que dans les lois psychologiques.

Aussi M. Crowell distingue-t-il le « type social » actuellement réalisé du « type sociologique », sorte d'idéal à réaliser pour que la vie sociale soit normale, pour que les fins sociales soient elles aussi réalisées. Le rapport des types sociaux actuels aux types sociologiques requis par la raison est celui de ce qui *est* à ce qui *doit être*, ou bien du réel à l'idéal, ou bien du présent au futur. Et comme ce qui est et ce qui doit être est simultanément conçu dans la conscience individuelle, c'est en celle-ci que se trouve posé d'une part le devoir, d'autre part le futur. Une tendance en résulte qui est comme la cause immédiate du progrès moral et du devenir social. Ainsi la loi sociale prend une forme subjective ; elle existe non seulement pour des esprits qui la conçoivent, mais encore en des esprits, en qui elle se réalise.

L'individu capable de prendre conscience des fins sociales, voilà un fait important que négligent fatalement les théoriciens de la « psychologie sociale » qui font de la vie collective un résultat fortuit des imitations et interférences individuelles. Ils voient dans l'homme des tendances indispensables à l'établissement ou au maintien d'une forme plus ou moins complexe d'existence commune : ils ne remontent pas au-delà, car pour eux, rechercher plus avant, ce serait entrer dans le domaine biologique, dans la physiologie cérébrale. Pour nous, c'est au contraire entrer dans la sociologie pure. Les tendances individuelles s'accordent avec les nécessités sociales. L'individu doit donc prendre conscience, selon les expressions de Crowell, « des conditions de l'existence des types sociaux, des relations qu'ils ont entre eux, des types possibles enfin » ; ainsi que des « catégories correspondantes sous lesquelles la conscience de la race peut exprimer ses jugements sociologique » : la fusion, le conflit, la « complémentarité » et la continuité des types. Il faut, pour cela, qu'un ordre social déterminé soit l'objet de ses pensées et de ses désirs, qu'il conçoive le système social, clairement ou confusément; et les lois sociales connues de lui déterminent ses tendances.

CHAPITRE VI

I. *Types sociaux et évolution.*

Nous voyons à présent avec plus de clarté quelle est la fin proposée aux recherches sociologiques : *c'est la découverte des lois qui président à l'apparition des types sociaux.* La psychologie ne suffit pas à expliquer la constitution de ces types ; elle se borne à indiquer quelques-uns des moyens par lesquels ces phénomènes sociaux se réalisent. Mais la cause de leur réalisation est dans des antécédents sociologiques. Il y a donc des lois causales à établir en sociologie comme en biologie. Nous sortons par là de l'indéterminisme sociologique que suppose l'individualisme. En effet, cette doctrine ne concède aucune réalité, aucune action aux formes sociales autres que les individus ; la famille, l'Etat ne sont pas des agents, ne sont pas des forces susceptibles d'avoir des effets et d'être reliés par un lien causal aux actions individuelles, aux sentiments ou représentations du citoyen. Celui-ci n'est déterminé que par les lois psychologiques de sa conscience ou par les consécutions physiologiques que l'on suppose correspondre au devenir psychique. Il s'ensuit que l'avenir social est, tout entier à la merci des inventions d'un grand homme, des innovations d'un groupe d'artisans, des actes qu'il plaît, on ne sait pourquoi, à telle ou portion de la multitude d'imiter

avec plus ou moins de précision ; aussi rien n'est-il prévisible
de l'avenir social ; l'organisation de l'avenir pourra être totalement différente de l'organisation présente ou passée, les
mêmes types sociaux n'apparaîtront peut-être pas, et avec des
êtres sociaux tout à fait nouveaux on verra des sociétés radicalement différentes des sociétés antiques.

Par là même on revient indirectement à proclamer que la
société est en dehors de la nature, car la nature nous présente
en minéralogie, en botanique et en zoologie, des types à peu
près constants qui ne se transforment que très lentemeut dans
leurs caractères essentiels, dont, suivant les remarques de
Cuvier et de Geoffroy St-Hilaire, la structure peut être modifiée par atrophie d'un des organes, par sa disparition même,
jamais par son déplacement. Le déplacement d'un organe
social, dans ce sens du mot déplacement, serait constitué par
une modifieation complète de ses relations avec les autres, par
un changement radical de ses fonctions naturelles.

Nous supposons que l'histoire confirme notre hypothèse,
que les fonctions essentielles de la vie sociale restent les mêmes. Elles prennent les unes plus, les autres moins d'importance selon les temps et c'est ce qui fait que la société humaine
change d'aspect ; mais le sociologue sait découvrir la même
nature fondamentale sous les aspects les plus variés ; il
sait relier les unes aux autres les différentes formes de gouvernement, les différentes formes de justice pénale, par exemple, et apercevoir *la loi d'évolution des types sociaux* derrière la
diversité apparente de ces types.

Par l'établissement de concepts correspondant aux divers
types sociaux, la science sociale devient l'analogue des sciences naturelles qui ont eu tout d'abord pour objet l'établissement de concepts correspondant aux divers types minéralogi-
ques, botaniques ou zoologiques, fussent-ils disparus. Les
types sociaux à venir peuvent ainsi faire l'objet d'hypothèses ayant un fondement scientifique; la philosophie sociale

devient par là même une branche de cette philosophie générale des sciences qui, parfois sous le nom d'évolutionnisme, a déjà rendu tant de services aux sciences de la nature.

Par la découverte des lois qui président à l'action réciproque des fonctions sociales, des sentiments, idées, représentations sociales de toutes sortes, à l'influence des formes sociales les unes sur les autres, à la naissance et au développement des institutions, la sociologie se rapproche de la physiologie animale et végétale. Elle permet de découvrir immédiatement et d'expliquer au besoin pourquoi une entreprise est téméraire ou absurde, vouée à un échec probable ou certain, selon qu'elle suppose des moyens plus ou moins difficilement réalisables. Elle libère les hommes politiques d'une partie des responsabilités que l'on ne manque pas d'ordinaire de faire retomber sur eux, alors que les échecs ou les désastres sont dus à l'ignorance des lois de la nature et à l'application nécessaire de ces lois. Bref elle fait rentrer la société d'une façon définitive dans le domaine de la nature en soumettant les formes les plus complexes comme les plus pauvres d'existence collective au déterminisme, à la nécessité.

Elle parvient ainsi à convaincre tous les hommes que leur volonté est aussi impuissante à changer profondément le cours des événements sociaux qu'elle l'est à modifier profondément les caractères individuels, la nature des êtres vivants et des choses inanimées. Sans doute à mesure qu'on s'élève de l'inorganique à l'organique et de l'organique au sociologique, la spontanéité se fait une part plus grande au détriment de la nécessité aveugle ; de plus en plus l'intelligence prend conscience de sa puissance, de son rôle dans le déterminisme universel, de l'identité foncière de la nécessité naturelle et de la nécessité rationnelle. L'idée de liberté n'est pas sans doute une idée vaine : c'est la conscience de la détermination des actions qu'accomplit un être, des décisions qu'il prend, par ce qu'il y

a de plus profond, de plus essentiel en lui et dans la nature
entière, par la raison en laquelle nous communions tous. Mais
ne s'ensuit-il pas que la liberté de l'homme de génie, du grand
homme d'Etat, du grand conquérant ou du grand législateur,
est encore plus dans l'ordre naturel que le déterminisme de
ses actes par la passion ou par les excitations extérieures ? Ne
sensuit-il pas que s'il n'y avait que des êtres libres dans la société humaine la dialectique du Devenir social serait d'une
clarté et d'une simplicité telle que les actions futures en de-
viendraient bien plus aisément prévisibles ?

Des êtres parfaitement raisonnables réaliseraient des types
sociaux tous complémentaires les uns des autres ; le système
social serait un système dans toute l'acception du mot, et il
n'y aurait plus de place pour un art politique, car l'harmonie
des forces sociales serait réalisée d'une façon définitive.

Mais alors aussi il n'y aurait plus besoin de progrès, plus
besoin de devenir social. Vouloir atteindre la perfection est
trop vouloir atteindre : on meurt de telles étreintes. La nature
ignore la perfection réalisée ; c'est pourquoi il y a en elle tant
d'accidents qui déconcertent le savant en quête du nécessaire
et de l'universel. La science n'aperçoit que fort peu de chose
de l'éternelle vérité parce qu'il y a peu de stabilité dans la nature et beaucoup de formes passagères dont la pensée humaine
ne peut donner pleinement la raison. Aussi le devenir social
est-il loin d'être complètement intelligible pour nous ; la plus
grande partie des faits nous apparaîtront longtemps encore
comme dus au hasard et à la volonté arbitraire.

C'est pourquoi un art politique sera toujours nécessaire pour
parer à l'imprévu, prendre des décisions particulières, adapter
l'action aux circonstances imprévisibles, réparer les erreurs
commises par ignorance des causes convenables : pour produire des effets désirés ou neutraliser les effets engendrés par
des causes mises imprudemment en action. Entre l'homme
politique et le sociologue il y aura ainsi la distance qui sépare

l'artisan du savant, sans autre intermédiaire que le théoricien. La sociologie n'en sera pas moins indispensable à l'homme politique. Si la physiologie animale peut et doit servir de base, souvent précaire il est vrai, à l'hygiène et à la médecine, parce qu'il est nécessaire que la science guide la pratique des organismes biologiques qui a pour but de conserver ces organismes à l'état normal ou de les y ramener ; il est possible, il est même inévitable que la politique, qui est l'art de conserver la santé du corps social ou de la rétablir, repose sur la science sociale.

II. *La prévision sociologique.*

Nous nous sommes efforcé de montrer comment la sociologie est vraiment une science. L'intermédiaire entre cette science et la pratique, nous la nommons Philosophie sociale: c'est une construction de l'esprit qui dépasse les plus légitimes inférences scientifiques pour prévoir avec autant de circonspection que de discernement les possibilités qui dans l'avenir deviendront des réalités en vertu du jeu naturel des forces sociales ; c'est l'hypothèse ajoutée à la science afin de concevoir ce qui peut être et de proposer, comme devant être, le meilleur des possibles, le plus conforme aux aspirations des peuples et aux exigences de la Raison.

Cette philosophie sociale est presque tout entière à constituer. Nous avons en effet des projets plus ou moins hasardeux de réforme sociale ; certains sont si éloignés de l'état social présent qu'ils font appel à une destruction totale de l'ordre actuel qui permette de reconstruire de toutes pièces la société idéale : ceux-là surtout sont hasardeux, car une révolution n'a jamais fait que retarder l'évolution normale, à moins de survenir comme une crise salutaire à un moment de l'évolution où un contraste saisissant entre deux antithèses est im-

pliqué par la dialectique du devenir social. Aucune théorie
socialiste ne ressemble à la philosophie sociale : toutes sont
des constructions plus ou moins à priori qui participent beaucoup plus d'une métaphysique matérialiste ou idéaliste que de
la science.

Aucune ne nous dit en donnant des raisons scientifiques à
l'appui de ses assertions quels seront les types sociaux de demain, les plus viables, parce qu'ils seront les plus conformes à
la loi du devenir naturel ? On se préoccupe fort du sort de
l'ouvrier, mais que sera-t-il demain ? sera-t-il salarié, sera-t-il
coopérateur participant aux bénéfices, sera-t-il membre d'un
syndicat entreprenant pour son compte ?

Pour répondre à cette question, il faudrait savoir d'abord
quelles sont les solutions réalisables. Alors on pourrait sinon
dire avec certitude ce qui sera, du moins savoir bien ce que
l'on désire. Et si plusieurs partis avaient des désirs différents, ils lutteraient chacun pour le triomphe d'un véritable
idéal, au lieu de se consumer en vains efforts pour la réalisation d'utopies. Le principe de la prévision sociologique,
d'ailleurs, est déjà admis par de nombreux penseurs. M. G. Richard, par exemple, a terminé son étude sur « le socialisme
et la science sociale » (1) par trois chapitres sur la « prévision
sociologique », où beaucoup d'idées sont exprimées qui corro-
borent les nôtres, malgré quelques désaccords. L'auteur y condamne le socialisme au nom de la prévision scientifique des
possibilités sociales ; ce qui constitue une application des
principes mêmes que nous avons essayé de poser ici.

« La science sociale, dit-il, aidée d'ailleurs par l'altruisme
domestique et national, jouera le plus grand rôle dans la lutte
contre le socialisme. Ce n'est pas toutefois aux disciples attar-
dés d'Adam Smith qu'il appartient de la représenter. Le socialisme est le fils de leur prétendue science, fils illégitime, mais

____

(1) Alcan, 1897.

qui peut prouver, pièces en mains, sa filiation. Marx et Proudhon n'ont eu qu'à tirer les conséquences des prémisses posées
par Turgot, Ricardo, Rossi et autres. L'économiste classique
ne sait qu'une chose, célébrer la concurrence et y montrer
l'aiguillon du progrès. Or, appeler le socialisme à la lutte dans
ce champ clos, c'est lui assurer d'avance la victoire... Les personnes doivent être libres, tel est l'unique argument des économistes (1) ». L'individualisme qui est leur doctrine, n'est
pas en effet le véritable adversaire des utopies socialistes,
mais ressemble plutôt à un de ces « compères » que les lutteurs
de nos foires appellent de la place publique à l'intérieur pour
qu'ils se laissent battre. L'esprit individualiste n'est à aucun
point de vue le véritable esprit de la science sociale.

Il est même opposé à la prévision sociologique, qui part de
cette supposition, légitimée par l'expérience de tous les siècles, qu'il y a des formes sociales naturelles, des forces sociales irréductibles aux forces psycho-biologiques. M. G. Richard
n'admet, il est vrai, que « deux sortes de causes naturelles
qui déterminent la constitution et les transformations des
sociétés : les facteurs externes ou géographiques et les facteurs internes ou psychologiques (2) ». L'exclusion des facteurs sociologiques nous semble une inconséquence : nous
avons assez insisté sur ce point dans les chapitres précédents
pour n'avoir pas besoin d'y revenir. De la nature de la sociologie découle la prévision sociologique : la connaissance des
faits sociaux du passé nous permet dans une certaine mesure
de prévoir ceux de l'avenir (3) ». Si « les plus compliqués des
phénomènes naturels sont ceux qu'étudie le sociologue, s'il
en résulte qu'il ne pourra jamais déduire l'application de la
simple prévision », car « à mesure que les phénomènes étudiés sont plus complexes, l'application devient plus distincte

(1) *Op. cit.* p. 193.
(2) *Ibid.* p. 185.
(3) *Ibid.* p. 183

de la prévision, (nous voulons dire qu'elle suppose des études
propres », (1) toutefois « la sociologie soumet l'étude des faits
sociaux à l'idée du déterminisme... Grâce à elle, nous ne nous
bornons pas à savoir où nous serons conduits, bon gré, mal
gré, mais encore où nous pouvons aller, où peut nous mener
un concours persévérant de volontés réfléchies et scientifique-
ment éclairées (2) ». En effet « n'est-il pas vrai que parmi les
phénomènes dont le développement est prévu, les uns comme
l'instruction populaire et la mutualité, nous paraîtront devoir
être favorisés, les autres, comme la criminalité, le suicide,
l'alcoolisme et la prostitution, devoir être enrayés ? (3) La délibération a donc la plus grande part à la direction des sociétés
supérieures. Elles peuvent examiner les conséquences de leur
conduite collective et s'efforcer de les prévoir. Mais ce n'est pas
d'une prudence vulgaire, d'une expérience limitée qu'elles
peuvent attendre cette connaissance anticipée, c'est de la sociologie positive (4) ».

III. *Le développement social*

M. Richard prévoit le développement de ces trois forces
auxquelles tout progrès social paraît lié : la contrainte pénale,
la contrainte éducative et la mutualité. Elles coopèreront
d'une façon de plus en plus efficace à « l'atténuation sponta-
« née de la concurrence qui est la donnée la plus générale et
« la mieux établie de la science sociale ». L'atténuation de la
concurrence ne saurait aller jusqu'à sa suppression : « la
notion d'une société sans concurrence est un non-sens : les
contradictions du socialisme ont servi surtout à le démon-

(1) *Op. cit.* p. 182.
(2) *Ibid.* p. 185.
(3) *Ibid.* p. 184.
(4) *Ibid.* p. 186.

trer » (1); mais la « concurrence économique peut n'être plus qu'un ressort secondaire de notre activité » (2). Il faut avoir recours « à une lente modification de la division du travail social » ; il faut que l'Etat accorde au « prolétaire, non seulement la liberté, mais l'aide, le concours résumé dans l'idée d'éducation ».

Est-ce un concours suffisant ? M. Lapie (3), qui veut que l'Etat empêche l'injustice sous toutes ses formes, « soit l'instrument même de la justice », lui confère une magistrature économique doublée d'une « magistrature philanthropique». Il croit et nous croyons avec lui, comme nous le montrerons mieux plus loin, que l'Etat de demain est appelé à faire observer par tous les principes de justice et de charité qui sont la base de la morale, qu'en conséquence il interviendra pour assurer à chacun une rémunération équitable de ses services, de son travail, de son mérite, pour empêcher toute concurrence déloyale et improductive, pour soulager les infortunes, créer des caisses de retraites en faveur de la vieillesse et en faveur des malades sans ressources, pour combattre les influences pernicieuses de toutes sortes, tous les facteurs de désintégration sociale. Et nous le croyons non seulement parce que c'est rationnel, mais encore parce que l'Etat en fait assume de plus en plus cette fonction de justice et de charité. Il ne faut pas méconnaître le rôle des idées socialistes dans cette évolution de l'Etat. Comme on l'a fort bien dit, malgré sa méthode hasardeuse, le socialisme pose des problèmes et propose des solutions ; malgré le rejet des solutions, les problèmes restent posés et l'effort qu'on fait pour les résoudre détermine l'orientation de l'évolution politique.

M. Richard considère comme possibles : la suppression progressive « de la location du travail industriel de l'homme

(1) *Op. cit.*, pp. 185-186.
(2) *Ibid.*, pp. 196-197.
(3) *La justice par l'Etat*, Alcan, 1899.

mineur », le développement corrélatif, selon le vœu de Proudhon, des écoles professionnelles d'apprentissage, l'interdiction en principe du travail des femmes quand il entravera leur fonction maternelle (1). « On peut prévoir pour l'avenir des assimilations nouvelles de sociétés simples indépendantes et des formes plus élevées et plus compliquées de la coopération » (2) ; on peut prévoir aussi « l'inévitable disparition de la classe oisive » (3), « l'effacement des distinctions de classes, la disparition d'une classification des hommes fondée sur la transmission héréditaire de la profession et consacrée par le mariage » (4) ; enfin la constitution de la « démocratie économique » sans spoliation, sans socialisation des moyens de production (5).

Voilà déjà un grand nombre de solutions proposées aux problèmes sociaux à l'encontre parfois des vœux collectivistes, bien que dans un sens vraiment démocratique.

Mais n'est-il pas légitime de rechercher à quel principe général se rattache cette prévision sociologique ? car, dans l'état actuel de la sociologie on trouve des interprétations diverses des faits historiques et il y a plusieurs « philosophies de l'histoire » qui induisent des événements qu'elles considèrent chacune un principe différent de devenir social.

IV. *Théories générales du devenir social.*

On peut, semble-t-il, opposer en général les théories qui admettent une évolution circulaire et par conséquent une décadence à celles qui admettent un progrès indéfini. Vico a

(1) *Op. cit.*, p. 188.
(2) *Ibid.*, p. 176.
(3) *Ibid.*, p. 164.
(4) *Ibid.*, p. 162.
(5) *Ibid.*, p. 153.

fourni le type des premières, Condorcet celui des autres. Récemment M. Brooks Adams essayait d'établir « la loi de la civilisation et de la décadence » en se plaçant au point de vue de l'influence bienfaisante et dissolvante de l'argent (1). Il montrait comment « la nature après avoir pendant trois générations environ perfectionné un type nouveau » (2), l'abandonne à la décomposition et en produit un autre qui triomphe par sélection, se maintient quelque temps et disparaît à son tour. Tous ces types se ressemblent sans être identiques : « Quoique la nature ne se répète jamais exactement, elle opère sur l'esprit humain en vertu de lois immuables et il serait donc possible en comparant une civilisation vivante avec une civilisation morte, d'apprécier en un certain degré la route parcourue » (3).

Cette théorie, si elle était juste, aurait en effet l'avantage considérable de nous fournir un critère du progrès effectué : de même qu'on peut comparer la vie d'un homme à celle des autres hommes, un enfant aux autres enfants et juger si le développement atteint par l'individu est en avance ou en retard sur le développement moyen de la race, de même on pourrait après avoir établi le type normal du devenir social voir dans quelle mesure une civilisation à un moment donné se rapproche ou s'éloigne de ce qu'elle doit être à ce même moment. Tout dès lors serait simplifié non seulement dans la science sociale, mais encore dans la pratique politique. Connaître le normal, n'est-ce pas dans une large mesure savoir non seulement ce qu'il faut réaliser demain, mais encore ce qu'il faut éliminer dès aujourd'hui pour la réalisation de ce futur si bien connu ?

Ne nous attardons pas sur ce rêve. Alors même qu'il serait

____

(1) *La loi de la civilisation et de la décadence*. Traduct. Dietrich, Alcan, 1899.
(2) *Ibid.*, p. 408.
(3) *Ibid.*, p. 419.

bien vrai que les existences sociales, comme les existences
animales, comprennent une jeunesse, un âge mûr, et une vieillesse, il serait impossible que toutes les civilisations eussent
même jeunesse, même âge mur, même vieillesse. Les types
sociaux diffèrent de pays à pays. « Chaque nation a une distribution propre de la criminalité, du suicide, du mariage, de
la natalité. On se tromperait grandement si on induisait de
l'Angleterre à l'Espagne, de la France à la Hongrie. » (1)

L'homme moyen conçu par Quételet et les statisticiens
comme le résultat d'une élimination progressive de toutes les
anomalies et d'un effacement continuel des différences existant entre tous les types en vue d'une uniformité sociale croissante, l'homme moyen auquel correspondrait un devenir
social type, présuppose une loi supérieure en vertu de laquelle
les sociétés tendraient à l'uniformité. Elle ne peut donc sans
cercle vicieux servir de base à une théorie semblable à celle
de Brooks Adams qui est celle de l'uniformité des processus
sociaux.

En définitive, pourquoi la vie sociale serait-elle partagée
en existences simultanées et successives analogues à l'existence humaine ? Sur quoi peut reposer l'analogie ? Nous avons
vu combien la « conscience sociale » est loin d'être analogue
à la « conscience psychologique ». Au contraire, une des raisons pour lesquelles les organismes sociaux seraient susceptibles par eux-mêmes d'une persistance indéfinie, c'est l'hérédité sociale, analogue à l'hérédité psychologique en ce sens
seulement qu'elle transmet aux descendants les qualités de
leurs parents. C'est ce qui fait précisément que l'humanité
est, suivant un mot célèbre, comme un seul homme qui
apprend sans cesse et ne périt jamais.

Sans doute, en fait, les nations que l'histoire nous fait connaître ont, pour la plupart, atteint leur apogée à une époque

______

(1) G. Richard, *op. cit.*, p. 170.

donnée et ont ensuite suivi tous les degrés d'une irremédiable décadence. Mais il en est qui ont échappé à cette loi quasi-générale : la civilisation chinoise, par exemple, a duré, identique à elle-même, pendant que les autres civilisations naissaient et disparaissaient chacune à son tour. L'histoire nous enseigne, plutôt que la ruine des existences sociales, le déplacement continu des foyers de civilisation ; de sorte que, la vie industrielle, commerciale, intellectuelle, artistique ou politique, ne fait que se régénérer en passant d'un centre à un autre : détruite à Rome, elle survivait à ses ruines dans Byzance, détruite à Byzance, elle surgissait à Alexandrie et au Caire pour redevenir plus tard florissante dans les grandes cités d'Europe. A regarder l'humanité dans son ensemble on voit que rien ou à peu près rien du passé n'est perdu pour l'avenir, qu'il n'y a pas de mort sociale qui ne soit suivie après plus ou moins longtemps de résurrection.

Mais nous ne saurions nous contenter de la conception vague d'un progrès indéfini tel que l'a conçu Condorcet, « progrès soumis aux mêmes lois générales qui s'observent dans le développement individuel de nos facultés, puisqu'il est le résultat de ce développement considéré en même temps dans un grand nombre d'individus réunis en société. » (1) Quel est le terme qui puisse nous permettre de considérer comme un progrès le développement industriel et social ? Un progrès continu ne peut être conçu par nous que si nous cons- tatons le rapprochement continu d'un idéal proposé qui sert de terme provisoire peut-être, mais bien défini. On objectera que le progrès de nos facultés est déterminé par la conception d'une volonté parfaitement raisonnable, jointe à une sensibilité exquise ; nous ne pouvons en effet concevoir l'apparition de nouveaux organes et de nouvelles fonctions psychiques. Mais comme le fait remarquer Munsterberg (2),

____

(1) *Esquisse d'un tableau historique des progrès de l'esprit humain,* p. 2.

(2) Dans son livre *Psychology and Life,* 1899.

le progrès des facultés humaines, se poursuit par la création incessante d'outils, d'instruments qui prolongent indéfiniment la puissance intellectuelle et musculaire. Où s'arrêtera l'humanité dans cette voie ? Nul ne peut le dire : la notion du progrès indéfini reste pour autant indéterminée.

Auguste Comte a fondé sur des considérations historiques sa loi des trois états qui fait succéder à l'âge théologique, l'âge métaphysique, et à celui-ci l'âge des conceptions positives, des notions scientifiques. « Cette loi, dit fort bien M. G. Richard, se réflèterait dans toute la civilisation : elle déterminerait le mode d'action de l'homme sur le monde extérieur, par suite l'organisation sociale proprement dite, l'autorité domestique, l'autorité politique, temporelle et spirituelle, et la propriété. » Elle a été fort critiquée et considérée non sans raison comme ne correspondant pas vraiment à la réalité historique : les conceptions théologiques ou métaphysiques et les notions scientifiques coexistent en fait et déterminent un état social hybride ; quelquefois l'âge théologique fait défaut comme en Chine ; l'âge métaphysique a pu souvent précéder l'âge théologique.

Mais nous savons que les vues d'Auguste Comte sur l'évolution sociale sont plutôt exprimées par sa théorie de la prédominance progressive de la « socialité » sur la « personnalité », de l'altruisme sur l'égoïsme. Nous nous rapprochons par là même des vues de Spencer. Pour celui-ci en effet, le progrès est caractérisé par le passage des sociétés militaires aux sociétés industrielles, de la lutte pour la vie à la coopération spontanée par une « adaptation graduelle de la nature humaine à cette coopération volontaire ». Ainsi l'évolution sociale est rattachée à l'évolution universelle, qui se fait par adaptation aux conditions d'existence, par différenciation croissante et intégration correspondante.

M. Durkheim s'accorde avec Spencer pour affirmer ce résultat du progrès social, que « la place de l'individu dans la

société de nulle qu'elle était à l'origine, va en grandissant
avec la civilisation » (1). « Plus les sociétés sont primitives,
plus il y a de ressemblances entre les individus dont elles sont
formées... Au contraire, chez les peuples civilisés deux individus se distinguent l'un de l'autre au premier coup d'œil et
sans qu'une initiation préalable soit pour cela nécessaire (2).
Spencer a conclu de ce fait, très aisé à observer, que l'homogénéité sociale primitive est due à un « despotisme organisé
qui annihile les individus, à une organisation essentiellement
militaire ». M. Durkheim croit à la prédominance primitive
d'un type collectif sur le type individuel et à un affaiblisse-
ment progressif des types collectifs, en nombre restreint
d'ailleurs qui constituaient les bases d'une hétérogénéité
sociale rudimentaire (3). Or le chef militaire dont parle Spencer est le représentant, l'incarnation de la conscience collective ; son pouvoir ressort de la contrainte exercée par la
force sociale sur l'individu ; on peut donc ramener la théorie
de Spencer à celle de M. Durkheim comme une vue partielle à
une vue plus générale, et dire que le progrès social s'est effectué en partant d'un maximum de contrainte sociale pour
aboutir à un minimum de coercition ou bien en partant d'un
minimum de liberté et de spontanéité individuelle, pour about-
tir au maximum d'indépendance individuelle compatible avec
l'organisation sociale. C'est bien le sens du passage de la
solidarité mécanique à la solidarité organique indiqué par
M. Durkheim comme caractéristique de l'évolution sociale.
On sait toutes les conséquences qu'en tire M. Durkheim, conséquences qui diffèrent profondément et heureusement de
celles que Spencer tire de son opposition des sociétés militaires et des sociétés industrielles. Tandis que dans celles-ci
la solidarité est purement « contractuelle, libre de toute régle-

(1) Durkheim. *Division du travail social*, p. 210.
(2) *Ibid.*, pp. 142-143.
(3) Cf. *ibid.*, pp. 146-199.

mentation », dans les sociétés que fait prévoir l'étude de
M. Durkheim la place de la réglementation devient plus
grande à mesure que le contrat prend plus de place ; le droit
administratif et constitutionnel se développe de plus en plus,
le rôle de l'Etat au lieu de diminuer chaque jour croît sans
cesse, mais en ce sens qu'il est celui d'une force de plus en
plus apte à organiser le *concours* des forces sociales élémentaires. Pour cela, il faut qu'il se renferme dans ce que nous
appelons son rôle régulateur et moral.

« La division du travail ne met pas en présence des individus, mais des fonctions sociales. Or la société est intéressée
au jeu de ces dernières ; suivant qu'elles concourent régulièrement ou non, elle sera saine ou malade. Son existence en
dépend donc, et d'autant plus étroitement qu'elles sont plus
divisées. C'est pourquoi elle ne peut les laisser dans un état
d'indétermination, et d'ailleurs elles se déterminent elles-
mêmes » (1). Ainsi se forment les règles dont l'application
est la fonction propre de l'Etat.

V. L'Idéal Social

Bref, l'idéal que la sociologie nous permet de concevoir est une organisation sociale où la solidarité des
fonctions serait une règle morale dont l'observation devrait
être rigoureusement prescrite par l'Etat. Le progrès social
s'effectuerait dans le sens d'une valeur croissante de la personne humaine en tant qu'être social. Il nous semble que
cette vue d'ensemble se concilie avec les principes généraux
de l'évolution cosmique tels que les a posés Spencer ; qu'elle
est loin de contredire à la conception de Condorcet qui faisait
correspondre au progrès des facultés individuelles, le progrès

(1) *Op. cit.*, pp. 457-453.

social ; qu'enfin elle concilie les tendances individualistes et les tendances socialistes.

S'il nous est maintenant permis d'émettre une vue hégélienne sur la société, nous rattacherons la loi d'évolution sociale à un processus dialectique par lequel les contraires se concilient progressivement. La Société et l'individu sont deux antagonistes ; le triomphe radical de la force sociale collective sur la force sociale individuelle caractérise le premier moment. C'est aussi le triomphe du communisme, de l'homogénéité sociale, de l'Etat, du pouvoir arbitraire. Puis, par une réaction inévitable, l'individu s'oppose à l'Etat, les forces individuelles tendent à détruire l'omnipotence des forces sociales ; des troubles naissent qui ont tous pour principe des tendances anarchiques ; un état social anomique et de désintégration plus ou moins avancée, qui dure de longs siècles (et dont nous ne sommes pas encore sortis) s'établit rendant impossible en apparence un art rationnel de Gouvernement, une vie politique conforme aux exigences de la raison. Enfin par une lente conciliation de la puissance collective et de la puissance individuelle, l'Etat et citoyen sont indissolublement unis. La solidarité des citoyens fait l'Etat qui doit maintenir cette solidarité même, de sorte qu'il est fin et moyen, comme il convient à toute pièce d'un organisme. La démocratie apparaît. Ainsi le processus social continue le processus dialectique que nous avons essayé d'établir comme étant la base de l'apparition au sein de la nature des formes biologiques, puis des formes psychologiques, enfin des formes sociologiques.

Mais on ne saurait prétendre que la société parviendra jamais à revêtir une forme définitive : le processus dialectique ne peut que se poursuivre indéfiniment parce qu'il a toujours des oppositions à concilier par suite d'une inévitable différenciatton du corps social. Toujours de nouvelles .formes sociales aspireront à la pleine existence : contrariées tout d'abord par les formes existant déjà, elles s'affirmeront avec trop d'énergie pour se concilier ensuite et entrer dans un système plus complexe et mieux coordonné.

Voilà ce que la Raison et l'Histoire nous invitent à poser comme base de la philosophie sociale dans l'état actuel de nos connaissances. La théorie des « Ricorsi » de Vico, celle de l' « éternel recommencement », y trouve une satisfaction, plutôt verbale il est vrai, mais la seule qu'à notre avis il convienne de lui donner : la Société reprend sans cesse son processus d'opposition et de conciliation ; à un état relativement stable, qu'on peut appeler état de progrès succède un état de désagrégation sociale qu'on peut appeler état de décadence, mais qui ne fait que préparer l'avènement d'un état meilleur. La décadence des grands empires d'Orient, comme celle de la Grèce, celle de Rome, de Byzance, de l'Espagne et celle des peuples latins même, est un mal nécessaire : il faut briser les anciens moules pour que des formes nouvelles puissent sortir de moules nouveaux ; il faut des désagrégations sociales qui correspondent à des concentrations excessives. C'est seulement si le premier terme était normal qu'on pourrait espérer que le second le fût aussi et qu'il succédât au premier sans crise, comme le sommeil succède à la veille chez les gens en bonne santé. Mais la santé sociale est peut-être plus difficile à réaliser que la santé des organismes biologiques si rare qu'on a pu dire qu'elle est un état idéal.

L'état social idéal, nous allons le voir maintenant, est dans tous les cas une démocratie ; notre foi dans un avenir démocratique n'est pas seulement le résultat d'un désir, c'est encore la conséquence de prévisions sociologiques particulières et générales. Il nous suffira pour le montrer de préciser notre conception de la politique véritable.

DEUXIÈME PARTIE

L'ART POLITIQUE

I. Tyrannie et Théocratie.
L'art du despote est d'une simplicité relative ; mais la politique théocratique vient ordinairement prêter son appui au despotisme. La théocratie repose sur des sentiments inférieurs de la nature humaine,
surtout sur la crainte.

II. Autocratie et monarchie.
Les gouvernements monarchiques sont en fait le plus souvent des gouvernements aristocratiques. Le peuple est représenté dans les conseils
du gouvernement : Satisfaction illusoire. Le Gouvernement dans la
monarchie constitutionnelle oriente la politique avec plus ou moins
d'habileté dans le sens des désirs populaires.

III. La démocratie.
Montesquieu et Rousseau, Taine et Renan : leurs objections à la réalisation d'un idéal démocratique. L'Etat représentant de la Loi morale et
du peuple en même temps. Comment le peuple reste souverain en
déléguant certainsde ses pouvoirs au Gouvernement. Comment l'esprit
égalitaire et niveleur est dû au manque d'éducation de la démocratie.

CHAPITRE PREMIER

TYRANNIE ET THÉOCRATIE

I. La tyrannie

On appelle communément « *politique* » tout ce qui se rapporte dans l'Etat à l'action gouvernementale. De même que l'on est enclin à opposer l'Etat aux individus qui composent la Société, de même on oppose dans une certaine mesure l'activité politique à la vie sociale (1). C'est là sans doute un vestige de la vieille théorie du pouvoir absolu, si bien résumée en ces trois mots : « L'Etat, c'est moi » ; c'est-à-dire, l'Etat, le souverain, ce n'est pas le peuple qui obéit, c'est la personne qui détient le pouvoir ; en conséquence, la volonté du monarque ou du chef est la loi elle-même, personne n'a le droit d'exercer un contrôle réel sur les actes du maître, et *l'art politique* consiste en une technique royale où la ruse, la fourberie, la violence, peuvent avoir autant de part que la franchise et l'honnêteté, car elle a simplement pour fin le maintien de la subordination des individus à un pouvoir toujours plus fort. Cette technique, Louis XI par exemple l'a pratiquée, Machiavel l'a enseignée ; c'est parfois un art difficile ; mais les moyens sont variés et l'on peut compter beaucoup sur la doci-

(1) Voir, par exemple, le dernier ouvrage de M. Tarde « Les Transformations du pouvoir » (Revue de Sociologie, mars 1899, p. 180 sqq).

lité des peuples. L'impérialisme est un mol oreiller pour la plupart des sociétés humaines : avoir un maître dispense de remplir les devoirs du citoyen, permet d'échapper aux responsabilités et de fuir l'agitation politique qui naît presque fatalement de la « liberté orageuse ». Quand l'impérialisme, d'arbitraire en arbitraire, est descendu à ce degré inférieur qu'on appelle la tyrannie, on peut dire qu'il n'y a plus de technique gouvernementale ; nul art politique n'est nécessaire : « la crainte abat tous les courages » (1) ; il n'y a « point de tempérament, de modification, d'accommodements, de termes, d'équivalents, de pourparlers, de remontrances, rien d'égal ou de meilleur à proposer. L'homme est une créature qui obéit à une créature qui veut. » (2) Le vouloir du despote n'est même qu'apparent ; car il n'est pas besoin de longue délibération quand on n'a qu'à commander, sans crainte de rencontrer de la résistance ; en réalité la tyrannie procède par caprices. Montesquieu a montré avec une admirable clarté la simplicité extrême de l'art du despote : dans l'État soumis au tyran, « il ne faut pas beaucoup de lois ; tout y doit rouler sur deux ou trois idées »... La botte de Charles XII « aurait commandé comme un roi despotique »... La conservation de l'Etat n'est que la conservation du prince ou plutôt du palais où il est enfermé... Tout (dans le gouvernement) se réduit à concilier le gouvernement politique et civil avec le gouvernement domestique, les officiers de l'Etat avec ceux du sérail. » (3) Toutefois, la religion semble un excellent instrument de gouvernement despotique ; « elle est une crainte ajoutée à la crainte » ; et la plupart des tyrans ne manquent pas en fait d'user du clergé comme d'un excellent moyen de domination.

La politique qui prend pour point d'appui la puissance du clergé devient par là même un art plus complexe que le pur

(1) Montesquieu. *Esprit des Lois.* Livre III ch. IX.
(2) ibid. III, X.
(3) ibid. Livre V. Ch. XIV.

despotisme. Que la théocratie soit une fin ou un moyen, les résultats immédiatement recherchés sont à peu près les mêmes et les procédés ne diffèrent guère. Comme l'a bien vu Auguste Comte, l'interdiction du libre examen des questions sociales est à la base de la politique théocratique : le législateur, représentant de la divinité, exige une soumission aveugle ; c'est le triomphe du dogmatisme.

Aussi l'organisation théocratique à laquelle tend le catholicisme romain est-elle conséquente avec les principes de tout gouvernement du même genre, quand elle place à la tête de l'humanité le pape, infaillible, parce qu'il sert simplement d'intermédiaire entre Dieu et les hommes. Les articles de foi, les lois civiles, les principes de la vie sociale sont établis sans controverse possible par le souverain pontife ; ou, s'ils émanent d'un pouvoir laïque, sanctionnés par une décision sans appel. Mais tout ceci suppose une domination déjà établie, un pouvoir effectif exercé sur toutes les consciences. Comment cette domination peut-elle s'établir ? voilà ce qui concerne particulièrement la technique théocratique.

II. *La théocratie.*

Le sentiment religieux semble naturel chez l'homme. Il varie sans doute avec les civilisations : ici, il est dominé par des conceptions « animistes » ; là, par le « spiritisme » ; ailleurs, il prend un aspect « naturiste », et parfois il s'unit intimement au sentiment moral. Mais ce qui semble le constituer à peu près partout, comme nous l'avons vu plus haut, ce sont deux sentiments élémentaires, la crainte et l'amour. Nous n'en voulons pour preuve que les deux formes extrêmes de la folie religieuse : la béatitude extatique et le délire de la persécution religieuse. Dans la première, le fou est ravi aux préoccupations terrestres par l'amour mystique, fait d'amour proprement dit et de vénération ; dans la seconde forme, on voit la crainte de la colère divine, des châtiments individuels ou collectifs, engendrer soit la mélancolie et la prière, soit les prédictions de ruine, et les exhortations au repentir. M. Ribot (1) a bien montré la prédominance de la peur dans les sentiments religieux rudimentaires : « à l'origine, on adore surtout les génies méchants et terribles » (2). L'homme au milieu des dangers qu'il devine plutôt qu'il ne les connaît, cherche à se rendre favorable les puissances qu'il croit cachées derrière les phénomènes. Le mystère, comme l'indique Baldwin (3), augmente la crainte et lui donne même son caractère particulier d'émotion religieuse ; et le mystérieux environne l'homme primitif comme l'enfant : pour celui-ci, c'est d'abord le père, c'est ensuite le maître, enfin une personnalité plus haute encore qui est l'être à la fois mystérieux et vénérable, vénérable parce qu'il est mystérieux, et mystérieux parce qu'il accomplit des actes dont l'enfant ne voit pas la raison, ne comprend ni la portée, ni le pourquoi, et dont l'efficacité, la haute valeur ne sont jamais mises en doute. De même chez l'homme mûr, c'est le dieu, fétiche, totem ou personnalité invisible, qui suscite le sentiment du mystérieux et la vénération, parce qu'il est supposé être la cause de ces phénomènes terrifiants ou grandioses dont on ignore encore les lois (4). Combien dès lors doit être redouté, respecté, obéi, le représentant de ce dieu, le prêtre, le devin, le sorcier !

Et quand le dieu revêt des attributs moraux, quand il apparaît digne d'amour pour sa bonté, de respect pour son omniscience ajoutée à son omnipotence, le prêtre devient par cela

(1) *Psychologie des Sentiments*, ch. IX, p. 297 sqq.

(2) *Ibid.*, p. 302.

(3) *Interprétation des faits moraux et sociaux*, Trad. Duprat, pp. 321 sqq.

(4) Cf. Marillier « L'origine des Dieux » *Revue philosophique*, septembre 1899, p. 234.

même plus grand, plus noble, plus sacré. Il reçoit la sagesse
en même temps que la puissance, la vertu en même temps
que la force, de ce dieu dont il est l'interprète. Le sentiment
de respect qu'il inspire alors est le secret de sa domination sur
les peuples. Il n'a, semble-t-il, ensuite, qu'à entretenir en eux
l'illusion qui fait son prestige et au besoin accroître celui-ci
par de prétendus miracles, des révélations, des prédictions,
des prodiges de toutes sortes, tels qu'en ont accompli les
clergés de presque toutes les religions. Mais cela ne suffit pas
à l'organisation théocratique. Plus il y a d'intermédiaires
entre Dieu et les fidèles, plus la puissance du chef suprême
de ces intermédiaires sera grande parce qu'elle sera plus
occulte : il faut donc instituer un corps sacerdotal hiérarchisé
où l'obéissance absolue au chef sera l'unique règle, mais grâce
auquel les moyens d'action seront multipliés, la répercussion
des décisions suprêmes mieux assurée. Comme l'a dit Auguste
Comte « l'efficacité morale, [la puissance politique], du catholicisme a surtout dépendu de son organisation. » Admirable organisation en effet que celle de la hiérarchie catholique
avec ses principes généraux tels que le célibat et la soumission, la confiance aveugle. C'est elle qui permet une technique
plus admirable encore, qui peut se résumer en quelques
mots : elle consiste à capter les consciences. Les cérémonies
religieuses avec leur influence sur l'imagination et la sensibilité, la confession auriculaire avec la direction des esprits qui
en est la conséquence, la prédication au sein des églises, sont
autant de procédés, et des plus efficaces, de la politique théocratique. Heureux donc le tyran entre les mains duquel un
clergé, redoutable par son organisation séculaire, dépose la
puissance qui lui vient de la nature humaine et de l'idée de
Dieu ! Un tel maître n'a pas besoin d'user d'artifices de gouvernement. La sanction religieuse suffit à donner à ses caprices mêmes un caractère de sainteté et à sa personne un caractère d'inviolabilité.

La théocratie n'est pas plus que le despotisme une simple conception de l'esprit. Sans doute jamais l'histoire ne nous présente effectivement ni le pur état despotique, ni le pur état théocratique; mais des approximations ont été réalisées et le seront vraisemblablement encore. L'Eglise catholique n'a pas renoncé, par exemple, à ses projets de domination politique universelle, et il faut reconnaître qu'elle est de toutes les institutions religieuses la plus apte à réaliser un régime théocratique ; l'ancienne Egypte avec ses castes, ses fonctions héréditaires et sa caste sacerdotale au sommet de la hiérarchie sociale ne possédait pas tous ces ressorts politico-religieux qui feraient d'une société théocratique moderne un organisme autrement vivant, différencié et unifié en même temps. L'institution des castes y serait sans doute superflue, le militarisme même pourrait en être banni ; une sorte de collectivisme y trouverait probablement sa place et servirait à résoudre la plupart des problèmes économiques d'après les principes éthico-religieux. Le pouvoir spirituel s'interposant entre les forces sociales en conflit résoudrait arbitrairement sans doute, mais souverainement, les problèmes économiques et politiques. Ce serait un état de stagnation universelle peut-être ; mais, grâce à la foi commune, toutes les aspirations étant unifiées, toutes les forces étant coordonnées, toutes les hérésies extirpées, ce serait la paix sociale, idéal de la plupart des théoriciens de la politique. Il est vrai que cette paix ne pourrait être durable qu'à la condition que la raison humaine eût définitivement abdiqué son droit de contrôle et de direction de la pensée et de l'action.

CHAPITRE II

L'ARISTOCRATIE ET LA MONARCHIE

I. *L'aristocratie.*

Les gouvernements monarchiques sont le plus souvent en fait des gouvernements aristocratiques, car la politique du monarque vise ordinairement à satisfaire un corps puissant de nobles ou de citoyens à qui des privilèges ont été conférés ou transmis par hérédité ; c'est sur ce corps que s'appuie le gouvernement personnel ; par son intermédiaire la volonté du monarque obtient l'obéissance dans tout un pays. Mais alors, il y a dans l'Etat deux pouvoirs en quelque sorte antagonistes par nature et dont la politique recherche l'harmonie : le pouvoir du souverain dont les courtisans recherchent les faveurs, le pouvoir de l'aristocratie dont le souverain recherche l'approbation et le dévoûment. Pour se fortifier, l'un et l'autre sont conduits à créer des organismes politiques dévoués à leurs intérêts : la plupart des pays européens nous offrent actuellement le spectacle d'une aristocratie souvent boudeuse, retranchée derrière ses institutions propres, les Assemblées de lords, de sénateurs, de « grands », et opposant parfois une longue résistance aux ministres du souverain, chefs des administrations, de la justice et de l'armée. Les représentants du peuple ont, il est vrai, une part plus ou moins large aux décisions des corps législatifs ; et pour citer encore Montesquieu, c'est « chose très heureuse dans l'aristocratie si par quelque voie indirecte, on fait ainsi sortir le peuple de son anéantissement » (1). Mais c'est généralement une satisfaction de peu d'importance accordée au peuple que ce droit d'avoir des représentants dans les conseils de l'Etat : en fait, les élections sont dirigées par le Gouvernement et se font au profit soit du monarque, soit de l'aristocratie. Le peuple, dupe de l'un ou de l'autre, ne deviendrait dangereux pour le pouvoir que si l'oppression devenait accablante et poussait un trop grand nombre de citoyens à la révolte par trop d'humiliations. L'art de l'aristocratie et de la royauté est ici de se faire aimer du peuple en le maintenant dans la servitude, dans une servitude si douce qu'il n'en sente pas le fardeau : cet art est affaire de tact, d'un peu de générosité et de beaucoup de calcul. La concurrence des deux pouvoirs le rend chaque jour plus savant : quand la noblesse perd l'affection du peuple, le roi s'efforce de la conquérir ; quand le roi la possède, la noblesse la recherche, et il est des moments où le roi et la noblesse semblent unis dans un commun amour du peuple, dans un commun désir de maintenir la hiérarchie sociale telle qu'elle existe : c'est le triomphe de l'art politique sous le régime aristocratique.

Mais on voit surtout de nos jours les impérieuses nécessités de la vie économique mettre en défaut l'art des gouvernements aristocratiques. L'Allemagne, telle que l'a constituée sa victoire en 1871, nous présente non seulement l'incessante rivalité que nous venons de décrire, mais encore les résultats politiques d'un embarras financier croissant. L'empereur doit sans cesse faire appel au loyalisme de sa noblesse, s'appuyer sur les petits propriétaires, les petits bourgeois dont il favorise l'essor industriel et commercial (2), pour lutter contre l'aristocratie dont les intérêts économiques sont en conflit avec ceux du gouvernement impérial.

(1) *Esprit des Lois.* Livre II, ch. III.
(2) Cf. Pyfferoen « La petite bourgeoisie ».

Les privilégiés ne sont pas satisfaits par la concession de privilèges honorifiques ; ils réclament des avantages économiques et même ils se montrent insatiables quand ils se sont engagés dans cette voie, qui mène d'ailleurs aux conflits les plus néfastes pour le régime aristocratique.

II. — *La monarchie constitutionnelle.*

La monarchie constitutionnelle s'éloigne de la tyrannie, à mesure que le roi consent à avoir moins d'autorité par lui-même, à être davantage le premier magistrat de la République et rien de plus. En Angleterre, par exemple, il ne reste au monarque que quelques vestiges de pouvoir personnel : toute l'autorité a été transférée au Gouvernement responsable devant le Parlement. Gouvernement et Parlement semblent alors inséparables l'un de l'autre : le premier ne semble faire qu'exécuter les décisions du second ou se conformer d'avance aux vœux des représentants du pays. Il en est ainsi dans l'état actuel de la République française ; les Etats-Unis d'Amérique reconnaissent à leur Président un droit plus large à l'initiative individuelle ; mais ils ne font par là même que mieux le confondre avec un président du Conseil des ministres chez nous.

Si le Gouvernement devenait le simple exécuteur des volontés du Parlement, il n'y aurait plus pour le premier aucun art politique indispensable, toutes les difficultés de la technique politique ne pouvant naître que du second et être levées par lui. Mais, en fait, la volonté exprimée, de temps à autre (1), par le Parlement, ne donne lieu qu'à des for-

(1) La monarchie constitutionnelle n'a de sens que si le Gouvernement, dans l'intervalle des sessions parlementaires, agit de lui-même, sans contrôle ; que si, par conséquent, ces sessions sont courtes et peu fréquentes. Le Gouvernement et le Parlement se partagent ainsi le pouvoir.

mules générales ; et, en dehors des questions judiciaires, dans l'ordre administratif, c'est l'affaire du gouvernement constitutionnel d'interpréter les décisions générales dans un sens et d'une façon propres à ne point les rendre odieuses ou vaines.

Cette tâche croît en importance à mesure que le corps législatif est plus loin d'exprimer la volonté populaire, à mesure que le Parlement se trouve représenter davantage certaines factions et moins tout le pays. Les élections dont le Corps législatif et le Gouvernement lui-même sont issus ne donnent pas toujours une représentation nationale véritable : d'imposantes minorités se trouvent sans interprètes dans certaines assemblées ; la majorité réelle peut même ne pas s'être décelée. Que de souplesse, d'habileté parfois ne faut-il pas au pouvoir exécutif pour éviter les explosions de colère du peuple, dans certaines circonstances où la loi est trop manifestement établie au profit d'une classe seulement de citoyens !

D'ailleurs, en fait, le Gouvernement ne renonce jamais à la direction générale de la politique du pays. Il aspire toujours à une certaine indépendance et c'est pourquoi il réclame la confiance du Corps législatif : si on lui fait crédit, c'est lui qui élabore les lois les plus importantes, c'est lui qui prépare les réformes, c'est lui qui détermine pour quelque temps l'orientation de la politique, de sorte que celle-ci vient encore d'en haut. Alors la République a besoin d'hommes de gouvernement éclairés et habiles à prévoir les difficultés, à prévenir les crises, à préparer les voies, à trouver les moyens d'action sur le peuple.

Ces hommes habiles peuvent être de deux sortes : les uns, guidés par un sens empirique, une sorte de tact qu'ils ont acquis dans la pratique des affaires, adaptent, au jour le jour, leur conduite aux situations ; les autres ayant conçu un idéal politique tout particulier, cherchent à réaliser leur conception subjective, en dépit de tous les obstacles. L'art des uns et des autres diffère en conséquence : le premier est fait d'adaptations successives de l'activité politique tout entière au milieu social qui varie sans cesse ; le second implique l'adaptation des moyens seuls aux exigences variables du milieu en même temps qu'au but constant posé comme fin plus ou moins éloignée par l'homme d'Etat.

Il va sans dire que le second a sur le premier l'avantage de toute technique rationnelle sur une technique purement empirique ; mais il vaut juste autant que l'idée directrice. Comme le souverain absolu, le chef d'État, dans la monarchie constitutionnelle, peut avoir une activité politique systématique ; mais il peut être atteint de la folie des grandeurs ou du délire de la persécution. Quelle garantie est alors donnée au peuple? La différence essentielle entre la République et la Monarchie ne s'efface-t-elle pas, dès que dans la République on revient sous une forme déguisée au pouvoir personnel ? Sans doute le peuple peut plus aisément, du jour au lendemain, briser son idole, détruire ce pouvoir qui n'existait que par la faveur populaire ou du moins par la faveur des assemblées élues ; mais ceci ne fait que mieux marquer l'imperfection de l'art politique auquel parviennent la plupart des Etats sous le régime parlementaire. Un peuple qui ne peut affirmer sa puissance que par des accès de fureur, des émeutes, des révolutions, n'est pas un peuple libre ; le gouvernement qui cherche à satisfaire ou à contenir ce peuple n'est pas un gouvernement démocratique.

CHAPITRE III

I. *Nature de la Démocratie*

De cet aperçu rapide, il ressort, nous semble-t-il, que l'art politique, dans les Etats soumis à la tyrannie ou au régime théocratique, aristocratique ou constitutionnel, est un art inférieur, nous oserions presque dire une technique immorale, fondée sur la faiblesse des hommes, sur la ruse, l'intrigue ou la force brutale et audacieuse. La politique théocratique seule nous a paru être un art véritable, guidé par une connaissance approfondie de la nature humaine, mettant à profit, il est vrai, les penchants d'ordre inférieur de cette nature, si complexe et si féconde cependant en généreuses aspirations. Toutes les autres politiques ou bien consistent dans l'adoption de mesures de circonstance, ou bien se résument dans l'axiome « diviser pour régner », ou enfin présentent cet inconvénient capital d'être arbitraires, d'avoir un fondement subjectif, non rationnel et scientifique.

Mais l'organisation démocratique a des exigences particulières. Qu'est-ce en effet qu'un Etat démocratique ? « Lorsque dans la République, dit Montesquieu, le peuple en corps a la souveraine puissance, c'est une démocratie... Le peuple dans la démocratie est à certains égards le monarque; à certains autres il est le sujet. Il ne peut être monarque que par ses suffrages qui sont ses volontés. La volonté du souverain est le souverain lui-même. Les lois qui établissent le droit de suffrage sont donc fondamentales dans ce gouvernement... C'est une maxime fondamentale de ce gouvernement que le peuple nomme ses ministres, c'est-à-dire ses magistrats... » (*Esprit des Lois*, chap. II du Livre II). En résumé, l'Etat démocratique est d'après Montesquieu un Etat où le peuple fait lui-même les lois qui le régissent et choisit les hommes qui le gouvernent. C'est pourquoi, d'après le même auteur, le territoire doit en être très restreint : en effet, s'il est trop étendu et trop peuplé, tous les membres du Souverain, selon l'expression de Rousseau, ne peuvent participer aux délibérations qui ont pour objet l'établissement des lois, ou aux élections des membres du gouvernement ; le pouvoir effectif se trouve alors exercé par un petit nombre et on peut considérer tout ce qui reste en dehors comme sur le seuil de la servitude.

Or, le principe essentiel de la démocratie est tout d'abord négatif : il dénie à qui que ce soit le droit d'usurper la souveraineté, qui n'est que l'exercice de la force sociale capable de défendre ou de contraindre. C'est un principe fort juste, car un être moral ne peut être réduit en esclavage sans perdre sa dignité, sa valeur morale, qui le fait homme dans toute l'acception du mot ; il ne peut reconnaître qu'à une force naturelle, morale et raisonnable à la fois, le droit de le contraindre. Cette force naturelle, c'est la force sociale dont l'expérience nous fournit des manifestations dans tous les temps et dans tous les lieux ; pour être raisonnable, il faut qu'elle soit au service d'êtres capables de réflexion, de raisonnement, de science, de sagesse, de vertu ; pour qu'elle soit morale, il faut qu'elle tienne sa fonction d'une libre adhésion de toutes les volontés raisonnables à la suprématie de la volonté rationnelle collective.

Rousseau dit avec raison : « S'il y avait un peuple de dieux, il se gouvernerait démocratiquement » (1). Le régime

____

(1) *Contrat social,* Livre III, chap. IV.

démocratique est en effet celui qui convient à des êtres moraux, il est le seul qui leur convienne, il est l'idéal que nous devons chercher à réaliser. Mais Rousseau ajoute aussitôt qu'un « gouvernement si parfait ne convient pas à des hommes »; il semble le considérer comme irréalisable dans de grandes républiques à cause de la difficulté que présente le problème de la représentation nationale, aussi bien qu'à cause des défauts inhérents, d'après lui, au régime démocratique tel que des hommes peuvent l'établir. « La souveraineté, dit-il, ne peut être représentée par la même raison qu'elle ne peut être aliénée ; elle consiste essentiellement dans la volonté générale et la volonté ne se représente point ; elle est la même ou elle est autre ; il n'y a pas de milieu... Le peuple anglais pense être libre, il se trompe fort ; il ne l'est que durant l'élection des membres du Parlement ; sitôt qu'ils sont élus, il est esclave, il n'est rien (1) ». Rousseau est ainsi amené à conclure comme Montesquieu « qu'il n'est possible au souverain de conserver parmi nous l'exercice de ses droits que si la cité est très petite (2) ». Il faut donc recourir à l'artifice d'une fédération de petites démocraties si l'on veut jouir à la fois des bienfaits d'une grande puissance politique et de ceux de l'organisation démocratique. Mais outre qu'il n'y a point d'inconvénient à ce que les cités soient par rapport à l'Etat ce que les citoyens sont par rapport à la cité, c'est-à-dire à ce qu'elles soient les « éléments libres d'un tout dont les parties sont cependant solidaires », selon la pensée de Secrétan ; il n'est pas prouvé du tout que la souveraineté du peuple ne puisse être, à certaines fins seulement. déléguée à un corps de représentants élus.

II. *La représentation nationale*

Sans doute, si l'on veut confier à la représentation natio-

(1) *Ibid*. Livre III, ch. **XV**.
(2) *Ibid*. à la fin.

nale le soin de décider dans toutes les affaires qui concernent plus particulièrement l'administration intérieure des cités, on aboutit à cette centralisation qui supprime effectivement toute initiative dans les formes politiques inférieures, dans les communes ou les groupements naturels et qui rend la tâche de l'Etat tellement complexe qu'il lui devient impossible de la remplir. Par cette voie là, on s'achemine vers la tyrannie et on s'éloigne de la démocratie. Mais la représentation nationale a pour première mission d'édicter des lois qui ont un tout autre caractère que les règlements appliqués dans la cité, eu égard à des circonstances et des conditions particulières. Ces lois sont l'expression des principes les plus indiscutables de la morale en tant qu'elle établit des devoirs sociaux : il ne s'agit pas tant ici de désirs communs, d'aspirations collectives, de volitions exceptionnelles appropriées à des circonstances exceptionnelles, que de règles qui doivent être posées par le législateur avec l'intention de les inscrire pour toujours sur les tables d'airain de la Loi, comme la meilleure expression de la plus haute volonté morale.

Quel est le rapport de cette volonté morale et de la volonté nationale ? C'est celui de l'idéal à l'actuel, car la volonté nationale ne saurait jamais s'élever à la hauteur de la volonté sainte et divine, législatrice suprême de tous les temps et de tous les lieux, dont les décrets seraient la raison pratique elle-même. Mais les législateurs d'un peuple doivent avoir les yeux fixés bien plutôt sur l'idéal que sur le réel ; parce qu'ils émanent du peuple, parce qu'ils sont hommes d'un certain temps et d'un certain pays, ils sont toujours assez proches de la volonté populaire, toujours trop éloignés de la pure volonté morale ; et la souveraineté du peuple consiste à refuser de recevoir des lois arbitraires d'un tyran ou d'un prêtre, à n'accepter que ce qui est reconnu par un ensemble de citoyens justes et éclairés comme l'expression de la raison même.

Sans doute, l'Etat n'est pas seulement législateur, il est aussi chargé d'imposer le règne de la raison aux différentes cités afin d'établir l'unité d'obédience morale. Dans toute l'étendue d'une nation, la loi est la même pour tous : des magistrats représentent partout l'Etat, et par conséquent la souveraineté du peuple, en exigeant partout la stricte application de la loi. Ces magistrats ne peuvent point être élus par ceux auprès de qui ils sont institués, car ils seraient les représentants de leurs désirs particuliers, ils épouseraient leurs passions, auraient leurs vues étroites, au lieu d'être les mandataires de la nation tout entière. Ils doivent donc être choisis par un corps particulier, qui constitue le Gouvernement dans l'Etat. Ce corps, ce gouvernement, est lui-même le mandataire du pays tout entier, soit qu'il ait reçu directement son mandat du peuple, soit qu'il l'ait reçu par l'intermédiaire des représentants élus de ce peuple. Produit d'une différenciation nécessaire de la représentation nationale, le Gouvernement n'a pas à vouloir par lui-même, mais à conformer ses décisions à la loi. L'arbitraire doit être banni d'une démocratie. S'il y a hésitation, absence de règle, l'Assemblée nationale prononce ou légifère ; le gouvernement exécute ses volontés ; nécessaire, en bien des circonstances, pour en provoquer l'expression, il est indispensable pour leur assurer une pleine efficacité. Mais toute tentative de légiférer est de sa part une usurpation. Le crime le plus grand que puisse commettre un homme d'Etat, après s'être emparé d'un pouvoir qui ne lui a pas été délégué, est d'oser exercer une pression sur les décisions populaires pour consacrer son usurpation (1).

(1) C'est ce que recherchent souvent les promoteurs de plébiscites. D'ailleurs, en aucun cas le plébiscite ne constitue un mode d'expression de la volonté nationale qui soit propre à la démocratie : c'est le suffrage incertain, variable de la foule hétérogène et instable ; c'est au plus un acte exceptionnel de souveraineté populaire ; ce n'est pas un acte normal de la vie démocratique.

Mais si ce crime est commis, quel moyen a le peuple de recouvrer sa liberté et de punir l'usurpateur ? Une révolte générale n'est-elle pas nécessaire ; l'insurrection n'est-elle pas alors un droit et un devoir ? Le peuple entier soudain ne peut se lever cependant à l'appel d'un accusateur. Il faut que les conditions de l'insurrection soient telles que la souveraineté du peuple s'affirme sur ce point comme sur tous les autres. L'insurrection légale ne peut être que comme la répulsion d'un corps sain pour un ingrédient funeste, comme la révolte d'un être normal contre une idée fausse aspirant à devenir idée directrice. Pour qu'il en soit ainsi, il faut que l'organisation politique repose sur une certaine décentralisation, sur une relative indépendance des organes secondaires du gouvernement, en même temps que sur leur coopération spontanée ; de sorte que le gouvernement central tombe de lui-même dès qu'il cesse d'être soutenu par l'ensemble des forces sociales dont il devrait être la fidèle expression.

La question de l'organisation politique est donc connexe de celle de la souveraineté du peuple ; mais elle concerne les meilleurs moyens d'exercer cette souveraineté ; elle ne se rapporte pas directement au principe démocratique : c'est pourquoi nous ne l'examinerons que plus loin. Bornons-nous pour le moment à constater que le problème posé par Rousseau peut recevoir une solution favorable à une organisation politique aussi rationnelle et morale que l'est un Etat démocratique. Sans doute « on ne peut imaginer que le peuple reste nécessairement assemblé pour vaquer aux affaires publiques » (1) ; mais on peut concevoir des réunions fréquentes du peuple dans la cité, chez tous les citoyens un souci continuel des affaires publiques qui se traduise par une vigilance constante et des actes aussi souvent répétés que l'exige le salut de la république. Le régime démocratique demande beaucoup de

____

(1) *Contrat social,* livre III, ch. IV.

Duprat   10

dévoûment de la part de tous les citoyens : ce dévoûment ne saurait faire défaut à des hommes qui s'intéressent naturellement aux questions posées, aux solutions adoptées, puisqu'elles les concernent eux-mêmes.

Le danger sans doute est ici dans l'agitation extrème. « Il n'y a pas de gouvernement si sujet aux guerres civiles et aux agitations intestines que le démocratique ou populaire, dit Rousseau, parce qu'il n'y en a aucun qui tende si fortement et si continuellement à changer de forme, ni qui demande plus de vigilance et de courage pour être maintenu dans la sienne » (1). Mais le sort de tous les composés est d'être instable en proportion même de leur complexité. La stabilité sociale assurée par la tyrannie ou l'oligarchie est une stabilité morbide, qui permet seulement la ruine des énergies normales. La santé sociale est sans contredit beaucoup plus dificile encore à conserver que la santé individuelle compromise par le moindre accident, la moindre négligence. Est-ce une raison suffisante pour chercher dans des formes anormales de gouvernement le remède à un mal que la nature a mis si proche du bien. Fuir le régime démocratique par crainte de ses excès et de ses défauts pour se jeter dans les bras de la tyrannie n'est-ce pas agir comme ferait un homme qui pour éviter les troubles inévitables de l'esprit quand la fatigue survient se ferait plonger dans le sommeil hypnotique ou dans la léthargie ? « C'est surtout dans cette constitution que le citoyen doit s'armer de force et de constance et dire chaque jour de sa vie au fond de son cœur ce que disait un vertueux palatin dans la diète de Pologne : *Malo periculosam libertatem quam quietum servilium* » ; on ne saurait mieux dire sur ce point que l'auteur même du *Contrat social*. C'est un avantage de la démocratie, comme l'avait vu Montesquieu, de stimuler dans l'homme les sentiments les plus dignes de l'être moral, ceux que résument les mots vertu politique.

(1) *Ibid.*

III. *Critique de Taine et de Renan.*

Mais des esprits éclairés ont redouté le régime démocratique pour d'autres raisons encore : Taine et Renan furent plutôt des adversaires de la démocratie, par attachement à ce qu'ils croyaient être les principes de la civilisation ou les intérêts de l'élite. Renan semble ne pas croire que les citoyens puissent avoir jamais « l'intelligence et le discernement nécessaires pour faire la critique de ce qu'on leur dit, l'accepter s'il est bon, le rejeter s'il est mauvais » ; il se méfie de la jalousie du peuple pour l'élite, de son esprit sottement égalitaire, de sa haine même pour ce qu'il ne comprend pas, pour ce qui le dépasse et refuse de se plier à ses préjugés. M. Darlu le rappelait récemment (1) et n'était pas éloigné de reconnaître le bien fondé des appréhensions que la démocratie inspirait à Renan. « La démocratie, disait-il, tend à abaisser le niveau de l'élite en la pliant aux préjugés et au mauvais goût de la foule ; en développant l'esprit d'égalité, elle favorise l'esprit d'anarchie et l'instinct révolutionnaire. Chacun devenu attentif à ses droits est moins disposé que jadis à s'incliner devant une autorité supérieure, sociale ou même morale... La disposition à s'insurger contre toute autorité, à s'affranchir de tout sentiment de respect, à être mécontent de sa condition, à envier ceux qui ont plus d'avantages, tels sont quelques-uns des sentiments que la démocratie tend à éveiller et à développer au fond des âmes ; ces sentiments sont mauvais moralement ; ils attristent la vie intérieure et ils peuvent avoir des conséquences funestes ». Les mêmes considérations sans doute inspiraient à Montesquieu cette réflexion qui nous paraîtrait à certains égards une condamnation du régime démocratique : le tirage au sort doit y avoir plus de place que le choix raisonné,

____

(1) *Manuel général de l'Instr. prim.*, t. **XXXV**, nº 14.

« le suffrage par le sort est de la nature de la démocratie ; le suffrage par le choix est de celle de l'aristocratie (1). Le sort est une façon d'élire qui n'afflige personne ». M. Izoulet lui-même, tout en proclamant son amour du peuple, n'est pas sans crainte pour le sort de l'élite dans la cité.

Assurément l'histoire autorise d'aussi graves appréhensions : le peuple d'Athènes, envieux de ses grands génies, oublieux des services rendus, pourra toujours servir d'exemple aux adversaires de la démocratie ; mais vit-on jamais forme politique plus rudimentaire, plus inorganique ? La démocratie que nous concevons n'est pas la démocratie de la horde sans chef, de la foule sans principes et sans éducation, du peuple sans organisation interne. Si un peuple est ingrat, jaloux, niveleur, brutalement égalitaire, imbu de préjugés funestes à toute valeur supérieure d'ordre intellectuel et moral, c'est qu'il n'est pas encore apte à constituer une démocratie, c'est qu'il n'est pas mûr pour la liberté politique. Cette liberté est loin d'être incompatible avec la hiérarchie sociale et économique : au contraire, elle l'implique, car sans cette hiérarchie il n'y a pas d'ordre, et sans ordre il n'y a pas de vraie liberté. Si le peuple ne veut pas porter ses regards vers le haut, s'il les tient obstinément baissés vers un ordre inférieur, c'est qu'il n'a pas encore compris que tout ce qui est supérieur à la moyenne n'est pas pour cela porté à la domination et que les hommes d'esprit élevé et de cœur généreux sont seuls capables de lui rendre de réels services. Il ne saisit pas encore la portée des distinctions morales et il ignore qu'il y a une hiérarchie de valeurs intellectuelles et morales tout autre que la hiérarchie des valeurs économiques. Il confond tout par manque d'instruction ; il hait injustement, non par injustice foncière, mais par ignorance ; il méconnaît le beau et le bon parce que son éducation n'est pas faite encore.

La démocratie n'est pas en fait : ne la condamnons pas d'a-

(1) Cf. Aristote. *Politique*, chap. IX du livre IV.

vance. Puisque l'Etat démocratique est un idéal social et moral, travaillons à le réaliser. Dans la période de transition, il appartient aux hommes d'Etat de préparer l'avenir social de leur pays en transformant lentement, par une politique sage, le peuple souverain de nom en peuple souverain de fait.

IV. *Rôle du Gouvernement dans la démocratie.*

La politique vraiment démocratique sera donc nécessairement tout autre que la politique tyrannique ou théocratique. Pour que le peuple soit le seul et le véritable souverain, il faut qu'il trouve dans les membres du gouvernement des serviteurs et non des maîtres ; il faut qu'il puisse dire : « l'Etat, c'est nous tous. » L'objet de la politique sera, comme le veut M. Tarde, de diriger les courants multiples, qui constituent la vie sociale, soit convergents, soit divergents, et cela de façon à les subordonner les uns aux autres ou à les faire converger le plus possible vers la même fin. Le vrai rôle du gouvernement sera « d'être initiateur et directeur (1) » ; mais dans ce sens exclusivement qu'il devra trouver les moyens de mettre fin aux conflits sociaux en s'inspirant des vœux de tous les citoyens, en ayant conscience de la direction prise par l'évolution sociale. Il sera la force sociale directrice comme l'âme est la force psychique directrice en un individu. Or l'âme, dans une personnalité, n'existe que par le support constant que lui fournissent les autres forces psycho-physiologiques qui constituent le corps ; elle n'existe que par rapport à elles, reçoit d'elles toutes les excitations qui la font agir, dépend d'elles quant à son devenir comme quant à sa nature. Cependant l'âme est aussi nécessaire au corps que le corps

(1) Cf. Tarde, *op. cit. Rev. de Soc.*, mars 1899, p. 187. Rappelons que pour nous le gouvernement n'est qu'un produit de la différenciation engendrée dans le Corps des Représentants par la distinction du législatif et de l'exécutif.

est nécessaire à l'âme : c'est en elle que s'élaborent les décisions volontaires, que les prévisions naissent de l'expérience systématisée par la raison. De même, c'est dans le gouvernement que la démocratie doit voir se refléter ses aspirations, ses désirs se coordonner, ses volitions naître cohérentes et claires.

La politique devient ainsi l'affaire de tous : le gouvernement doit posséder l'art de coordonner les forces sociales en un système, de mettre en harmonie les tendances diverses ; les citoyens doivent s'associer de plus en plus à son œuvre et posséder l'art particulier qui leur permet de contribuer, chacun dans sa situation, au succès de la politique générale.

Et quand le peuple sera sorti de la période de transition où le gouvernement exerce une action prépondérante, pour devenir vraiment une démocratie, le rôle politique du gouvernement deviendra chaque jour plus restreint, son rôle moral chaque jour plus important. En effet, l'harmonie des forces sociales sera d'autant plus aisée que tous les citoyens auront conçu sa nécessité, auront résolu d'y travailler en remplissant chacun sa fonction sociale. Mais il est impossible que dans des organismes aussi complexes que les sociétés humaines des troubles partiels ne se produisent pas, maladies sociales plus ou moins localisées, plus ou moins durables ; il faudra toujours réparer les maux engendrés par la méchanceté, les vices, les accidents, en prévenir d'autres, entraver les entreprises pernicieuses, veiller à la conservation du corps social. Tel sera le rôle du gouvernement dans la démocratie définitivement réalisée et en voie d'évolution vers une forme sans cesse plus morale de vie politique.

L'art politique sera alors devenu une pratique commune : tous les citoyens l'exerceront avec plus ou moins de compétence ; mais nul ne sera exempt d'en faire l'apprentissage ; ce ne sera plus tant l'art du gouvernement des Etats, et des cités que l'art de vivre en bon citoyen dans la cité, dans l'Etat, afin

de maintenir l'harmonie des forces sociales. Nous devons
donc rechercher quelles sont ces forces sociales, juger par
là de l'importance relative des divers facteurs de la vie collective dans une démocratie, voir avec précision de quelle
nature est l'harmonie à réaliser.

TROISIÈME PARTIE

L'ORGANISATION SOCIALE

I. *L'individu et la Société.* — Le système social a pour fin l'élimination des faits socio-pathologiques qui proviennent de la désagrégation sociale et de l'instabilité des formes politiques. L'individualisme absolu correspond au maximum de desagrégation sociale. L'Etat et l'individu sont deux forces sociales distinctes.

II. *Les Forces sociales.* — Les tendances sociales dénotent la nature des des forces sociales. Celles-ci créent des fonctions correspondant aux besoins collectifs. Ces besoins sont caractéristiques des faits sociaux, et ils correspondent aux besoins individuels. Il faut distinguer des forces économiques, des forces conservatrices, des forces d'ordre intellectuel et émotionnel, des forces régulatrices et directrices, enfin des forces pédagogiques ou éducatives.

III. *L'organisation économique.* — L'égalité absolue est une injustice. Le socialisme a fait connaître de véritables maux. Le participationnisme s'oppose au salariat. La coopération a deux formes : la consommation et la production. L'organisation des travailleurs en Angleterre (Trade-Unions) n'est pas démocratique. La Corporation doit-elle être rétablie ?

IV. *L'organisation administrative, judiciaire et charitable.* — La cité et l'Etat ont à tenir compte de l'élite. Les organes de gouvernement doivent refléter l'organisation sociale des forces économiques et régulatrices. La justice doit être corporative, ou contractuelle, ou criminelle, avec l'appui d'un jury éclairé, dans ce dernier cas. La peine doit avoir une fin morale. La charité est un devoir : les soins médicaux doivent être gratuits ; des secours aux malades et aux indigents, des retraites aux vieillards doivent être assurés par l'Etat.

CHAPITRE PREMIER

L'INDIVIDU ET LA SOCIÉTÉ

I. *La Pathologie sociale*

Tout système a une idée directrice. Le système social, comme le système qui constitue une personnalité, a pour fin la réalisation d'un mode normal d'existence d'où les faits pathologiques soient exclus. On connaît bien quelques-uns de ces faits socio-pathologiques que le devenir social doit tendre à éliminer : l'inertie sociale, les techniques dangereuses, les guerres, les crimes, les suicides, la dépopulation, les superstitions, les enthousiasmes exagérés, les paniques, les grèves, l'anarchie, les révolutions, la misère, etc. Mais quelle est la source commune de ces phénomènes morbides ? Si nous la connaissions, nous pourrions d'autant plus sûrement les éliminer en les atteignant dans leur origine même.

Invoquer des forces sociales mauvaises, c'est expliquer le mal social à la façon de ceux qui expliquent les phénomènes hystériques par l'action du diable, de l'esprit malin. Les forces sociales en tant que forces, ne sont ni bonnes, ni mauvaises. Tout au plus peut-on dire qu'il y a des tendances sociales mauvaises, comportant la conception d'états futurs qui ne devraient pas être posés comme ayant à être réalisés. Mais alors d'où vient : 1º que ces états ne devraient pas être posés, 2º qu'ils sont posés en fait ?

Ils ne devraient pas être proposés, comme nous l'avons indiqué ailleurs, non pas seulement parce que leur réalisation risque d'être nuisible, funeste à l'existence sociale, mais encore parce qu'ils ne peuvent former avec les états normaux une « association systématique » selon l'expression employée par M. Paulhan en psychologie. Ils sont conçus cependant et non seulement par des esprits isolés, mais encore par des groupes, des collectivités, des nations entières, à cause de l'état social morbide déjà existant.

Qu'est donc cet état socio-pathologique ? Ici l'analogie biologique et l'analogie psychologique vont simultanément nous venir en aide. Un organisme biologique est malade, quand la coordination de ses fonctions cesse d'être parfaite, soit à cause d'une lésion de ses organes, soit à cause d'un trouble purement fonctionnel. Une conscience est malade, nous croyons l'avoir établi dans un autre ouvrage (1), lorsque son devenir manque de continuité, lorsque la coordination de ses états successifs est insuffisante. « Désagrégation » dans l'espace et dans le temps, ce qui revient à l'absence de systématisation à tous les points de vue, tel est donc le caractère pathologique essentiel. En biologie, la systématisation voulue est celle de fonctions et d'organes qui sont tous réciproquement fin et moyen, et qui peuvent cependant s'isoler, se livrer à une sorte d'automatisme, par exagération de la *loi de la division du travail biologique*. Cette loi est contrebalancée à l'état normal par la loi de connexion des fonctions biologiques, connexion qui repose sur l'unité synthétique du système nerveux. En psychologie, la systématisation des fonctions est d'autant plus féconde qu'elle repose sur une coordination d'états successifs qu'une double relation de causalité et de finalité enchaîne, et qui cependant peuvent manquer de continuité *par exagération de la loi d'instabilité mentale*, qui est la loi même du devenir conscient. Cette loi est contrebalancée à l'état normal par la puissance du caractère. En sociologie on trouve également une

____

(1) L'*Instabilité mentale*, Alcan 1899.

loi de la division du travail social et une *loi d'instabilité sociale,* d'une part, et d'autre part une *loi de connexion des fonctions sociologiques* et *une loi de continuité du devenir social.* Ces quatre lois s'opposent la première à la troisième, la deuxième à la quatrième, de telle sorte que, si le contrepoids que l'effet de l'une apporte à l'effet de l'autre vient à manquer, il en résulte un état social morbide. Cependant la connexion normale des fonctions sociales et la continuité normale du devenir social sont d'ordinaire les premières à faire-défaut, tandis que la division du travail et l'instabilité ne manquent qu'après être devenues excessives et lorsqu'il a pu se former, par suite de la « désagrégation » sociale dans le temps et dans l'espace, une stabilité morbide et une connexion étroite mais partielle.

C'est ainsi que l'on voit un état de stagnation, d'inertie et de centralisation outrée, s'établir au sein de l'anarchie, du devenir plein de soubresauts et d'inconséquences. Le despotisme s'établit sur les ruines de la démocratie et l'ordre sans progrès succède ainsi à une suite de désordres, de discussions devenues infécondes.

La première origine du mal social est donc la *désagrégation et l'instabilité sociales.* Voilà par conséquent ce qu'en général la politique rationnelle doit éviter.

L'esprit d'organisation sociale est tout d'abord en radicale opposition avec l'individualisme égoïste. Or l'égoïsme n'est pas naturel comme on l'a souvent prétendu. M. Baldwin a montré par d'amples développements (1) comment l'enfant présente de l'égoïme ou de l'altruïsme selon que la représentation de son moi ou de celui d'autrui occupe fortement sa conscience ; il en serait de même de l'adulte, si l'homme capable de conduite réfléchie n'opposait systématiquement son moi et les intérêts de ce moi à tout le reste du monde, par une abstraction plus ou moins rigoureuse et toujours illégitime. Les moralistes anglais contemporains ont insisté avec raison sur la commu-

(1) Cf. *Interprétation morale et sociale,* etc.

nauté foncière des intérêts, sur la fusion des moi, nécessaire dans la plupart des cas, sur la conciliation naturelle de l'égoïsme et de l'altruisme. Ils ont affirmé avec raison l'innéité de la sympathie, des sentiments de générosité, de dévoûment, et ils ont contribué pour une large part à faire considérer le problème posé par La Rochefoucauld et ses disciples comme un problème mal posé. Par cela même ils ont contribué aussi à enlever à l'individualisme sa base psychologique. Il ne reste plus à cette doctrine sociale qu'une base morale qui est la théorie de Kant, prise dans son sens le plus étroit. Kant fut assurément un individualiste et les libertaires anarchistes peuvent se réclamer de lui comme de Jean-Jacques Rousseau ; mais Kant et Rousseau ont vu l'homme abstrait, théorique, non l'homme réel, l'homme en société, le citoyen : la morale kantienne contient beaucoup de vérités générales, mais elle a besoin d'être complétée par une morale du citoyen pour pouvoir servir de fondement à la politique.

L'individualisme absolu est donc un état artificiel, irréalisable, conçu grâce à une abstraction illégitime. Il serait assurément le maximum de la désagrégation sociale : c'est l'état préconisé par les théoriciens de l'anarchie qui y voient la réalisation de leur idéal libertaire. C'est à ce même point qu'aboutissent, peut-être en suivant des voies différentes, tous les partisans du « laisser-faire, laisser-passer », de l'abstention totale de l'Etat dans les affaires individuelles. Mais quelle est donc l'affaire sociale qui n'intéresse pas surtout des individus, et quelle serait la fonction de l'État, quels seraient ses droits à l'existence, si on lui interdisait de porter atteinte à la liberté individuelle absolue, à la libre concurrence en matière économique comme à la libre activité en matière politique ?

Sans doute, la liberté d'un être moral est éminemment digne de respect, comme l'a dit Kant ; mais en quoi consiste cette liberté ? L'individu est-il libre de se révolter contre les décisions de la volonté collective lorsqu'en sa conscience il les juge immorales? Car personne n'osera contester l'obligation faite à l'individu d'obéir aux injonctions de la loi civile ou du gouvernement ou de tout représentant de la force sociale lorsque ces injonctions sont morales. La question est ici limitée aux conflits que Baldwin a mis en lumière à la fin d'un de ses ouvrages (1), conflits entre la volonté morale de la collectivité et la volonté morale de l'individu. Par exemple, Socrate avait-il le droit de se révolter, au nom d'une morale assurément supérieure, contre les prescriptions de la société au sein de laquelle il vivait, et qui assurément aussi avaient été morales en leur temps ? M. Baldwin estime que de tels conflits sont irrémédiables, que l'antinomie est réelle et irréductible. Cependant ne doit-il pas y avoir des voies légales de conciliation de l'individu et de la société également désireux de faire triompher la cause du bien moral ? Et l'existence même de ces conflits n'indique-t-elle pas clairement que le devoir de la société est de laisser place dans son organisation à un moyen pour l'individu de faire prévaloir ses propres conceptions s'il les estime vraiment, si elles sont en réalité, plus morales que celles qu'on lui oppose. Car dans un Etat bien organisé, il ne saurait être permis à un individu de se révolter contre la loi existante autrement que par des voies légales : il ne peut lutter contre une loi qu'en se conformant à une autre loi; jamais il ne peut sortir de la légalité sous prétexte de moralité supérieure.

Si l'Etat a donc le droit de s'opposer aux actions que la collectivité juge immorales, si l'individu ne peut refuser son obéissance à des prescriptions morales émanant de la société, celle-ci du moins doit égaler le plus possible dans la rigueur, l'étendue et le nombre de ses prescriptions, l'ampleur des prescriptions de la conscience la plus développée.

En outre, les injonctions de l'Etat sont toujours de nature assez générale : il y a différentes façons particulières de témoigner son respect pour elles, et l'initiative individuelle n'est

(1) *Interprétation morale et sociale*. Trad. Duprat.

point détruite par les lois ; elle ne peut l'être que par des ordres particuliers et incessants. D'ailleurs ceux qui se récrient le plus vivement contre les prétentions de la société à régenter de loin l'existence de ses membres, sont généralement très fidèles observateurs des coutumes, des usages, des modes, très respectueux des préjugés et des mœurs établies ; comme s'ils ne voyaient pas que la domination de la société s'établit et s'affermit par ces diverses formes de la contrainte collective ou de la suggestion sociale. Ne vaut-il pas mieux lorsque des mœurs, des coutumes, sont moralement bonnes, qu'elles soient sanctionnées par des lois civiles, au lieu de rester à l'état d'impératifs vagues ou plus ou moins illégitimes ?

Et au lieu de la domination de la foule inconstante, impulsive, incapable de s'organiser et de résister à des entraînements pernicieux, ne vaut-il pas mieux subir la domination d'autorités naturelles, des autorités familiales, scolaires, corporatives, civiles, politiques ? Mais pour que cette domination soit légitime, il faut que l'Etat et que les formes collectives subordonnées qui, à leur tour, se subordonnent l'individu, soient organisées rationnellement, qu'elles systématisent les diverses forces sociales qui constituent, réunies en plus ou moins grand nombre, la famille ou la cité.

II. *Forces individuelles et force collective.*

M. Baldwin (1) admet deux types de forces sociales : l'individu et le corps social, ce qui pour lui n'entraîne pas un dualisme sociologique, car le « corps social synthétise en quelque sorte les progrès accomplis par les individus ». Quand on a

(1) *Interprétation morale et sociale....* (trad. Duprat, V° partie, chap. XI).

écarté les prétendues forces sociales qui ne sont en réalité que des facteurs biologiques ou physiques de l'évolution sociale, il ne reste d'après M. Baldwin qu'une force susceptible de particulariser les idées sociales et une autre force susceptible de généraliser les idées individuelles. « La matière sociale, ce sont les idées capables de généralisation », c'est-à-dire les représentations qui peuvent, après avoir été celles d'un individu seulement, devenir celles de toute une secte, de tout un peuple, et être enfin hypostasiées en quelque sorte en un moi idéal, dont la conception est commune à une multitude d'individus.

C'est là une vue bien sommaire peut-être des forces sociales ; c'est assurément un point de vue très intéressant, qui pose et résout même d'une façon originale le problème si ancien de la conciliation de l'individu et de l'Etat. Nous avons dit plus haut que d'après nous l'Etat, dans un régime démocratique, ne peut s'opposer aux individus, et qu'il ne doit être qu'un aspect de la collectivité prise dans son ensemble. Le gouvernement, tout en ayant sa fonction spéciale, ne peut se distinguer si profondément des individus que l'opposition des formes sociales, celles dont le gouvernement prend conscience, et des formes subjectives, celles dont chaque individu prend seul conscience, soit une opposition irréductible. S'il y a des gouvernants et des gouvernés, ceux-ci subissant parfois la contrainte exercée par le gouvernement, c'est que le caractère subjectif des formes individuelles conçues ou réalisées est parfois excessivement marquée et décèle un individualisme morbide. Il peut arriver comme nous l'avons prévu, que le gouvernement mette obstacle à des « généralisations » légitimes, soit opposé à des aspirations vraiment sociales de certains individus trop prompts à entrer dans des voies nouvelles. Il est des gouvernements anormaux comme des individus anormaux : il y a dans de tels cas conflit entre les deux grandes forces sociales, et il n'est pas rare de voir l'individu

triompher à la longue, par la diffusion de ses idées de milieux
plus restreints en milieux plus vastes : le gouvernement est
alors obligé de reconnaître son erreur et de conformer ses
actes aux nouvelles tendances sociales qu'il n'a pas su dégager par lui-même ; s'il ne se soumet pas, il cesse d'être vraiment le gouvernement.

L'opposition de l'Etat et de l'individu cesse d'être une opposition radicale par la limitation des fonctions et par conséquent
des droits et des devoirs de l'un et de l'autre. L'Etat, nous
l'avons vu, a une fonction qui lui est propre et qui ne peut
être remplie par aucun individu : il est selon l'expression de
M. Tarde, « initiateur et directeur », non pas maître pouvant
commander à son gré et selon ses caprices. Ses droits découlent de ses devoirs et ses devoirs découlent de sa nature, de
ses relations mêmes avec les individus. Parce que les individus sont l'Etat morcelé et parce que l'Etat ce sont les individus pris sous une certaine unité synthétique, on peut dire que
l'Etat et les individus sont la même chose et diffèrent cependant ; on peut concilier l'individualisme et le socialisme sans
aboutir à la destruction de l'initiative individuelle, ou, comme
le fait Spencer, à la suppression effective de l'Etat par la suppression de son droit d'initiative et de direction.

On est donc bien fondé à dire que l'Etat et l'individu sont
deux forces sociales distinctes, puisque si l'Etat est une forme
véritable, il a nécessairement une force qui lui est propre.
Mais il faut en outre distinguer dans l'Etat, par exemple, la
puissance législative, la puissance juridique, la force administrative ; et dans la masse des individus, des forces économiques, industrielles, intellectuelles, morales, passionnelles.

CHAPITRE II

LES FORCES SOCIALES

I. *Tendances sociales*

M. Lester Ward (1) distingue parmi les forces sociales :
1° des forces physiques, a) de *préservation individuelle* dans la
recherche du plaisir et la fuite de la douleur, b) de *conservation et de prolongation de la vie sociale,* par les désirs sexuels et
amoureux et par les affections familiales ; 2° des forces spiri-
tuelles, a) *esthétiques,* b) *émotionnelles et morales,* c) *intellectuelles.*
Le dernier groupe lui paraît moins important que le premier
parce que « la race importe plus que l'individu, et que, dans la
société développée, la famille est la structure sociale la plus
importante, la base de l'état ». Mais comme « la reproduction
est simplement un mode de nutrition », le « groupe des forces
nutritives est au premier rang parmi les forces sociales essentielles. Car après avoir préservé son existence des dangers qui
de toutes parts la menacent, le premier besoin à satisfaire est
celui de la faim.

La classification de M. Laster Ward est donc fondé sur les
désirs ou tendances fondamentales de la nature humaine et
comme son auteur considère celles-ci au point de vue de

(1) *Outlines of Sociology,* pp. 148-149.

l'évolution sociale, il donne la première place à celles qui
apparaissent les premières ou qu'il suppose avoir fait leur
apparition tout d'abord parce qu'elles sont plus simples. Il
fait sortir les forces sociales de la « force universelle » qui en
se différenciant devient les forces physico-chimiques, puis les
forces bio-psychologiques. « Chacun de ces moments, écrit-
il (1), représente un progrès, et le progrès consiste dans la
nature à dérouler des modes nouveaux par lesquels se manifeste la force universelle... Le cours de l'évolution s'est effectué dans le sens de l'inorganique et de l'inefficace vers l'organisation et l'efficacité, par l'addition aux propriétés spéciales
des produits anciens de quelque nouvelle propriété avec un
pouvoir spécial d'accomplir une meilleure besogne ».

« Chaque individu ou unité sociale, ajoute M. Lester
Ward (2), doit être considéré comme un récipient de sentiments, de tendances pour la plupart à l'état de désirs non
satisfaits, et par conséquent représentant autant de force qu'il
est nécessaire pour la satisfaction de ces désirs. Cette énergie
est toujours bien plutôt potentielle que kinétique, et le problème le plus élevé de la sociologie est celui de savoir comment
on peut convertir l'énergie sociale potentielle en énergie
kinétique. Le degré d'énergie ainsi libéré est la vraie mesure
de la puissance des forces sociales à un moment donné ». Voilà
des assertions bien intéressantes sans doute, mais combien
obscurs nous semblent de tels termes dès que nous voulons en
scruter profondément le sens ; certaines propositions mêmes
nous paraissent inacceptables. Jamais la force d'un homme
ne fut adéquate à la satisfaction de tous ses désirs ; comment la force sociale d'un individu pourrait-elle avoir pour
mesure les tendances mêmes de cet être social ? Partout où il
y a un désir, un « conatus », il y a par cela même une force
latente, puisque la tendance est déjà en quelque sorte un com-

____

(1) *Ibid.*, p. 146.
(2) *Op. cit.*, p. 147.

mencement d'action ; mais rien ne prouve que la force suffisante pour ébaucher l'acte qui constitue la fin même à laquelle
on tend, soit suffisante pour le parfaire. Précisément ce n'est
que dans le passage à l'exécution, dans la transformation des
forces latentes en forces vives, que l'on peut constater si l'énergie qu'exige la satisfaction de la tendance existait réellᵔment.
Toutefois, bien que le désir ne puisse être la mesure de la force,
il n'en est pas moins l'indice, et la nature du désir n'en décèle
pas moins la nature de la force.

Ceci nous amène à nous demander ce qu'est la force sociale
en général. On croit entendre fort bien ce qu'est la force physique, la force biologique : c'est, dit-on, ce qui agit, ce qui
meut ; c'est la cause des mouvements dans la nature organique et inorganique. En fait, le concept de force est inséparable de celui de cause et de celui d'effet et il sert de lien entre
ces deux termes, non que la force passe de la cause dans l'effet,
mais parce que la force résidant dans la cause amène à l'action
la force résidant dans le sujet, dans la chose où se manifeste
l'effet. Derrière le mouvement qui est cause et le mouvement
qui est effet il y a également une force qui pour produire
l'effet passe de la puissance à l'acte.

Or en biologie et en psychologie le passage de la puissance
à l'acte caractérise la fonction ou faculté qui est constamment
une puissance prête à s'actualiser et s'actualisant en fait sous
l'impulsion d'une force extérieure ou par harmonie avec une
circonstance extérieure. De sorte que la force est intimement
liée à la fonction ; il en est de l'énergie psychique (1) comme
de l'énergie vitale : ou la suppose derrière les faits que l'on
rattache à une faculté.

De même, l'énergie sociale, la force sociale est inséparable
des fonctions dont le concours est constitutif de la société, au
même titre que les individus. Chaque fonction sociale a son

(1) Cf. notre étude sur l'*Instabilité mentale*, 1ʳᵉ partie.

organe, institution ou groupe d'individus ou individu, qui
n'est pas sans cesse en activité, mais qui a la puissance d'accomplir tel ou tel genre d'actions, en correspondance avec d'autres organes sociaux. En lui réside donc une force sociale.
Celle-ci repose sur l'énergie psychique et biologique des individus : sans la puissance d'esprit et de corps de ses membres,
une société serait privée de tout moyen d'action. Cependant
la force sociale ne se réduit pas à la force psycho-physiologique des individus, pas plus que l'organe social quel qu'il soit
ne se laisse ramener à l'être ou à l'agrégat d'êtres psycho-physiologiques. C'est que la force n'est rien de matériel : c'est une
relation existant, comme nous l'avons vu, entre une puissance
déterminée et des actes déterminés, et ce n'est rien de plus
qu'une relation : aussi diffère-t-elle avec les termes corrélatifs ;
quand ces termes sont de nature sociale elle devient de nature
sociale.

Comme les autres forces de la nature, la force sociale a une
certaine intensité. Mais toujours la force se manifestant par
l'action et celle-ci se mesurant par le changement, soit par le
mouvement dans l'espace, soit par le changement dans l'esprit,
c'est en définitive la vitesse avec laquelle un changement plus
ou moins grand s'opère qui décèle l'intensité de la force. Il
faut avouer que, dès que nous sortons du domaine purement
mécanique du changement local, notre appréciation de l'intensité des forces perd de sa précision. Les forces sociales,
comme les forces psychiques peuvent n'agir que lentement,
retenues par un calcul prudent, parfois inhibées par d'autres
forces, mais parfois aussi se modérant elles-mêmes pour ainsi
dire. De plus, il est difficile de mesurer l'importance d'un changement qualificatif auquel ne correspond pas un changement
local appréciable, sensible. Toutes ces difficultés retardent le
développement de la dynamique sociale comme elles ralentis-
sent l'essor de la psychométrie. Elles ne nous empêchent pas
toutefois de concevoir la société comme un ensemble de forces,

en donnant à ce dernier mot un sens précis indépendamment de toute conception métaphysique.

Mais pour connaître les diverses forces sociales, il nous faut d'abord dégager des faits sociaux les plus apparents les diverses tendances collectives. En effet, les phénomènes sociaux se rattachent directement, nous l'avons vu plus haut, aux tendances collectives (1) de la nature. Prenons un individu. Quelles tendances, quels besoins éprouve-t-il, qu'éprouvent aussi tous ses semblables ? Spinoza a dit avec raison que la tendance fondamentale de tout être, individu ou société, est de persévérer dans son être. En effet, être c'est durer et par conséquent tendre à durer, car la négation de soi-même étant absurde, l'affirmation est d'elle-même illimitée. Toute forme subsistant par soi a donc une tendance essentielle à se conserver ; mais rien ne se conserve identique à soi-même, toute durée est un devenir : tout être en voie de devenir qui tendrait à l'anéantissement serait absurde comme se niant soi-même ; il doit donc tendre à se maintenir dans la même quantité d'énergie, de plus en plus différenciée en vertu de la loi d'évolution qui s'applique à tous les êtres. L'expérience nous montre en quoi consistent ces différenciations de l'énergie physique, biologique, psychologique. L'attraction et la répulsion, dans le monde physico-chimique ; les tendances à la reproduction, à la nutrition, à la respiration, au bon fonctionnement de toutes les parties du corps souvent entravé par la chaleur ou le froid, les intempéries, etc., à l'exercice des muscles, spontanément ou en réponse aux excitations, à la reproduction enfin, (dans la sphère biologique) ; les tendances à l'exercice des fonctions mentales, sens, mémoire, imagination, entendement, sensibilité, activité instinctive et volontaire, dans la sphère psychologique ; telles sont les ten-

---

(1) Quelques-unes des pages qui vont suivre sont la reproduction partielle, avec d'importantes modifications toutefois, d'un article publié par la *Revue intern. de sociol.*, mars 1899.

dances principales dérivées de la tendance fondamentale. Elles ont fatalement leur répercussion dans la vie sociale où viennent sans doute s'ajouter (comme s'ajoutent dans la sphère psychologique aux répercussions des tendances biologiques certaines tendances d'ordre purement mental) des tendances d'ordre purement social. Depuis longtemps la psychologie nous a fait connaître ces dernières sous le nom de tendances altruistes ou morales.

Nous trouvons en effet en tout individu des tendances à rechercher la conservation de son existence et le développement de son être à peu près de la même façon que tous ses semblables, ses contemporains et concitoyens : 1º des tendances aux mêmes modes de nutrition, de vêtement, de logement, de chauffage, d'aération, aux mêmes mesures d'hygiène, de préservation individuelle et sociale, aux mêmes moyens d'assurer la reproduction ; 2º des tendances communes aux satisfactions de l'intelligence et de la sensibilité, par exemple des sentiments scientifiques, esthétiques et religieux ; 3º des tendances aux mêmes modes d'action, à l'action commune sous la direction de la volonté collective ; 4º des tendances sociales et morales telles que l'amour de ses semblables, les tendances au sacrifice, au respect d'autrui, des femmes, des vieillards, des enfants, les besoins de la charité de moins en moins méconnue. Partout enfin nous trouvons, à la base des processus sociaux des tendances à l'attraction ou à la concentration, et à la répulsion ou à la dilatation, à l'expansion avec différenciation. De sorte que l'on peut en se résumant classer aussi les tendances sociales essentielles sous le titre :

Tendances à la conservation de l'existence sociale sous toutes ses formes par expansion, différenciation et concentration :

a) Tendance à la satisfaction des besoins dits « matériels » (alimentation, vêtement, habitation, chauffage, aération, hygiène, sécurité individuelle et collective, reproduction) ;

b) Tendance à la satisfaction des besoins ou aspirations de l'intelligence, du cœur et de la volonté ;

c) Tendances morales et sociales proprement dites.

De même que les tendances collectives se sont différenciées progressivement en partant de quelques tendances rudimentaires suffisantes pour déterminer la vie sociale primitive, mais devenant insuffisantes à mesure que la société poursuivait son évolution, de même les forces sociales ont eu pour point de départ une force indéterminée, souvent ignorante d'elle-même qui s'est différenciée peu à peu en même temps qu'elle s'intégrait en des institutions mieux définies, mieux coordonnées.

La liste des principales forces sociales doit donc correspondre au tableau des tendances et des besoins sociaux. Au premier rang apparaissent les *forces économiques*, forces de travail, d'épargne, de production de toutes sortes, qui font vivre la société au point de vue matériel, et que complètent des *forces conservatives*, la force armée, la force de la tradition, de l'hérédité sociale, etc. Puis viennent les *forces intellectuelles* qui dirigent les forces actives, par la science, la recherche, les idées exprimées dans le livre et dans les journaux ; ajoutons-y les *forces d'ordre émotionnel*, esthétique, religieux, passionnel. Enfin viennent les *forces régulatrices* et *directrices*, les forces gouvernementale, administrative, judiciaire, législative, familiale, corporative, *forces morales* qui guident la société vers un idéal de charité, de solidarité, de moralité et desquelles découlent comme de leur source la plus élevée les *forces pédagogiques*. Nous allons les étudier en détail et voir leur mode de différenciation.

Dans les sociétés primitives l'alimentation commune est assurée par des institutions nettement sociales : la chasse, la pêche, la vie pastorale. Tous les hommes valides sont employés à la recherche du gibier ou du poisson, nourriture des femmes, des enfants et des vieillards aussi bien qu'à la chasse aux bêtes féroces qui compromettent la sécurité de la horde. Ils usent des mêmes procédés, des mêmes ruses, des mêmes armes. De plus l'habitat est commun ; tous y ont donné leurs soins. Aussi toutes les fonctions qui ont pour fin la conservation de la peuplade et par conséquent de ses individus déterminent-elles une activité sociale très uniforme, qui ne laisse aux habiletés individuelles que fort peu d'occasions de se manifester, de sorte que la supériorité de tel chasseur ou de tel pêcheur ne peut s'affirmer aisément. Les inventions individuelles se généralisent vite et aucun inventeur ne peut tirer vanité d'une innovation qui devient immédiatement le bien de tous. La force de production correspond aux nécessités de la consommation et ne s'exerce guère au delà de ce qui est requis par les besoins de l'heure présente.

Mais dès la vie pastorale, et, à plus forte raison, dès que la culture de la terre fixe en un lieu les tribus jusqu'alors nomades, se présente une première différenciation de la force sociale de production. Les pasteurs, les agriculteurs les plus habiles deviennent les chefs de nouvelles tribus ou grandes familles, comme l'a très bien indiqué Ratzenhofer (1), et groupent autour d'eux des ouvriers qui suivent leurs conseils, leurs directions. La division progressive du travail amène les membres de la tribu à former plusieurs groupes dont chacun s'occupe exclusivement de la satisfaction d'un besoin matériel : les différentes industries de l'alimentation, du vêtement et du logement se séparent de l'agriculture, en même temps que les fonctions sociales correspondantes deviennent de plus en plus l'affaire de tel ou tel membre de la famille. Ainsi les forces industrielles et agricoles sortent par voie de différenciation progressive de la force sociale primitive qui avait pour objet l'alimentation collective par une activité collective. Aussi dans nos sociétés modernes, les techniques de l'alimentation, du

____

(1) Die sociologische Erkentniss.

vêtement et du logement, l'art du boulanger, celui du maçon,
du charpentier, du tailleur, etc. (bien que les métiers correspondants soient exercés par des individus et que l'Etat ou la
cité ne semble guère s'en préoccuper) sont encore des institutions sociales à plusieurs titres. Ce sont non seulement des
différenciations de l'activité sociale primitive ; ce sont en outre
des activités soumises à la mode, à la coutume, à certaines
règles générales d'origine sociale ; enfin ce sont des industries
indispensables à la vie des groupes sociaux, des familles, des
associations, des collectivités au nom desquelles des individus,
tels que le père de famille, viennent faire appel au boulanger
ou au maçon. Chacune de ces techniques est donc une force
sociale de la plus haute importance.

Elles ne sont pas d'ailleurs les seules manifestations que
suscite le désir de pourvoir aux besoins matériels des collectivités. L'échange devient de bonne heure une nécessité ; les
produits du travail acquièrent des valeurs diverses, selon les
désirs qui poussent ceux qui ne les possèdent pas à les rechercher, selon les exigences des producteurs qui doivent trouver
dans la vente une rémunération suffisante, et aussi selon l'es-
timation générale, selon une sorte de convention sociale
implicite. La hiérarchie des objets, qui fait leur valeur relative, varie avec les lieux et les temps : ce qui est plus estimé à
une époque ou dans un pays l'est moins à une autre époque ou
dans un autre lieu. Les fluctuations de la valeur sont d'autant
plus grandes que les relations d'une peuplade ou d'une nation
avec les autres sont plus variées, plus étendues : le besoin
d'un étalon relativement fixe amène l'institution de la monnaie. Cette institution donne un sens beaucoup plus précis au
mot richesse et entraîne des façons toutes nouvelles de concevoir la valeur et l'échange. La monnaie, symbole de la valeur,
est enfin remplacée, dans les transactions commerciales, par un
symbole de la monnaie elle-même qui implique le crédit et
auquel correspondent les institutions de crédit, les ban-

ques, etc. L'acquisition de ressources pécuniaires (et l'on doit comprendre par cette expression tout ce qui permet à un individu ou à une collectivité de se procurer les services des autres, par conséquent le crédit aussi bien que le numéraire) devient une des préoccupations les plus importantes des êtres sociaux individuels ou collectifs. C'est ce qui explique que la plupart des économistes et même des sociologues qui prétendent ne pas adopter le point de vue des économistes, appellent « tous les faits sociaux des *services* » (1) que l'on peut acheter ou vendre, et dans tous les cas échanger, sauf quand, exceptionnellement, ils sont rendus gratuitement, dans un esprit de pur désintéressement. L'importance prise par les transactions commerciales, les trafics d'argent, les opérations de bourse et de crédit, donnent aux établissements financiers une si grande puissance sociale qu'on y a vu parfois un danger pour les autres forces collectives. L'extension de l'échange ou du commerce a pour conséquence en outre l'établissement d'une part, de colonies, d'entrepôts, de comptoirs, d'autre part, de moyens de communication soit par les voies naturelles, soit par des voies artificielles. Cet établissement ne peut qu'être œuvre sociale, œuvre des Etats ou de Compagnies spécialement créées pour remplir une telle fonction sociale, par conséquent manifestation particulière de la force sociale.

L'acquisition de la richesse, moyen de satisfaire les besoins matériels, devient de plus en plus l'objet de préoccupations individuelles et tend à faire de l'individu une force économique distincte. A mesure que les petites collectivités s'affranchissent relativement des grandes, elles disposent plus librement de leurs ressources pécuniaires ; de sorte que la fortune publique se fragmente et semble ne devoir jamais plus constituer une possession collective ; corrélativement la puissance de l'argent semble s'éparpiller indéfiniment. Cependant l'Etat, la

____

(1) Cf. Goblot. *Essai sur la classif. des sciences*, ch. XI, p. 270.

collectivité, la société en général affirme constamment ses droits sur les fortunes individuelles par la perception de l'impôt. L'institution du budget dans nos sociétés civilisées a précisément pour objet de déterminer les besoins pécuniaires de l'Etat et les moyens d'y répondre par des impôts divers : de la sorte, les exigences de l'Etat sont restreintes à ses besoins, et le surplus de la fortune publique reste à la libre disposition des particuliers ou plutôt des groupements particuliers, car la fortune demeure toujours collective dans une certaine mesure : elle appartient en droit à la famille ; l'individu en est le dépositaire provisoire, le gérant passager ; à sa mort, elle revient naturellement à un autre représentant de la famille. Et selon que la famille a pour base juridique le patriarcat ou le matriarcat, les biens se transmettent en suivant la ligne paternelle ou maternelle. Sans doute, dans notre droit actuel, l'individu a le droit de disposer de sa fortune pour la léguer comme pour la dépenser ; et cependant si ses dépenses effrayent ses proches, on lui impose un conseil judiciaire ; d'autre part, la loi ne lui permet pas de priver ses héritiers immédiats d'une partie au moins de ses biens : ce qui prouve clairement que la famille a des droits sur la fortune en apparence individuelle ; et si ces droits ne vont pas jusqu'à un contrôle vexatoire et à une possession complète quoiqu'indirecte des biens par la collectivité, c'est que la liberté, l'initiative de l'individu nous apparaissent de plus en plus comme dignes de respect et d'encouragement, au détriment même du pouvoir collectif. La propriété individuelle répond surtout à un besoin moral de respect des personnes morales et à un autre besoin social de division du travail, comme nous le verrons plus loin ; mais la richesse en elle-même reste essentiellement une force sociale, qui répond à des besoins d'ordre « matériel » comme nous venons de le montrer.

Aussi, bien que chaque individu qui possède constitue une force sociale distincte au point de vue économique, la puissance pécuniaire appartient-elle aussi aux collectivités naturelles, aux familles, aux cités, aux états. La solidarité naturelle des individus rémédie dans une certaine mesure à l'éparpillement de la puissance sociale de l'argent. Nous indiquerons plus loin comment la famille devrait constituer toujours un noyau économique, une force au point de vue pécuniaire comme au point de vue moral.

Les forces que nous venons d'examiner sont des forces productrices ou représentent une production accumulée, transformée. Elles ont toutes pour fondement l'exploitation des richesses naturelles par le travail de l'homme ou des auxiliaires de l'homme, soit animaux, soit machines. Mais elles impliquent des forces, ayant pour objet la conservation, par des moyens également « matériels », de la vie humaine et de la vie sociale qui d'ailleurs ne font qu'une seule et même existence. Si nous les distinguons, c'est qu'il y a des forces sociales employées à conserver la santé individuelle, la sécurité individuelle, et d'autres forces employées à conserver les formes sociales ou la matière même de l'organisation sociale.

III. *Forces de conservation.*

Dans les sociétés les plus rudimentaires on voit des sorciers, des prêtres, investis par la communauté même d'une fonction spéciale : celle de conjurer les maux, de donner leurs soins aux corps et aux âmes. Ils représentent une force sociale élémentaire de conservation.

Le soin de l'hygiène publique incombe pleinement aux Etats qui, isolément ou par l'adoption de mesures internationales, organisent la lutte contre les épidémies, garantissent aux malades la valeur scientifique et professionnelle de médecins et de pharmaciens diplômés. Des « lazarets », des hôpitaux, des corps médicaux, donnant souvent des consultations gra-

tuites, des conseils d'hygiène, etc. sont autant d'institutions
sociales ayant pour objet la satisfaction des besoins hygiéni-
ques de la collectivité. La création de cimetières est uniquement due à des raisons de salubrité publique. La force sociale
employée à remplir la fonction publique d'hygiène est une
force conservatrice.

Il ne suffit pas à l'Etat de préserver les citoyens des maladies
ou de leur fournir les moyens de conserver le plus longtemps
possible l'existence : toute société qui vise à la paix intérieure
a le devoir de créer une force capable d'empêcher les malfai-
teurs de porter atteinte à l'existence ou à la santé des gens
honnêtes ; l'institution de la police répond à ce devoir. Quant
à la sauvegarde de l'Etat lui-même contre les forces extérieures qui peuvent chercher à le détruire ou à le bouleverser, ou
à restreindre sa puissance, elle ne peut être assurée que par
des institutions militaires ou diplomatiques et généralement
par les unes et les autres à la fois. Le jour où un tribunal
arbitral établirait sans conteste son autorité morale sur toutes les nations rivales, les institutions guerrières n'auraient
plus sans doute de raison d'être ; mais ce jour-là, la République universelle existerait en fait, l'Humanité serait ce système
politique unique que la raison conçoit, mais que les hommes
de notre temps désespèrent de voir jamais réalisé. Les institutions militaires, pour être moralement condamnables, si l'on
se place au point de vue de l'idéal, n'en existent pas moins en
fait et n'en ont pas moins une place légitime dans les systèmes sociaux du passé et du présent. La diplomatie toutefois,
à mesure que la puissance de l'esprit tend à dominer partout
la force brutale, prend une place de plus en plus grande parmi
les institutions sociales essentielles à l'humanité : elle devient
elle aussi une force conservatrice.

Il nous reste à examiner au point de vue de la conservation
sociale les faits relatifs à l'accroissement de la population et à
la transmission de génération en génération des acquisitions

sociales de toute nature. Pour qu'une espèce, une collectivité, tribu ou nation puisse conserver sa puissance, il faut que le nombre des naissances soit au moins égal à celui des décès. De plus, à mesure que le chiffre de la population augmente en un lieu déterminé, grâce à la reproduction, la densité sociale croissant, les difficultés deviennent plus grandes pour l'alimentation, la logement et le vêtement ; mais en revanche la division du travail amène une différenciation de l'industrie, un essor de l'agriculture et de la colonisation, une expansion du commerce. L'ordre intérieur peut être plus souvent menacé, mais la défense contre les entreprises de l'ennemi commun est mieux assurée ; les épidémies peuvent être plus fréquentes et plus désastreuses, la santé générale plus mauvaise ; mais la mortalité plus grande est compensée par les effets de la puissance reproductrice et l'amélioration des conditions matérielles d'existence conserve en grand nombre d'êtres plus débiles qu'un mode plus fruste d'existence eût sans doute éliminés. La dépopulation a naturellement des effets inverses : le « malthusiasnisme » en a montré les avantages, la France en ce moment les expérimente en même temps que les inconvénients. Ainsi le fait de la reproduction a de telles conséquences sociales, sans parler de l'amélioration ou de la régression de la race, qu'il est de l'intérêt de tous d'y veiller, de l'organiser socialement, de le réglementer en quelque sorte afin de ne pas tarir la source de la force sociale qui réside dans le nombre. Aussi voyons-nous dans les sociétés humaines inférieures l'union sexuelle soumise à l'observation de prescriptions parfois excessivement rigoureuses. Tantôt il est permis, tantôt il est défendu au membre de la tribu de prendre femme dans la tribu voisine alors qu'il lui est interdit ou enjoint de s'unir à une fille de sa propre tribu, ou portant en elle le même « totem » que lui. De nos jours, certains mariages entre consanguins sont seuls prohibés par la loi, mais les mœurs, l'opinion publique interdisent dans certains pays d'Europe les « mésalliances » ou les unions scandaleuses ; en outre, partout le mariage est soumis à des formalités qui en font un acte social, que la société sanctionne, qui entraîne des obligations dont la violation est prévue par la loi comme punissable.

La procréation en dehors du mariage offre moins de garanties que la procréation dans le mariage au point de vue de la nourriture et de la conservation des enfants ; aussi l'Etat, qui ne peut rien sur les unions libres, institue-t-il, pour les enfants abandonnés, des asiles, des services publics chargés d'assurer leur subsistance, de veiller sur leur santé physique et morale ; les enfants illégitimes deviennent pour la plupart ceux de la collectivité qui détermine avec une sorte de soin jaloux les conditions mêmes de leur adoption lorsque quelque particulier veut se substituer légalement à elle.

Mais il ne suffit pas à la société d'assurer sa persistance matérielle ; elle est une forme qui implique plusieurs autres formes sociales dont la persistance est également indispensable, qui doivent par conséquent être transmises de génération en génération par une force particulière qu'on a appelé « l'hérédité sociale ». Les enfants vivent, dit fort bien M. Baldwin, dans une atmosphère sociale comme dans une atmosphère physique : les mœurs de leur milieu, ils s'en imprègnent comme leurs poumons s'emplissent de l'air qu'ils respirent. Ils imitent spontanément, et leur plasticité est si grande que la société les forme à son image comme elle a formé leurs parents, leurs maîtres et leurs compagnons. Tout contribue à faire l'éducation sociale d'un enfant, tout ce qu'il voit, tout ce qu'il entend est suggestion plus ou moins puissante. Combien plus efficace doit être encore la suggestion continue et méthodique instituée par la société et qui a pour organes les maisons d'éducation de toutes sortes, de l'école maternelle à la caserne. La famille est le premier milieu où l'hérédité sociale exerce son influence ; l'école, l'atelier, le régiment, le bureau, le cercle, etc., ont eux aussi des traditions qu'il faut suivre sous peine d'excommunication. La tyrannie du passé s'exerce avec une telle violence sur certains esprits qu'ils n'osent jamais s'affranchir de préjugés qu'ils respectent comme des lois : tous, les morts nous gouvernent, comme l'a bien vu Auguste Comte ; leur empire sur nous est au moins aussi grand que celui des vivants, et l'on sait combien grand est celui-ci. La force de la tradition, de l'hérédité sociale est donc elle aussi conservatrice.

Nous avons énuméré les principales forces sociales correspondant à ce qu'on appelle les besoins matériels des êtres sociaux. Les faits de ce genre sont les mieux étudiés dans la sociologie actuelle, car depuis longtemps l'Economique traite de la plupart d'entre eux. Mais l'Economique n'est qu'une réalisation partielle et provisoire de la science sociale qui l'absorbera d'autant plus aisément que le départ des questions d'ordre scientifique et des questions d'ordre pratique aura été fait au préalable dans cette Economique dont on ne sait dire actuellement si elle est un art ou une science, précisément parce qu'elle est confusément l'un et l'autre.

Mais les faits pathologiques sont eux aussi, comme nous l'avons vu, des faits sociaux. Dans l'ordre de phénomènes qui nous occupe actuellement, les faits pathologiques sont ceux qui nuisent à la réalisation des fins sociales ayant elles-mêmes pour fin suprême la conservation de l'être social.

Il est des techniques instituées pour la ruine de la santé publique, par exemple la culture et la préparation des tabacs, la vente des alcools et de l'opium. Il est des établissements financiers qui compromettent le crédit public, diminuent par conséquent les ressources pécuniaires. Les Etats parfois font banqueroute ; la fraude, la contrebande, le braconnage, etc., les privent de légitimes revenus. La police et l'armée sont parfois détournées de leurs véritables fonctions ; la trahison est la compagne de l'espionnage comme la brutalité est la compagne ordinaire de l'exercice d'une force armée. La guerre est un fait pathologique de la plus haute importance ; elle cause un malaise social plus ou moins durable, elle trouble l'économie politique et domestique, favorise la dépopulation. D'autres causes de dépopulation sont l'infanticide et la prostitution, faits directement opposés à l'exercice normal de la fonction de reproduction.

Enfin dans la plupart des états modernes la rivalité de l'esprit conservateur et de l'esprit novateur (l'un enclin à figer la société dans les moules légués par le passé, l'autre enclin à négliger les traditions et à combattre l'influence naturelle de l'hérédité sociale), a entraîné un grand trouble de l'éducation et une rivalité correspondante des institutions sociales destinées à transmettre aux générations futures l'esprit et les acquisitions de la génération présente. L'unité nationale est mise en péril par cela même. On voit par ce simple aperçu, bien que généralement les faits socio-pathologiques ne résultent pas d'institutions stables, que toutefois il est des forces sociales qui jouent un rôle anormal et qui décèlent par cela même la puissance des facteurs de désintégration sociale et leur relative permanence. Ce sont des forces destructrices contre lesquelles doivent sans cesse lutter les forces conservatrices.

IV. *Forces intellectuelles et forces d'ordre émotionnel.*

Une société d'êtres intelligents a nécessairement une activité intellectuelle collective qui dérive de ses besoins de connaître et d'imaginer. La légende a dû exister dès que la parole a permis aux hommes d'exprimer leurs sentiments ; elle n'est jamais l'œuvre d'un individu ; plusieurs générations l'ont créée et elle est contée par des prêtres, des patriarches, des aèdes, des ménestrels, tous investis de la haute fonction sociale d'émouvoir les cœurs et de satisfaire les esprits en leur présentant non pas une œuvre d'imagination personnelle, mais l'œuvre de l'imagination sociale elle-même. Le peuple athénien crée des fêtes, des représentations théâtrales qu'il met à la charge de citoyens assez riches pour remplir la fonction publique d'organisateurs de ces réjouissances de l'esprit ; les peuples modernes ont, après les cours du moyen âge, les académies et les théâtres, le roman, le feuilleton du journal, les œuvres de littérature, de poésie, d'histoire, etc., en un mot la « librairie ». Toute une classe de citoyens, dont plusieurs rentés par l'Etat, est occupée à donner au peuple les satisfactions de l'esprit. A la curiosité publique de nos jours répond l'institution de la presse qui par ses publications, ses journaux, peut être considérée comme un sensorium de la collectivité et comme une force sociale dont les effets sont plus souvent nuisibles que bienfaisants et presque toujours considérables.

D'autre part des opinions se répandent qui peu à peu constituent le « jugement social », ce qu'on appelle le « bon sens », redoutable adversaire de l'originalité dans la pensée et parfois ennemi du vrai, puissance avec laquelle tout individu doit compter et qu'on n'ose guère combattre ouvertement, à moins d'avoir beaucoup de talent et de mépriser les succès éphémères. Toutefois l'opinion publique n'a pas d'institutions propres ; elle a successivement divers organes qui sont autant de forces éphémères.

Il n'en est pas de même de la connaissance sociale par excellence, la science : elle a des organes puissants adaptés à la découverte d'une vérité, qui est la vérité non seulement parce que théoriquement elle s'impose à toute pensée rationnelle, mais encore parce que pratiquement tous les êtres raisonnables s'accordent à lui donner leur adhésion. Les institutions d'ordre scientifique font la gloire d'un pays, d'une civilisation, tant est grande leur importance sociale : les blbliothèques, les laboratoires, les observatoires, sont les instruments sociaux dont font usage les « corps savants », les sociétés d'études, les individus enfin, que par un apprentissage particulier la collectivité a préparés à cette technique spéciale : la recherche scientifique.

Il est inutile d'insister longuement sur la puissance sociale de la science, de la poésie, de la littérature en général. M. Izoulet a surtout exalté cette dernière : « La littérature m'apparaît comme un immense réservoir de richesses psychiques qui n'a pas encore été exploré méthodiquement » (1) — « C'est dans l'âme des Dante, des Vinci, des Gœthe, des Shelley, etc. que l'on trouve concentrées et condensées les énergies pensantes et sentantes de notre espèce et il pourraient à bon droit dire d'eux mêmes... Nous sommes pareils à ces cristaux puissants où dort en Orient le pur esprit des roses mortes. Une seule goutte de leur essence suffit à parfumer bien des mesures d'eau claire » (Villiers de l'Isle-Adam). Ceux qui sont ainsi capables de répandre dans la vie sociale des idées navrantes ou consolantes ou réconfortantes, pernicieuses aussi malheureusement parfois, sont vraiment des forces sociales dont les effets, tantôt faibles, tantôt immenses, doivent toujours être considérés.

« L'imagination, faculté de l'idéal, est, dit M. Izoulet, la faculté maîtresse, la faculté toute puissante » (2). C'est peut-être exagérer un peu au point de vue social la puissance de l'imagination ; quand elle crée les fictions poétiques dont une race ne se lasse pas de goûter les charmes, quand elle crée les les Dieux d'une religion, elle est cependant une force que bien peu égalent. Mais parfois aussi elle crée des préjugés, des conceptions fausses au travers desquelles la vérité se réfracte, se fausse elle-même et se perd. Un peuple sans science serait peut-être plus faible qu'un peuple sans poésie. L'Amérique

(1) *La Cité moderne*, loc. cit.
(2) *Ibid.*

a-t-elle beaucoup de poésie ? N'a-t-elle pas surtout de la science et n'est ce pas en partie le secret de sa force ?

On doit convenir toutefois que l'imagination excite surtout les émotions collectives et que ces émotions elles aussi sont des forces sociales.

Elles sont, on le sait, au plus haut degré communicables. C'est qu'elles sont constituées en partie par des modes physiologiques qui sont à peu près les mêmes pour une race et qui se rattachent étroitement aux modes spécifiques de réactions adoptés par les ancêtres mêmes de l'homme. Aussi rien n'est-il plus agréable aux êtres, raisonnables ou non raisonnables, que d'éprouver du plaisir en commun, et la douleur dans l'isolement leur est-elle plus pénible que si elle est partagée. On comprend dès lors pourquoi, à tous les degrés de la civilisation, des fêtes, des cérémonies gaies ou tristes, sont instituées par la collectivité et prennent une importance considérable dans la vie sociale. « La cérémonie, dit Spencer. prend naissance dans la crainte » ; ceci peut être vrai de certaines cérémonies propitiatoires qui sont bien ultérieures dans l'évolution sociale aux cérémonies funèbres, indépendantes de toute idée religieuse et dont le mobile est relativement simple.

Mais les pratiques du culte divin, ou du culte des astres, ou de celui des héros, semblent être dérivées des fêtes et cérémonies primitives; et il est aisé de concevoir comment elles ont constitué une grande partie de la religion dans tous les pays et dans tous les temps, en s'unissant au sentiment religieux pour donner une impulsion aux tendances sociales vers les émotions collectives. Les religions, institutions dont l'importance n'a pas besoin d'être soulignée, correspondent ainsi aux exigences de la sensibilité sociale qui se précisant progressivement, est satisfaite au plus haut degré par tout ce qui est capable de procurer à la foule les émotions les plus complexes, à la fois psycho-physiologiques, religieuses et esthétiques.

Sans doute dans nos religions modernes, il entre des légendes, des traditions, des opinions philosophiques et morales, adoptées par le vulgaire et adaptées à la puissance intellectuelle du peuple ; mais les religions plus rudimentaires doivent beaucoup de leur puissance aux sentiments esthétiques spontanés, à l'amour, à la crainte, à d'autres sentiments encore, communs à tous les individus d'une même peuplade, d'un même pays, d'une même race. Les institutions religieuses telles que les confréries, les congrégations, les clergés, répondent à une autre fin sociale ; mais l'Eglise, réunion de fidèles aspirant à rendre universelles leurs croyances, à répandre autour d'eux leurs sentiments et leurs émotions, à faire partager leur amour et leur crainte, est une institution sociale qui surgit du cœur de la multitude et non de son esprit. Tant qu'elle reste d'accord avec les sentiments du peuple, elle est une des plus grandes forces de la Société. Les tendances artistiques ont à un moindre degré que les tendances religieuses le pouvoir de provoquer des institutions importantes et durables. Les ateliers où autour des maîtres de la première heure les maîtres de l'avenir goûtent le plaisir esthétique décuplé par la communication des émotions, les écoles de peinture, de sculpture, de musique, d'architecture, etc., n'ont généralement pas une longue existence. Telles seraient pourtant les institutions esthétiques par excellence : les musées, où la foule peut venir éprouver des émotions saines, mais où elle ne sent pas le souffle des artistes unis dans un élan commun vers le beau, ressemblent plutôt à des tombeaux qu'à des temples de l'art. Dans les temples de la religion, les institutions religieuses vivent et attirent vers elles les cœurs des fidèles ; de même il devrait exister des temples de l'art où les sentiments esthétiques collectifs seraient éveillés, où l'on sentirait une âme collective en quelque sorte entraînée vers le culte de la beauté. Moins éphémères que les sociétés artistiques sont les institutions qui ont pour objet le plaisir collectif, le jeu, le divertissement. Il est des sociétés de fêtes, des éta-

blissements de jeux, de distractions, des organisations sporti-
ves qui régulièrement offrent au besoin social de plaisir
éprouvé en commun une légitime satisfaction. A Rome les
jeux du cirque, en Grèce les jeux olympiques, étaient presque
aussi nécessaires au peuple que le pain, et l'Etat eût été plutôt
incriminé pour avoir manqué de donner au peuple ses distractions traditionnelles que pour n'avoir pas su prévenir une di-
sette.

Mais les faits socio-pathologiques sont ici aisés à confondre
avec les faits normaux. Que d'institutions ayant en apparence
pour fin simplement le plaisir, les jeux collectifs, sont en réalité des institutions de débauche, d'intempérance collective ;
Et combien relativement durables sont ces institutions (qui
satisfont des tendances perverties devenues, par suite de la
« contagion morale », celles de toute une classe de la société),
attestant ainsi par leur longévité l'importance des forces sociales qui les créent.

La communicabilité des émotions devient une cause de
troub social dans bien des circonstances : les paniques, les
enthousiasmes populaires qui atteignent jusqu'au délire, les
colères, les passions des foules sont des faits sociaux qui en-
travent l'exercice des fonctions normales, de même que les
explosions du fanatisme religieux, de la superstition, du mysticisme, toujours plus ou moins intimement uni à l'érotisme.
Ces phénomènes morbides n'ont généralement pas d'institutions qui leur correspondent, sauf le fanatisme religieux qui
a, par exemple, créé l'islamisme, cette redoutable puissance
à la fois politique et mystique si solidement organisée que la
civilisation européenne vient se briser contre elle sans pouvoir vraiment l'entamer.

Les croisades du moyen âge, par exemple celle des Albigeois,
les pèlerinages modernes, sont assurément des manifestations
morbides de forces sociales considérables qui produisent une
exaltation morbide, une explosion de sentiments mystiques

ou de superstitions assez puissantes pour transformer tous les individus d'un groupe social en impulsifs, en monomanes. Elles sont souvent accompagnés de troubles sociaux variés, au premier rang desquels on peut généralement placer des haines collectives, des persécutions, des faits d'intolérance, d'une part, et d'autre part un accroissement de la crédulité publique, une recrudescence du mysticisme et de la superstition.

IV. *La foule*

Un mot suffit d'ailleurs à évoquer la puissance des tendances, des passions, des émotions collectives, lorsqu'elles ne sont réfrenées par aucune autre force sociale. Il suffit de parler de la foule pour que dans l'esprit surgissent des souvenirs parfois horribles, comme lorsqu'on songe aux scènes de lynchage, ou des appréhensions bien justifiées par l'odieux caractère du monstre quand il est déchaîné. Il n'y a pas de force dans la nature plus malfaisante que cette masse malheureusement intelligente qui emploie son peu d'intelligence à concevoir les attentats les plus criminels, les bouleversements les plus absurdes, les actes les plus atroces.

La psychologie des foules a été faite d'une façon complète par M. Le Bon. Il distingue (1) les foules hétérogènes (foules anonymes des rues et foules non anonymes des jurys, des assemblées parlementaires), des foules homogènes (sectes, castes et classes). Il leur oppose la race, dont « l'âme domine entièrement l'âme de la foule, substratum puissant qui limite ses oscillations. Les caractères inférieurs des foules sont d'autant moins accentués que l'âme de la race est plus forte. » Celle-ci « représente l'état de civilisation, tandis que l'âme de la foule représente l'état de barbarie » ; mais au sein d'une

(1) Psychologie des foules.

civilisation donnée, la barbarie revêt une forme particulière,
ce qui fait des foules autant de forces différentes selon les races.
Qu'en conclure, sinon que tous les phénomènes sociaux produits par les foules sont des faits de régression à des degrés
divers ? On sait qu'une assemblée d'hommes présente une
intelligence et une valeur inférieures à l'intelligence et à la
valeur morale de la moyenne de ses membres pris un à un,
qu'au contraire le caractère morbide des passions de cette
assemblée est plus accentué que celui de la moyenne
de ses membres encore pris un à un. Il s'ensuit que toute
foule, toute assemblée non organisée, composée d'hommes
pris au hasard sans que chacun ait une aptitude particulière
et une fonction spéciale, vaut moins que le total de ses éléments pris séparément et additionnés, si l'on peut s'exprimer
ainsi ; que par conséquent les jurys des cours d'assises, les assemblées parlementaires et au plus haut degré les foules électorales opèrent une sorte de recul inévitable. Aussi le raisonnement a-t-il peu d'action sur les jurés, les mots sont-ils
tout pour les électeurs et les discussions électorales sont-elles
vaines, enfin les Assemblées parlementaires sont-elles entre
les mains de meneurs, « vrais maîtres d'une foule dont les
votes ne sont ainsi que ceux d'une petite minorité ».

M. Le Bon fait jouer le plus grand rôle à la suggestion dans
sa psychologie des foules. La suggestion suppose une crédulité extrème, une absence à peu près complète de sens critique, une nature très impressionnable, des tendances très
mobiles, une imagination vive, mais désordonnée. Tels sont
les principaux défauts des foules. « La foule n'est pas seulement impulsive et mobile, comme le sauvage elle n'admet pas
que quelque chose puisse s'interposer entre son désir et la
réalisation de son désir. Elle le comprend d'autant moins que
le nombre lui donne le sentiment d'une puissance irrésisti-
ble » (1) Mais c'est aussi le « monoïdéisme » ou la fixité de

____

(1) *Op. cit.* p. 26.

certaines idées, de certains sentiments qui fait de la foule
comme de certains hystériques des forces aveugles, incon-
scientes du danger, ignorant l'impossible. « La première suggestion formulée qui surgit s'impose immédiatement par contagion à tous les cerveaux, et aussitôt l'orientation s'établit ;
comme chez tous les êtres suggestionnés l'idée qui a envahi le
cerveau tend à se transformer en acte... Errant toujours sur
les limites de l'inconscient, subissant aisément toutes les suggestions, ayant la violence de sentiments propre aux êtres qui
ne peuvent faire appel aux influences de la raison, dépourvue
de tout esprit critique, la foule ne peut qu'être d'une crédulité
excessive. L'invraisemblable n'existe pas pour elle, et il faut
bien se le rappeler pour comprendre la facilité avec laquelle
se créent et se propagent les légendes et les récits les plus in-
vraisemblables (1).

C'est la « simplicité » et l'exagération des sentiments des
foules qui font que ces dernières ne connaissent ni le doute,
ni l'incertitude » (2). La psychologie montre en en effet l'influence du sentiment sur la croyance et l'influence de celle-ci
sur tous les jugements y compris ceux où l'affirmation s'accompagne de l'idée de certitude acquise. Mais la simplicité et l'exagération des sentiments sont caractéristiques
de l'enfance et de l'humanité primitive. On voit reparaître
dans la sensibilité des foules modernes cette force sociale
encore brute qui donne naissance à toutes les manifestations
religieuses, superstitieuses, politiques, des peuplades les plus
voisines par leur état mental de l'animalité ; qui se différencie ensuite en forces sociales intelligentes, scientifiques, artistiques, religieuses, etc. Faut-il dire que la foule revient à
l'état primitif ou bien faut-il croire qu'elle n'en est pas sortie ?
N'est-ce pas par absence de différenciation que sa sensibilité
est identique à celle de la peuplade primitive ?

S'il en était ainsi la foule serait un fait social morbide que

(1) *Op. cit.*, p. 28.
(2) *Ibid.*, p. 38.

l'on pourrait éliminer graduellement de l'existence normale ;
la force qu'elle constitue pourrait devenir une pluralité de forces dont le concours au lieu d'être généralement nuisible
serait bienfaisant et de la plus grande efficacité dans le devenir social. Une assemblée d'hommes instruits, ayant des sentiments élevés ne cessera pas sans doute d'être sujette à la
contagion morale et à cette neutralisation réciproque des
talents qui fait que l'esprit commun vaut moins que celui de
l'individu moyen : mais elle évitera vraisemblablement les
funestes explosions de la sensibilité sauvage, « l'exagération
et le simplisme des sentiments primitifs ». Les sectes, les assemblées politiques, les jurys ne sont pas toujours assimilables
à la foule : il est des sectes instruites, des assemblées politiques et des jurys de haute valeur intellectuelle et morale, dont
les caractères diffèrent totalement de ceux de la foule ignorante et portée à tous les excès. Leur méfiance est plus grande
que leur confiance à l'endroit de ceux qui prétendent les
« mener », leurs tendances sont relativement fixes, leur imagination si peu vive qu'on ne peut les émouvoir que par des
arguments. Plus elles sont d'ordre élevé au point de vue intellectuel et émotionnel, plus elles se montrent rebelles à la contagion morale, à la sympathie instinctive, plus aussi s'affirme
l'indépendance de leurs membres à l'égard de la collectivité :
l'accord résulte plutôt d'un pacte presque explicite que de
cette « solidarité mécanique », que M. Durkheim aperçoit
dans la société primitive.

La vraie foule est composée de gens qui ont entre eux de
profondes ressemblances, qui sont unis de la même façon par
un même esprit social encore non-différencié : elle appartient
à cette portion de l'humanité qui dans chaque peuple ne participe que de fort loin aux bienfaits de l'instruction, de la
science, des beaux-arts, de l'élévation intellectuelle. A mesure
que cette portion devient plus restreinte, l'ignorance et la superstition, la grossièreté et la brutalité disparaissent des ma-

nifestations collectives sauf dans certaines circonstances exceptionnelles.

On ne peut donc considérer comme un état normal et autrement que comme un état social transitoire celui où la force sociale qu'on appelle la foule exerce sa domination sur toutes les autres forces sociales. M. Le Bon nous paraît faire erreur, au point de vue historique comme au point de vue plus spécialement sociologique, quand il voit dans la puissance des foules une force sociale nouvelle et durable. Les sociétés, dit-il, « auront à compter avec une puissance nouvelle, *dernière souveraine* de l'âge moderne : la puissance des foules sur les ruines de tant d'idées, tenues pour vraies jadis et qui sont mortes aujourd'hui, de tant de pouvoirs que les révolutions ont successivement brisés, cette puissance est la seule qui se soit élevée et elle paraît devoir absorber bientôt les autres. Alors que toutes nos antiques croyances chancellent et disparaissent, que les vieilles colonnes des sociétés s'effondrent tour à tour, la puissance des foules est la seule force que rien ne menace et dont le prestige ne fera que grandir. L'âge où nous entrons sera véritablement l'ère des foules » (1).

Ce qui menace la foule à notre avis c'est sa nature même, c'est l'ancienneté de sa puissance Car au lieu d'être née d'hier elle est la force sociale des premiers temps de l'humanité ; si elle a reparu triomphante après avoir été longtemps comprimée, c'est que pendant les longs siècles de son oppression elle a grandi sans rien apprendre, sans se différencier, sans faire de progrès réels. Elle est restée ce qu'elle était au temps de son antique souveraineté : elle a eu la puissance de détruire ; elle est incapable de construire rien de durable, incapable de rebâtir l'édifice social qu'on avait eu le tort de construire presque uniquement pour la subjuguer. Pour être la force sociale de l'avenir, il faudra que la foule devienne peuple, que « les classes populaires deviennent classes dirigeantes » et que par conséquent la foule disparaisse avec ses caractères patho-

(1) *Loc. cit.*

logiques, opposés à toute organisation sociale permanente.

Mais tant qu'elle n'aura pas disparu, tant qu'il faudra compter avec elle, parce que surtout la plus grande partie des forces productrices et conservatrices de la société la constituent par intervalles, il faudra faire appel à des forces régulatrices antagonistes, pour diriger le devenir social et le maintenir dans une voie normale.

La base de toute société est constituée par des forces économiques qui sans des forces d'ordre émotionnel manqueraient de ressort et sans des forces d'ordre intellectuel manqueraient de lumière. Mais l'intelligence sociale n'est elle-même qu'un moyen et les tendances sociales, si elles posent des fins, ne les coordonnent pas en un système d'où les tendances morbides soient éliminées. La société doit donc avoir comme l'individu une volonté raisonnable qui choisisse les fins ou les moyens adaptés à la réalisation de ces fins.

V. *La volonté collective. Les forces directrices et régulatrices.*

Dans les formes primitives, la volonté sociale n'est pas plus déterminée que la sensibilité, l'intelligence, l'activité technique, commerciale, agricole, de la collectivité. Elle est même généralement confondue avec les tendances sociales et n'existe pas à proprement parler en tant que force régulatrice et directrice. L'activité collective est impulsive, instinctive, habituelle, mais n'est pas encore strictement volontaire.

Peu à peu cependant des chefs apparaissent, un gouvernement se constitue, une hiérarchie s'établit dans tous les groupes qui placent à leur tête le plus apte à les diriger et à leur imposer une loi commune considérée comme l'expression de la volonté générale puisqu'elle est celle de l'élu. Une différenciation ultérieure sans doute fait parfois considérer le chef

comme exprimant une volonté supérieure à la volonté sociale,
la volonté divine, devant laquelle tous doivent s'incliner s'ils
ne veulent pas attirer sur le groupe social qu'ils constituent
les représailles de la puissance invisible, terrible souveraine.
Les deux points de vue, celui d'après lequel le Gouvernement
tient son pouvoir d'un être suprême et ceiui qui le lui
fait tenir de la collectivité, se concilient parfois. Mais il arrive
souvent que le pouvoir institué par une décision collective et
une élection à laquelle prennent part tous les membres du
groupe, est opposé au pouvoir qui se réclame de la volonté
divine. En général, il existe un antagonisme, qui subsiste
longtemps plus ou moins apparent, entre la volonté collective, plutôt diffuse que nettement exprimée, et l'arbitraire
du souverain de fait qui édicte des prescriptions, fait les
lois explicites, tandis que la volonté collective ne crée que des
traditions, des mœurs, sans obligations ni sanctions précises.

Dès que la volonté collective parvient à s'exprimer d'une
façon précise elle exige du pouvoir politique effectif la reconnaissance de sa puissance, la sanction légale de ses décisions.
Alors un pouvoir législatif se distingue nettement du pouvoir
exécutif qui reste lui-même plus ou moins législateur, mais
tend cependant à perdre son caractère primitif de souverain,
pour prendre celui de ministre En même temps la scission
s'accentue entre le gouvernement de droit divin, entre le
représentant de la volonté sociale et le représentant de la
volonté divine. Le pouvoir religieux se distingue du pouvoir
législatif et du pouvoir exécutif.

Nous avons donc constaté jusqu'ici trois stades principaux
dans l'évolution des forces sociales de gouvernement : d'abord
le pouvoir législatif, le pouvoir exécutif et le pouvoir religieux
sont intimement unis comme par exemple de nos jours en
Russie ; ensuite le pouvoir religieux se sépare des deux autres
pour constituer une force sociale indépendante comme l'est
celle que personnifie le pape catholique dans l'Europe occi-

dentale ; enfin le pouvoir législatif constitue une force distincte qui cherche à assurer sa prédominance sur le pouvoir exécutif et entre en conflit avec la puissance religieuse quand celle-ci prétend exercer une autorité législative sur les consciences morales. Les différentes églises constituent des puissances régulatrices et directrices des forces d'ordre intellectuel et émotionnel dont nous avons reconnu l'existence dans la société ; elles aspirent même à diriger l'évolution des forces économiques ou du moins à régler les rapports de ces différentes forces. Mais l'antagonisme des diverses religions, la lutte engagée entre la science et la foi religieuse rendent moins efficaces les manifestations du pouvoir ecclésiastique qui n'en reste pas moins une des plus grandes forces sociales.

Une religion unique, visant simplement à la direction morale des esprits au nom des idées théologiques, pourrait apparaître comme une puissance régulatrice souveraine. Elle aurait sur la spéculation philosophique l'avantage de s'allier directement à des forces d'ordre émotionnel qui agissent parfois si énergiquement sur la foule. Mais ou bien elle serait dogmatique comme le catholicisme, ou bien elle reposerait comme le protestantisme sur le libre examen. Dans ce dernier cas elle perdrait vite son unité et présenterait l'aspect de forces multiples en lutte les unes avec les autres : elle renoncerait pour autant au gouvernement universel des consciences. Dans le premier cas, elle serait la plus formidable des forces despotiques et susciterait d'incessantes révoltes qui la débiliteraient, l'anéantiraient même bien vite.

Les gouvernements laïques peuvent ne pas emprunter à la puissance religieuse une partie de leur force ; ils doivent dans tous les cas, en s'en distinguant, tenir compte de l'efficacité sociale des idées et des sentiments religieux. Car en dehors de l'attrait du mysticisme et des effets de la crainte, la religion emprunte la plus grande partie de sa force aux idées morales, aux sentiments moraux.

La force morale est la force suprême devant laquelle Dieu lui-même, en admettant qu'il fût surtout une force physique et intellectuelle, devrait s'incliner. Il n'est pas de chef d'Eglise, pas de gouvernement qui puisse lutter longtemps contre la puissance des idées et sentiments d'ordre purement éthique. Le respect pour la loi morale si bien analysé par Kant, si vivement mis en lumière par sa Critique de la raison pratique, dénote l'existence de cette force suprême ; les exemples, si fréquents et si honorables pour l'humanité, de résistance à toutes les puissances effectives de la société et même de la nature, par pure obéissance au devoir, viennent la confirmer. La suprématie de la force morale vient de son universalité.

La volonté collective d'êtres raisonnables ne peut qu'être morale ou immorale, conforme ou contraire à la dignité humaine. Or la dignité de l'homme lui vient d'abord de sa nature raisonnable : il voit le nécessaire dans la pratique comme dans la spéculation, il connaît le devoir en général comme la loi en général. Ainsi que tous les êtres de même nature présentent nécessairement les mêmes effets pour les mêmes causes, ainsi tous les êtres raisonnables doivent dans les mêmes circonstances agir de la même façon. Il n'est pas nécessaire toutefois qu'ils se trouvent tous placés dans les mêmes circonstances pour que le devoir apparaisse ; il suffit que l'un d'eux suppose que tous les autres sont dans le même cas que lui, qu'il considère ce que tous seraient amenés à faire par la simple puissance de la raison et qu'il agisse comme tous agiraient. En d'autres termes il faut que l'individu dans sa conduite morale agisse selon les prescriptions qui lui viendraient de la « Conscience sociale » si elle était appelée à se prononcer ; il faut qu'il évoque cette conscience collective idéale des êtres rationnels, qu'il édicte *au nom de tous les êtres raisonnables* la loi même de son action. Il y a donc simplement cette différence entre la loi du devoir et la loi civile, que la première ne peut être fixée que par une volonté sociale parfaite, parvenue au degré

suprême de « rationalité », tandis que la loi civile est fixée
par une volonté sociale très instable, en voie de devenir, de
progrès ou de décadence. Mais l'une et l'autre loi sont également
sociales par nature ; la première est l'idéal dont la seconde doit tendre sans cesse à se rapprocher. C'est assez dire
que la société a sans cesse des préoccupations morales, des
besoins moraux auxquels doivent correspondre des institutions
et des fonctions qui ont dès lors une force morale.

Les lois civiles par excellence sont celles qui consacrent
les droits moraux des citoyens et des collectivités, celles qui
garantissent le respect des *personnes* en elles-mêmes et dans
leurs biens (propriété matérielle, industrielle, artistique, intellectuelle, morale). L'institution de la propriété sous toutes
ses formes n'est autre chose que la reconnaissance des droits
que chaque homme tient de l'accomplissement de ses devoirs.
L'acquisition de ressources pécuniaires, de ressources intellectuelles, de la valeur et de l'honneur, sont des devoirs ; leur
possession est un droit ainsi que celle des instruments indispensables à cette acquisition. Que la propriété soit individuelle
ou collective, peu importe en définitive : les biens individuels
(science ou richesse, valeur quelconque) sont acquis grâce au
concours social, à des instruments d'origine sociale, inventés
et perfectionnés par les générations antérieures ; la propriété
littéraire est la propriété d'idées communes mises sous une
forme particulière ; l'honneur individuel est inséparable de
l'honneur collectif des différents groupes auxquels on appartient ; la terre que l'on cultive a été mise en valeur par l'effort
continu des générations passées ; la société est co-propriétaire
de la maison que l'on habite comme de l'atelier où l'on travaille, car l'apport social gratuit est en toutes circonstances
au moins aussi grand que l'apport individuel ou l'apport d'autrui rétribué. L'attribution à chacun d'une part de la richesse
collective, du droit collectif, est logique puisque la collectivité
n'existe que par les individus ; elle est morale, car elle marque

nettement le respect de tous pour l'individu moral qui n'est pas seulement un moyen, mais encore et surtout une fin.

Toutefois l'individu n'est pratiquement une fin morale pour les autres hommes qu'en tant qu'être social et il n'est vraiment tel qu'en tant qu'il remplit une fonction sociale. Sa dignité vient d'abord de la dignité commune à tous les êtres raisonnables, mais ensuite du rôle qu'il joue dans le système social. Comme dans un organisme où tout est réciproquement fin et moyen, dans l'organisation sociale tout individu est moyen et fin, et il a des devoirs et des droits en conséquence ; ses devoirs fondent ses droits ; s'il revendique des droits, il peut donc être contraint à remplir ses devoirs par une force sociale qui est en même temps morale. Cette force est celle de l'Etat ou de la foule. En effet, pour contraindre le citoyen à l'accomplissement de ses devoirs la société use de son droit de punir, de sa force coercitive distincte de la force gouvernementale ; aux sanctions précises s'ajoutent des sanctions moins définies auxquels correspondent les mœurs et les institutions de « politesse » dans la plus haute acception de ce dernier mot. Les actes de politesse sont souvent le prélude des actes de moralité, et bien souvent on fait par politesse ce qu'on ne ferait pas par respect de la personne morale ; la bienséance autant que la moralité préservent des attentats à la pudeur, à la réputation, à la liberté d'autrui. Les mœurs publiques font plus pour la moralité de bien des gens que les préceptes de la morale proprement dite. Le culte des morts, par exemple, est bien plus affaire de mode et de mœurs que de réflexion et de volonté morales ; il en est de même du respect des vieillards, des parents, de ceux qui dans la collectivité représentent la loi ou la vertu : tous ces actes ou sentiments montrent une force coercitive non encore différenciée de la force sociale diffuse. Mais la vraie moralité aussi bien dans les collectivités que chez les individus est fille de la volonté rationnelle et réfléchie ; c'est dire que son apparition est tardive dans l'évolution des peuples. Plus la civilisation est avancée et plus on voit le gouvernement respectueux de l'individu, personne morale, et plus la liberté individuelle croît, contrairement à ce que prétendent les métaphysiciens qui font débuter la vie sociale par l'exercice d'une liberté individuelle illimitée. Plus nous avançons dans la voie de la moralité, plus les êtres ou formes sociales, de quelque degré qu'elles soient, les plus simples comme les plus complexes, précisément parce qu'elles ont leur raison d'être (ou sont présumées l'avoir) dans le système rationnel qu'est la société, sont l'objet de la considération de tous. Or la meilleure façon de marquer son respect pour un être moral c'est de le considérer comme capable de se diriger lui-même, c'est de lui laisser le plus possible d'autonomie, c'est de lui accorder la disposition du plus grand nombre possible de moyens, de ressources, c'est en résumé d'en faire un être libre.

Aussi, avant de condamner un agent moral, quelles précautions ne prend-on pas, pour ne pas porter atteinte à son droit d'agent libre, à son droit d'interprétation de la loi morale, toujours supérieure à la loi civile. S'il s'est trompé, il appartient à de plus sages de le lui dire et de lui demander de réparer son erreur ; s'il a été de mauvaise foi combien plus grave est son crime. C'est pourquoi le pouvoir judiciaire se sépare du pouvoir exécutif. Celui-ci en effet serait susceptible de partialité, toutes les fois qu'une dérogation serait faite par un individu bien intentionné aux prescriptions gouvernementales, présentées comme des interprétations de la loi morale. La force judiciaire indépendante du pouvoir législatif et du pouvoir exécutif, maîtresse d'un pouvoir coercitif, assure à l'individu la protection de la force morale contre l'arbitraire populaire ou gouvernemental.

D'ailleurs comme il vaut mieux prévenir qu'avoir à punir, la Société joint à un pouvoir judiciaire un pouvoir éducatif. Ce n'est pas seulement du besoin de perpétuer les formes sociales par l'hérédité collective qu'est née l'éducation. C'est encore du besoin de suggérer sans cesse aux individus le respect des personnes et de leurs droits, de la loi morale, de tous ceux qui ont une haute valeur sociale précisément à cause de leur force moralisatrice, directrice, régulatrice.

Le pouvoir législatif, le pouvoir exécutif, le pouvoir judiciaire, le pouvoir éducatif, appartiennent non seulement à l'Etat mais encore à toute collectivité naturelle, rationnellement constituée, à ceux qui dans la cité, la corporation, l'association, l'école, la famille, ont une autorité morale comme représentants de la loi du devoir. Mais dans la famille, dans l'école, dans tout groupement restreint, ces différents pouvoirs sont d'ordinaire concentrés dans une même personne qui les exerce successivement ou simultanément. Cette personne, le chef de la famille, le supérieur de la congrégation, est alors une force sociale redoutable dans sa sphère restreinte : il est bon de prévenir les excès qui naîtraient fatalement chez certains individus de l'exercice d'un pouvoir illimité sur les enfants ou sur les membres de la congrégation. Une force sociale supérieure doit toujours être prête à contrôler et au besoin empêcher les actes accomplis par le père ou le chef en vertu de son pouvoir. On sait qu'à Rome la puissance du père de famille était exorbitante, qu'elle faisait de lui une force sociale monstrueuse à certains égards.

Le pouvoir de l'Etat est limitatif du pouvoir des individus, en droit, parce que l'Etat représente une volonté plus proche de la volonté universelle et constitue par conséquent une force morale supérieure ; en fait, parce que la force sociale de l'individu est née, comme nous l'avons montré à bien des points de vue, de la différenciation des forces sociales collectives. C'est pourquoi l'Etat intervient comme force arbitrale et régulatrice dans tous les cas de conflit, d'oppression illégitime d'une force sociale par une autre. Il règle les droits de la femme, de l'enfant, du mineur, de l'infirme, du travailleur, du pauvre,de tous ceux en résumé qui peuvent être en butte aux exigences immorales de plus forts qu'eux.

En tant que tuteur souverain des enfants de la nation tout entière, il a le devoir de diriger leur éducation, de les préserver contre les entreprises immorales de gens qui, sous prétexte d'enseignement, cherchent à perpétuer des formes sociales condamnées par la morale ou des luttes politiques nuisibles à la collectivité. En tant que tuteur souverain de tous les opprimés, il intervient dans les conflits entre le capital et le travail, entre les puissants et les faibles pour faire pencher la balance en faveur de ceux qui ont le droit sans avoir la force.

Mais son rôle ne se borne pas là. Comme l'esprit individuel, la pensée humaine en général est architectonique, la volonté sociale comme la volonté individuelle doit être une puissance constructive, une force organisatrice. Nous devons maintenant examiner comment cette dernière force s'exerce dans le régime démocratique.

CHAPITRE III

L'ORGANISATION ÉCONOMIQUE

I. *La hiérarchie sociale.*

De toutes les « questions sociales » posées de nos jours, les plus pressantes, celles dont la solution est instamment réclamée par le peuple, sont assurément des questions d'ordre économique. Nous devons donc rechercher quelles sont les réformes compatibles avec l'idéal démocratique.

Au premier abord les doctrines collectivistes semblent les plus propres à nous fournir un programme de réformes démocratiques. Elles s'inspirent d'un vif amour de l'égalité et de la justice : c'est au nom de la justice qu'elles réclament la suppression du capital, la « nationalisation » des moyens de production, la diminution de la durée du travail, la répartition de ce travail entre tous les citoyens de façon à supprimer les classes oisives, la rente et le fermage. « Le socialisme, dit un de ses adversaires, s'est annoncé partout comme un système égalitaire, ennemi de toute hiérarchie, ennemi des droits de la capacité personnelle (1) ».

Il est superflu de réfuter ici les doctrines qui admettent, comme fin politique, l'égalité absolue. La justice ne nous oblige pas en effet à reconnaître à tous les hommes sans dis-

____

(1) Richard, *Socialisme et science sociale*, p. 31.

tinction des droits égaux ; les droits sont fondés sur les devoirs, et de l'inégalité des devoirs, de la diversité des fonctions et de leur importance variable, dérive l'inégalité des droits. La justice veut que les droits soient proportionnels aux devoirs, que la fonction qu'on est capable de remplir entraîne un droit à la remplir et la possession des moyens indispensables pour la bien remplir.

Le socialisme niveleur est l'antagoniste de la vraie démocratie qui, comme nous l'avons vu, ne peut favoriser la médiocrité, rabaisser l'élite et avoir des préoccupations égalitaires sans se condamner à la ruine, sans justifier les critiques les plus vives de ses adversaires. Une démocratie doit admettre la hiérarchie des talents, doit établir la hiérarchie des fonctions en correspondance à celle des talents ; ce qui ne l'empêche pas de reconnaître un mérite égal à tous ceux qui dans les fonctions les plus humbles comme dans les plus élevées remplissent bien tous leurs devoirs. Mais de l'inégalité des devoirs résulte l'inégalité dans la possession, dans les biens, dans les moyens d'action. Il n'y a que justice à ce qu'un homme de grand talent ait, dans la hiérarchie sociale, un rang plus relevé que celui d'un imbécile qui ne sait rien faire sans être placé sous la direction d'autrui.

La justice sociale doit, avant tout, tenir compte de la division du travail social ; elle prescrit que les fonctions soient attribuées selon les aptitudes, le degré d'intelligence et le talent, et que le travail soit rémunéré non seulement d'après la quantité, mais aussi d'après la qualité et l'importance des produits pour la vie sociale. On peut avoir le même mérite moral sans avoir la même valeur économique, sans avoir le même prix pour la société à laquelle tous rendent des services, mais des services différents. Celui qui fait l'effort le plus intelligent pour remplir sa fonction sociale mérite au plus haut degré le bien-être. D'autre part, ceux qui occupent les fonctions les plus rétribuées sont aussi ceux qui ont le plus de besoins : le médecin a besoin de livres pour s'instruire toujours davantage, le savant peut avoir besoin de voyager, etc. ; les inégalités de traitement sont donc légitimes.

Enfin, il est contraire à la division même du travail social, et par conséquent au principe de la dignité humaine, (inséparable de cette répartition des fonctions, puisque c'est le rôle joué par un homme dans la société qui fait sa valeur, sa dignité), que tous soient appelés à remplir successivement le même emploi ; comme si le mécanicien pouvait, du jour au lendemain, devenir laboureur ou le savant devenir commerçant. Si donc, ainsi que le prétend M. Richard dans son essai de critique du socialisme, celui-ci est, en définitive, en opposition avec la loi de la division du travail social, il est en opposition aussi avec les aspirations démocratiques. S'il fait de l'individu un rouage anonyme dans la machine sociale, s'il tend à rétablir la tyrannie de la collectivité sur la personnalité morale, il est, comme on l'a souvent dit dans ces dernières années, une doctrine de réaction par rapport à l'idéal démocratique.

Toutefois les problèmes qu'il pose au sujet des rapports du capital et du travail sont des problèmes bien réels et certains désirs de la classe ouvrière, dont les écrivains socialistes se sont faits les interprètes, sont des désirs légitimes. Comme le disait dans un ouvrage récent un lauréat du Musée Social, M. Coutarel (1), « la révolution dans l'outillage industriel a produit un changement considérable dans la société. Sur les ruines des anciennes conditions du travail, il s'est fondé un monde nouveau »... Si le bien-être général s'est accru, « l'organisation nouvelle du travail a jeté une perturbation profonde dans le monde des travailleurs. Un afflux de richesses s'est concentré entre les mains des patrons et des actionnaires ils ont amassé presque sans effort par la seule puissance du

(1) *Le participationnisme*, Giard et Brière, 1898.

capital des fortunes considérables. Les travailleurs, au contraire, dont les sueurs ont formé ce Pactole, n'ont eu qu'une faible part dans la répartition des richesses produites par leur concours, continuent à vivre dans la misère, achètent au prix de dix et souvent même de douze heures de travail un salaire à peine suffisant pour leur propre subsistance, heureux si le chômage ne les réduit pas à manquer du nécessaire et à grossir l'armée des sans-travail ; et quand vient la vieillesse, ils sont souvent condamnés à la mendicité ou au suicide (1) ».

Cet exposé de la situation respective des patrons ou capitalistes et des ouvriers est en même temps une position des problèmes sociaux à résoudre de la façon la plus équitable : 1º le problème des rapports entre le bénéfice réalisé par le patron, grâce aux dix ou douze heures de travail des ouvriers, et le salaire payé à ces ouvriers pour les mêmes heures de travail; 2º le problème de l'assistance des ouvriers dans le chômage, la maladie ou la vieillesse. Le premier relève de la justice sociale, le second de la charité sociale.

Parce qu'ils n'ont pas reçu une solution satisfaisante, comme le dit M. Coutarel, « le socialisme conquiert de nouveaux partisans jusque dans les populations agricoles et les prolétaires de toutes les nations qui, ligués par la communauté des intérêts, ont déclaré une guerre sans trêve ni merci à la classe capitaliste ».

II. *Le salariat.*

La démocratie ne saurait exister de fait tant que subsistera une telle lutte de classes. La démocratie n'admet pas de castes, pas de distinctions entre citoyens au point de vue politi-

____

(1) *Op. cit.*, p. 10.

que proprement dit, pas de privilèges même au point de vue
du nom que l'on porte et qui par l'addition de certaines par-
ticules et de certains titres rappellerait l'état seigneurial ;
elle ne saurait admettre qu'une classe capitaliste, une classe
bourgeoise et une classe ouvrière s'opposent l'une à l'autre
dans le même Etat. La législation, le Gouvernement doivent
donc intervenir « pour empêcher une lutte fratricide et rétablir la concorde entre patrons et ouvriers ». Des gouvernements monarchiques et aristocratiques sont déjà « entrés
résolument dans la voie des réformes ouvrières. En Allemagne,
où l'initiative privée se montrait peu portée aux élans généreux,
la réglementation du travail a donné lieu à de nombreuses
dispositions législatives sur les corporations, sur l'apprentissage, sur les fédérations de corporations ; le contrat de travail
y est soumis à des clauses obligatoires concernant le repos
dominical, les certificats d'ouvriers, le paiement des salaires,
les mesures d'hygiène, de sécurité et de moralité, l'assurance
contre les accidents, contre la maladie, contre l'invalidité et
la vieillesse ; et en cas de litige entre le travail et le capital,
les contractants sont soumis à des juridictions spéciales, tribunaux d'arbitres institués par les corporations pour les
métiers, et tribunaux industriels créés par la loi pour la
grande industrie (1) ». En Angleterre, un minimum de salaire
et un maximum d'heures de travail ont été fixés par décisions
gouvernementales ou administratives dans diverses industries. Comment la démocratie ne devrait-elle pas aller beaucoup plus avant dans cette voie ? Le régime économique du
laisser faire et du laisser passer est un régime immoral qui
rappelle « l'impassibilité de la nature » en présence des
résultats souvent odieux de la lutte pour la vie et de la sélection naturelle par le triomphe du plus apte. Sans tomber
dans « la réglementation outrancière et oppressive du collec-

---

(1) Coutarel, *op. cit.*, p. 13-14. Cf. Pyfferoen, *La crise de la petite bourgeoisie.*

tivisme », l'Etat doit intervenir pour émanciper le travailleur, prévenir ces « drames terribles, ces épouvantables suicides de familles entières, demandant à un réchaud leur délivrance et se jetant dans la mort pour échapper à la misère », aux multiples souffrances imputables, dit-on, au salariat.

L'institution du salariat accueillie avec enthousiasme par les serfs libérés, comme organisation du « travail libre », respecte-t-elle en fait les droits de la personne humaine qu'une démocratie doit sauvegarder ? En droit, le salaire résulte d'un contrat libre ; en fait, l'ouvrier est généralement contraint d'accepter les conditions auxquelles un patron consent à l'employer, conditions qui seraient toutes différentes si des besoins pressants, des considérations d'ordre matériel surtout, n'empêchaient à l'avance toute discussion entre le patron et l'ouvrier. Si celui-ci refuse les offres qu'on lui fait, il voit bien qu'il ne sera soutenu par personne, qu'il ne trouvera guère de meilleures conditions auprès d'un autre patron et qu'il « mourra de faim avec sa famille » s'il tient trop à conserver sa dignité d'homme libre. Mais il voit bien aussi que le bénéfice qu'il procure à son patron est de beaucoup supérieur au salaire qu'il reçoit : il voit augmenter le prix des marchandises qu'il fabrique tandis que son salaire baisse, sans que les frais généraux se soient accrus ; il en conclut avec Karl Marx que c'est son « surtravail » qui procure tant de bénéfices à son patron, qui crée le capital. De là à dire que le capital est le produit d'un vol, d'une indigne exploitation de l'énergie humaine, il n'y a qu'un pas : les doctrinaires socialistes l'on souvent fait après Fourier.

Il est hors de doute qu'en stricte justice la durée de travail des ouvriers devait diminuer, ou leur salaire augmenter, à mesure que les progrès scientifiques et industriels perfectionnaient les machines, décuplaient la puissance du travailleur et la production. Or, si le prix des marchandises manufacturées s'est notoirement abaissé et si le consommateur a surtout bénéficié des facilités nouvelles de production, il n'en est pas moins constant que le bénéfice des entrepreneurs habiles reste hors de proportion avec le salaire payé aux ouvriers. Ceux-ci d'autre part ont vu s'accroître les frais d'entretien de leur propre ménage ; ils ont suivi le reste de la société dans son évolution économique vers une consommation toujours plus onéreuse : ils ont sans doute vu s'accroître en général leur salaire, mais peut-être pas cependant dans une proportion convenable.

III. *Le participationnisme.*

Le remède proposé par M. Coutarel n'est pas la suppression du capital, ni même la réglementation de la durée et des conditions du travail, mais la participation aux bénéfices ; car en face du capital-argent se pose le capital-travail ; l'un et l'autre apportent des facultés (dans le sens le plus fort du mot) indispensables au succès d'une entreprise. Sur le principe du participationnisme reposent diverses formes d'institutions ouvrières de prévoyance, de solidarité, d'éducation. Une partie des bénéfices sert à entretenir des caisses de secours en cas de maladies, de retraites pour la vieillesse, d'éducation et d'instruction pour les enfants et les jeunes gens. M. Coutarel n'admet pas que la participation aux bénéfices soit une faveur accordée par le patron à ses ouvriers : c'est une institution de pure justice reposant sur le principe si strict qui a pour formule « Suum cuique ». Le régime participationniste pourrait donc être rendu obligatoire par la loi.

Il a déjà été admis par de nombreux patrons, qui ont trouvé dans l'attachement de leurs ouvriers à l'œuvre devenue commune, une large compensation aux sacrifices consentis par eux pour réaliser l'idéal de justice. Il y a deux ans, on comptait 508 grandes entreprises dans lesquelles la participation aux bénéfices était admise : 356 étaient françaises, 17 suisses, 8 italiennes, 7 hollandaises ; en Alsace 5,300 travailleurs, en Angleterre 50.000, aux Etats-Unis 10.000, profitaient du même avantage. Dans la Grande-Bretagne, où le métayage, qui en France est une forme déjà ancienne et très répandue de participation, n'est pas admis, dix grands propriétaires ont intéressé les ouvriers agricoles à leur entreprise.

La valeur théorique de ce système est indiscutable. On pourrait même le renforcer encore en opposant au capital-argent non seulement le capital-travail, mais un troisième capital dont M. Tarde a montré l'importance primordiale : le capital-invention. Les inventions sont la propriété de tous ; elles s'incorporent en des outils, des machines, et sont par là même des facteurs de bénéfices : à mesure que les inventions plus nombreuses rendent le succès industriel plus certain, plus aisé à prévoir, la part de bénéfices due à la direction pour son intelligence et au capital pour les risques courus dans l'entreprise va diminuant, tandis que les accidents auxquels les ouvriers sont exposés de plus en plus à cause de la complexité des mécanismes, en rendant les risques du travailleur plus grands, appellent pour lui une part de bénéfices plus considérable. Il n'est pas juste que les capitalistes seuls bénéficient des inventions qui sont la propriété de tous : la participation aux bénéfices remédie à l'injustice sur ce point comme sur les autres.

Mais le remède est-t-il d'une application générale aisée ? Dans l'état actuel du participationnisme nous voyons autant de systèmes de répartition des bénéfices qu'il y a d'entreprises admettant le principe : « le plus rationnel, avons-nous dit ailleurs (1), semble être celui qui déduisant l'intérêt du capital-argent et celui du capital-travail, réserve ensuite une part pour les œuvres de prévoyance, de retraite, d'éducation et

____

(1) *Revue internationale de sociologie*, 1898, p. 673.

prend surtout pour fin la transformation progressive des maisons patronales en sociétés coopératives de production.

IV. *La coopération.*

Ces sociétés en effet ont l'avantage d'éviter les discussions incessantes entre patrons et ouvriers sur la question du « pourcentage » dans le partage des bénéfices, le capitaliste estimant toujours que le revenu de son capital n'est pas suffisant, tandis que l'ouvrier le trouve toujours trop grand. Mais les sociétés coopératives de production sont-elles aisément réalisables ?

Il existe en France et à l'étranger de nombreuses sociétés coopératives de consommation, assez mal nommées d'ailleurs puisqu'on n'y *coopère* pas au sens ordinaire du mot. Elles rendent les plus grands services à la classe ouvrière ; elles achètent au plus bas prix possible les marchandises de bonne qualité, les transmettent à leurs membres avec une surélévation de prix qui correspond juste aux frais généraux et à un prélèvement effectué pour le fonds de réserve et pour parer aux pertes accidentelles. Sans doute elles ont été vivement combattues à cause de leurs imperfections inévitables et de la concurrence qu'elles font aux petits commerçants. « Le 21 décembre 1896, une pétition signée par 7.000 commerçants gantois était soumise par un groupe de manifestants de 400 personnes au gouverneur de la Flandre orientale. Elle demandait que le gouvernement prît l'initiative d'une loi limitant l'action des coopératives (1) ». C'était le commencement d'une agitation des bourgeois belges contre les coopératives ouvrières. M. Pyfferoen, qui s'est constitué l'avocat de la petite bourgeoisie de son pays, énumère à ce sujet les inconvénients des

(1) Pyfferoen. *Les Coopératives en Belgique.* (Extrait de la *Réforme sociale,* 1899).

associations de consommation : elles auraient, contrairement
à ce que l'on pense généralement, des frais généraux énormes
à supporter, si du moins elles veulent avoir une bonne administration, première condition du succès ; elles risquent de
fournir des marchandises de qualité inférieure ; « les coopératives sont en réalité des patrons... et il faut les ranger souvent dans la catégorie des mauvais patrons... une tyrannie de
fer, une brutalité révoltante règnent parfois dans les ateliers » ;
loin de pousser à l'épargne elles poussent à la consommation ;
loin d'éviter la fraude, souvent elles la facilitent et la commet-
tent ; enfin et surtout, en ruinant le petit commerce, elles ruinent des modes d'organisation économique qui avaient une
valeur morale ; car 1° « le commerce de détail ne détruit pas
la famille ; c'est la famille toute entière qui y prend part ; tous
ses membres y trouvent leur place et peuvent se rendre utiles...
il n'y a pas de tâche plus naturelle et plus moralisante » ; et
2° les professions exercées par la petite bourgeoisie développent « l'esprit d'entreprise et l'énergie persévérante ».

Ce sont là des inconvénients réels et impartialement relatés ;
mais ne peut-on pas d'abord les atténuer, ensuite leur opposer
des avantages qui les feront bien vite oublier. Si les associations de consommation ruinent l'esprit d'entreprise qui est
l'âme du petit commerce, si elles suppriment des intermédiaires dont souvent la seule raison d'être est la paresse, la non-
chalance des consommateurs, ne développent-elles pas avec
l'altruisme le désir de *coopérer* au bonheur matériel de tous en
travaillant à la prospérité de sa famille. Le développement de
l'esprit de famille chez le petit commerçant est souvent enrayé,
contrairement aux assertions de MM. Goddyn et Pyfferoen (1),
par des préoccupations d'ordre pécuniaire ; en admettant
même qu'il soit encouragé par le désir commun d'assurer la
bonne gestion des affaires, ne le sera-t-il pas sur une plus

____

(1) Goddyn. *Le mouvement corporatif.* Gand 1896. — Pyfferoen, *op. cit*
p. 11.

vaste étendue quand un grand nombre de familles groupées auront à veiller sur des intérêts économiques communs, quand chacune d'elles sera devenue en partie « petit commerçant ».

N'insistons donc pas sur la valeur démocratique et morale des associations de consommation. Si elles améliorent la situation des ouvriers, elles sont cependant beaucoup moins efficaces que les associations de production, les vraies sociétés coopératives.

« Les coopératives de production, dit M. Pyfferoen, n'effraient guère la majorité des commerçants et industriels parce qu'elles sont moins nombreuses et que de l'avis des économistes eux-mêmes elles ont beaucoup moins de chances de réussir..... Cependant il s'est constitué en Angleterre de véritables sociétés de production qui ont menacé la grande industrie. » Il est assurément des professions qui résisteront sans difficulté à la concurrence des coopératives. Ce sont celles où l'individualisme reste la condition prédominante du succès, où la direction d'un patron indépendant et directement intéressé, zélé et actif, spécialement compétent, est nécessaire pour la prospérité des affaires » (1).

On rencontre en effet trop souvent à la tête des sociétés industrielles des gens incapables ou trop préoccupés de la recherche de leurs intérêts personnels, de leur satisfaction au détriment des intérêts communs, pour que le succès de l'entreprise ne soit pas compromis à brève échéance. Comment s'assurer le dévouement, la probité, l'habileté indispensables ? Comment suppléer à cet aiguillon du bénéfice qui stimule l'homme agissant pour son propre compte ? Cela semble impossible ; et malgré le concours de l'Etat, concours qui serait, en général, une injustice, les sociétés coopératives de production, semblent en effet, destinées à succomber dans la concurrence économique que leur feront toujours des sociétés à

_____

(1) Pyfferoen, *op. cit.*, p. 5.

Duprat 14

base capitaliste, à moins que leur administration, la gestion de leurs intérêts, soit si simple que leur fonctionnement soit presque automatique.

Il n'en serait plus de même cependant si l'association au lieu d'être purement ouvrière était mixte et si le capital-argent nécessaire à l'entreprise était fourni par une partie du Conseil d'administration (composé aussi de représentants du capital-travail), le tout étant placé sous la direction du principal intéressé. L'union du capital et du travail sous une telle forme serait vraiment féconde. Pour qu'elle soit possible, il faudrait que les travailleurs eussent une organisation préalable,leur permettant d'opposer à la force sociale représentée par un capitaliste ou par un groupe de capitalistes une force sociale au moins équivalente.

V. *Les Trade-Unions.*

Faut-il donc encourager la création d'une organisation des travailleurs analogue à celle des Trade-Unions en Angleterre? Nous avons sous les yeux les statistiques comparatives établies par le « Board of Trade » (1). Les maçons, les mineurs, les ouvriers métallurgiques, les tisserands, les ouvriers des chemins de fer, les ouvriers agricoles, les imprimeurs, les verriers, les employés publics, etc., forment autant d'associations distinctes comprenant jusqu'à 300.000 membres et comptant dans l'ensemble 1.609.909 adhérents, en 1897. S'il y en a qui comptent moins de cent membres : (464 sur 1287), il y en a vingt qui ont plus de 20,000 adhérents et cinq qui en ont 50.000. A côté figurent 139 associations féminines qui comptent 119.775 ouvrières de toutes sortes de métiers, réparties elles aussi selon leurs fonctions.

(1) Report by the Chief Labour Correspondant of the Board of Trade on Trade Unions in 1898.

Les Trade-Unions forment trente-huit fédérations ; qu'il faut distinguer des cinq grandes fédérations de Trades Councils « qui sont des corps purement consultatifs sans aucun pouvoir pour diriger l'action des Unions qui y sont représentées ; mais qui leur adressent de fréquents appels en vue de l'assistance à prêter aux unions engagées dans des grèves ou des disputes ouvrières. Ils cherchent à introduire des représentants du travail dans les organes du gouvernement local ou dans le Parlement » (1). Bref, ce sont des institutions ayant plutôt une fonction régulatrice qu'une fonction directrice, chargées plutôt d'unir en vue de la centralisation générale que de diriger. Il n'en est pas de même des « Federations of Trade Unions» qui « possèdent chacune certains pouvoirs sur les sociétés affiliées et n'ont pas simplement un caractère consultatif. Certaines possèdent la plupart des pouvoirs des trade-unions organisées en vue d'un genre de travail seulement ; d'autres ont pour objet le règlement des rapports mutuels d'unions se rapportant à différents métiers, mais appartenant à un même groupe industriel... D'autres enfin étendent leur pouvoir sur toute une ville ou sur tout un pays,quelquefois sur un district très étendu » (2).

Les Trade-Unions, les Councils et les Fédérations ont leur budget, alimenté par des cotisations. Les cent principales unions avaient en 1897 un revenu total de 1.981.971 livres pour 1.059.609 membres ; elles avaient dépensé 1.896.072 livres dont le quart seulement avait été employé à soutenir les grèves, tandis que les 28/100 avaient été distribués à des ouvriers sans travail et les 14/100 à des ouvriers malades ou blessés.

Nous devons donc reconnaître avec M. Des Rousiers (3), que le Trade-Unionisme a créé en Angleterre une force so-

(1) *Ibid*, p. **XLI**.
(2) *Op. cit.*, p. **XLIII**.
(3) *Le Trade-Unionisme en Angleterre*, Colin. 1897.

ciale de premier ordre, sans avoir eu besoin du secours de l'Etat, par le seul jeu des forces ouvrières dans ce pays. Contrairement à ce qu'affirme M. Coutarel, les Trade-Unions ne sont pas des coalitions d'ouvriers analogues à beaucoup de syndicats français, c'est-à-dire dirigées surtout contre les patrons et préparatoires à la grève générale ou à des grèves partielles : ce sont d'abord des sociétés d'assurance mutuelle, comme le montrent les statistiques officielles ; mais ce sont aussi des sociétés pour la défense pacifique des droits des ouvriers en face des prétentions exagérées ou des offres dérisoires des capitalistes. Au lieu de procéder par grèves bruyantes, plus dangereuses encore pour ceux qui les font que pour ceux contre qui elles sont dirigées, les ouvriers anglais, avec beaucoup de sens pratique, chargent le secrétaire de leur Union de négocier avec celui de l'Union patronale ; et comme ce secrétaire représente une force sociale considérable, il a l'autorité nécessaire pour que ses revendications ne soient pas considérées comme des réclamations vaines : il obtient souvent gain de cause par la voie la plus pacifique.

Le sort de l'ouvrier s'améliore ainsi chaque jour en Angleterre ; l'influence des prolétaires sur la politique se fait sentir chaque jour davantage à cause de la puissance politique des Trade-Unions, tandis qu'à cause de leur puissance économique, les inconvénients du salaire sont de plus en plus atténués.

Cependant ce n'est pas à notre avis une organisation démocratique que celle de l'Angleterre ouvrière. Il n'est pas de pouvoir plus despotique que celui des secrétaires de Trade-Unions sur les membres de leur association. Tous les ouvriers sont des sujets courbés sous un joug qui leur procure la paix et le bien-être, mais qui le leur fait payer de leur indépendance, de leur dignité : c'est la « tyrannie socialiste ». Rien ne garantit l'individu contre l'arbitraire de ceux qui s'arrogent le droit de prononcer, par exemple, son exclusion au nom de la collectivité. Et comme on l'a fait remarquer (1), l'exclusion du syndicat oblige souvent l'ouvrier à « changer de métier, l'union ayant réussi à imposer aux patrons l'emploi exclusif de ses membres » : la tyrannie syndicale devient dans de tels cas beaucoup plus malfaisante encore que l'arbitraire patronal.

Tel est le danger de ces grandes fédérations qui semblent vouloir embrasser le monde entier des travailleurs : hors d'elles point de salut, en elles point de garanties ou des garanties insuffisantes pour l'individu contre une dictature inévitable. Car de telles associations sont « foule » par nature, et la foule comme nous l'avons vu, est sujette à tous les entraînements passionnels qui mènent à l'injustice, à la cruauté malfaisante.

Le Trade-Unionisme nous semble propre à accentuer encore, malgré des apparences pacifiques, le conflit entre le capital et le travail : organisant l'armée des travailleurs pour la défense et non pour l'action, il est incapable de provoquer l'union des capitalistes et des ouvriers en vue d'une œuvre commune, de réaliser le dessein que nous avons conçu plus haut comme le plus conforme à l'idée démocratique : la société coopérative de production constituée par ceux qui détiennent l'argent, force latente, et ceux qui sont capables d'utiliser cette force latente, de faire passer à l'acte toutes les énergies sociales par leur labeur jusqu'ici trop méprisé.

L'organisation du travail dont nous voulons maintenant parler est celle qui consiste à faire revivre les anciennes corporations mais en supprimant en leur sein tout ce qui serait capable de réveiller l'antagonisme entre le maître et l'apprenti ou de ressusciter la tyrannie justement odieuse des maîtres d'autrefois.

(1) Cf G. Richard, *Revue philosophique*, T. XLIII, p. 651.

VI. *La corporation.*

M, Etienne Martin Saint-Léon, bibliothécaire du Musée social, a dans une brochure récente (1) montré tous les avantages des corporations aux xiiie et xive siècle, tous leurs inconvénients dans la suite, tout le besoin que l'on éprouve actuellement de revenir à des groupements analogues. A ce besoin répond, comme nous l'avons indiqué ailleurs (2) et comme le démontre M. Saint-Léon, l'organisation des syndicats professionnels.

Nous ne reprendrons pas l'historique des corporations, il est déjà fait par l'auteur que nous venons de citer; nous nous bornerons à rappeler leur suppression violente par la Révolution (3) vengeresse d'abus innombrables, et d'autre part l'antipathie de beaucoup de Français pour les syndicats professionnels, antipathie motivée sans doute par les tendances politiques de groupements qui devraient être exclusivement professionnels. A la défense des syndicats, nous pourrions dire que leur excuse est dans la connexité des faits économiques et des faits politiques, dans l'étroite union des questions politiques et des questions ouvrières à la fin du xixe siècle ; mais nous ne pouvons que reconnaître le bien fondé de critiques comme celle-ci : « Les syndicats, dit M. Guillaumin, manquent trop souvent de sens pratique ». Leurs vœux ont un « caractère abstrait, philosophique, je dirai même utopique ». C'est que pour leur donner du sens pratique, il faudrait d'abord leur donner le sens vrai de la corporation. La solidarité des travailleurs d'un même corps de métier a trop de raisons d'exister pour qu'elle ne se manifeste pas bientôt sous une forme systématique. Elle n'a actuellement

____

(1) « Les anciennes corporations et les syndicats professionnels, Paris Guillaumin, 1899. — Cf. « Histoire des corporations », Guillaumin 1897.

(2) *Revue de Sociologie*, 1899, page 205.

(3) Décrets du 2 mars, du 14 juin 1791, constit. du 3 sept. 1791.

que des manifestations partielles sous forme de sociétés de
secours mutuels, de sociétés coopératives de production et
de consommation. Rarement un corps de travailleurs constitue à la fois une société philantropique, une société économique et une société d'entreprises. Cependant on voit, par
exemple, en une ville du Sud-Ouest de la France, les bateliers
au nombre d'une cinquantaine, constituer un syndicat qui a
fait construire plusieurs remorqueurs,dont le représentant va
recueillir les offres du travail, distribue les chargements
d'après un « tour de liste », dont les membres sont tous assurés d'une petite indemnité en cas de maladie ou d'accident et
forment enfin une société coopérative alimentaire.Est-il besoin
de dire que cette corporation, car c'est une véritable corporation où l'on n'entre que par cooptation, a rendu prospère l'industrie de la navigation dans cette ville qui cependant est
desservie par des voies ferrées ?

Mais que deviennent les bateliers isolés ? Ne sont-ils pas
destinés à disparaître devant la concurrence du syndicat ? On
peut le redouter pour eux : ils n'ont pas en effet les avantages
du remorquage, la maladie leur fait perdre à jamais des
clients, leur subsistance est plus onéreuse. Les individualistes vont s'indigner de cet attentat véritable à la liberté
individuelle.

Cependant si certains bateliers n'ont pas été admis dans le
syndicat, c'est ou bien que leurs bateaux ne sont pas solides,
convenables, peuvent compromettre le bon renom du corps des
bateliers, ou bien que celui-ci s'estime assez nombreux,
assez bien pourvu d'hommes et de bateaux pour se livrer à
son industrie. Que si cette prétention est mal fondée, les marins exclus trouveront sans doute de l'ouvrage, pourront se
grouper eux aussi, opposer syndicat à syndicat et triompher
par une légitime concurrence. Que si elle est bien fondée, les
marins exclus n'auront qu'à aller chercher ailleurs de l'ouvrage : ils en trouveront s'ils ont des mérites égaux ou supé-

rieurs à leurs concurrents ; s'ils n'offrent qu'infériorité à tous les points de vue, ils disparaîtront, rayés des cadres maritimes plutôt par la lutte pour l'existence et par le progrès social, que par l'ostracisme dont les frappent leurs syndicats.

Il est sans doute regrettable que les exigences de la vie sociale fassent tant de victimes et que dans la collectivité humaine, comme dans le reste de la nature la lutte pour l'existence soit aussi peu clémente pour les incapables, les maladroits, les « inaptes ». Aussi l'Etat a-t-il assurément une fonction à remplir en ce qui les concerne, comme en ce qui concerne les enfants sans famille, les déshérités de tout ordre: la morale, en effet, ne saurait souffrir que l'on traite comme un animal sans utilité une personnalité morale. Mais cette fonction de l'Etat ne saurait consister simplement dans une activité inhibitrice, propre à faire obstacle à des groupements sociaux rationnels, produits naturels de la solidarité humaine.

« On ne saurait méconnaître, dit M. Martin Saint-Léon, que l'artisan du xiiie et du xive siècle, trouvait dans l'organisation corporative un appui sûr et une *précieuse direction dans toutes les circonstances difficiles de la vie*; on ne peut méconnaître que sa condition sociale, *tant au point de vue du salaire que de la stabilité du travail*, était à tout considérer fort satisfaisante ».

Cette opinion est aussi celle de M. Levasseur ; M. Franklin (1) a écrit de même : « La condition de l'ouvrier du xiiie et du xive siècle était supérieure à sa condition actuelle » ; et selon M. d'Avenel, « l'organisation corporative améliorait la condition des ouvriers, et poussait par suite à l'extension de la population » (2).

On ne peut donc pas conclure de ce que les corporations se sont rendues dans la suite insupportables, qu'elles sont en op-

----

(1) « La vie privée d'autrefois et les arts et métiers du XIIe au XVIIIe siècle ».

(2) Cf. Martin St-Léon, *op. cit.*, p. 29.

position avec les principes d'une saine théorie sociale. Ce qui les a perdues, c'est l'esprit d'inégalité, de privilèges injustifiés, qui corrompt également toutes les institutions sociales, une fois qu'il a pénétré en elles. Du xv° au xviiie siècle, les fils de maîtres sont exemptés de l'apprentissage, des droits de maîtrise, et élevés soudain aux plus hautes situations dans la corporation, tandis que des apprentis et des compagnons méritants perdent tout espoir de parvenir au rang de maître travaillant pour son compte. L'Etat au lieu de mettre fin à ces abus, favorise la tyrannie des mauvais maîtres au détriment des bons compagnons qui en sont réduits à former des sociétés secrètes, des « associations de compagnonnage », pour la protection occulte de l'artisan (1). L'âme de la corporation s'est retirée de la corporation elle-même, pour vivifier l'association : « quel que soit la ville où il arrive, le compagnon trouve chez la mère des compagnons, conseil et appui. Un des membres de la société, le rouleur, lui cherche une place. Tombe-t-il malade, on le fait recevoir dans un hospice et on va le visiter à tour de rôle. A son départ, tous les compagnons l'escortent jusqu'à une certaine distance de la ville : c'est la conduite. Les membres des diverses sociétés : Enfants de Salomon, de Maître Jacques, de Soubise, se jalousent et se battent entre eux, mais l'ennemi commun est le maître. A Lyon, un édit de 1539 nous montre les compagnons imprimeurs n'obéissant qu'à des chefs élus par eux, auxquels ils ont juré obéissance. Ils ont une bourse commune et cessent de travailler si un certain mot d'ordre appelé tric est prononcé par l'un d'eux » (2). Mais la lutte entre la corporation et l'association compagnonnique, qui n'eût dû, semble-t-il, amener que la chute de la corporation, fut néfaste à l'une et à l'autre : il est vrai que ce fût surtout à la suite du triomphe des théories individualistes sous la grande Révolution. Le

(1) Cf. Germain Martin, « *La grande industrie sous le règne de Louis XIV* ». Rousseau 1899.
(2) Martin St-Léon, *op. cit.*, p. 36.

14 juin 1791, la Constituante,qui venait d'abolir les maîtrises et les jurandes, défendit « aux citoyens de même état ou profession, aux ouvriers et compagnons d'un art quelconque, de se nommer des présidents ou syndics, de prendre des arrêtés ou de former des règlements sur leurs *prétendus* intérêts communs ». Le fait était aussi inique et imprévoyant que l'expression était malheureuse. Ainsi la Constituante niait que les ouvriers eussent des intérêts communs à débattre, à régler, à faire sauvegarder par des délégués de leur choix.Comment ne pas reconnaître au contraire que les ouvriers d'une même cité, de même condition, de même métier, ont un intérêt supérieur à se grouper pour trouver les uns auprès des autres non seulement une assistance pécuniaire, mais une assistance morale, des avis, des conseils techniques.

Qu'est-il arrivé? C'est que la petite industrie, si honnête, si minutieuse, travaillant avec amour à de véritables chefs-d'œuvre a été remplacée peu à peu par la grande industrie capitaliste. C'est que l'artisan indépendant est devenu le salarié sans cesse en révolte contre son patron. C'est que le travail a cessé d'être organisé, que la division du travail normal a disparu tandis que se révélaient d'une part un morcellement indéfini des forces techniques et d'autre part une concentration excessive de l'activité industrielle dans certaines grandes usines. C'est que l'ouvrier est devenu de plus en plus malheureux, malgré une hausse continue des salaires parce qu'il ne travaille plus pour lui, un peu pour sa satisfaction, pour sa petite gloire en même temps que pour son profit, parce qu'il se sent ravalé au niveau de la machine ou de la brute, qu'on a enlevé tout ressort moral à son action.

Aussi l'Allemagne et l'Autriche ont-elles, l'une, en 1881, réorganisé ses corporations, l'autre, en 1883, créé des corporations d'Etat,pour soutenir la petite industrie défaillante, pour remédier au malaise social. Sans doute la corporation moderne ne saurait ressembler de tous points à celle du moyen-âge ; cependant elle aura le devoir, tout d'abord, d'organiser l'enseignement professionnel, l'apprentissage méthodique et rigoureux : il lui faudra donner à l'ouvrier, quel qu'il soit, une valeur technique afin de lui donner aussi plus d'indépendance à l'égard de la corporation elle-même (qui tiendra d'autant plus à le conserver qu'il sera meilleur artisan). Elle devra ensuite donner aux ouvriers incorporés une attitude morale digne d'hommes vraiment libres, affranchies de l'arbitraire d'autrui comme de leurs propres passions : garante de leur valeur professionnelle, de leur honorabilité, elle devra défendre leurs droits et réclamer d'eux la stricte exécution de leurs devoirs ; intermédiaire entre les employeurs et les employés, elle préviendra les conflits, déterminera équitablement les conditions du travail parce qu'elle sera une force opposée à la force capitaliste et une raison droite opposée aux passions des individus.

Il n'est pas d'ailleurs nécessaire de provoquer par des mesures légales la reconstitution des corporations : elles renaîtront spontanément dès que les entraves ou les vestiges des entraves passées auront disparu. Dans la suite, elles ne devront pas davantage être placées plus spécialement sous la tutelle de l'Etat, avoir des privilèges ou des garanties particulières. Nous sommes si éloignés de la conception socialiste connue sous le nom d'Etatisme que les corporations nous apparaissent comme le meilleur moyen de décentralisation et d'organisation en même temps. A la lutte des individus nous voudrions voir succéder la lutte moins meurtrière des corporations : je dis moins meurtrière car une corporation ne succombe pas, elle se transforme et devient ainsi un nouveau facteur de prospérité industrielle.

Par leur fortune collective, les corporations moins redoutables que les individus capitalistes seraient cependant capables de profiter des inventions, des perfectionnements apportés aux instruments du travail ; elles seraient éminemment aptes à de grandes entreprises et à réaliser de la façon la plus économique de vastes desseins. Bref elles apporteraient une solution pacifique à la plus angoissante des « questions sociales ». (1)

(1) Les rapports de l'économie politique et de la politique sont si étroits que Sismondi disait de la première qu'elle devrait être une « science du gouvernement » et s'occuper du « bien-être physique de l'homme autant qu'il peut être l'ouvrage de son gouvernement » (Cf. Sismondi, *La Richesse commerciale*. — Aftalion, *Simonde de Sismondi* », Pedone, 1899). — De son côté Karl Max formulait, il y a un demi-siècle, la doctrine du « déterminisme économique » d'après laquelle à chaque stade de la production industrielle correspond un système de rapports économiques dont tous les phénomènes sociaux sont les conséquences; par suite de l'évolution naturelle des forces économiques, les relations sociales doivent se modifier continuellement : quand il y a conflit entre les forces de production et les institutions préexistantes, il n'y a d'issue que dans la révolution sociale. Cf. Karl Marx, *Critique de l'Economie politique*, 1849. — Groppali, *Saggi di Sociologia*, 1899.

Pour éviter la révolution sociale il faut en effet que la politique recherche les solutions les plus convenables aux problèmes économiques. La libre concurrence est immorale et impolitique. La question économique est une question sociale et la question sociale est une question morale.

CHAPITRE IV

I. *La Cité.*

M. Izoulet a écrit un fort beau livre, intitulé « la Cité moderne » ; mais de la cité proprement dite il a fort peu parlé. C'est cependant quelque chose de réel que ce village, ce bourg, cette ville, dont l'amour est parfois si vif que sous le nom « d'esprit de clocher » il est parfois accusé de fausser les jugements de ceux qu'il anime. D'autre part la cité n'est pas un tout social qui se suffise à lui-même, qui soit du moins dépourvu d'une aspiration légitime à faire partie d'une fédération, à entrer dans une forme sociale plus complexe. Il y a donc lieu de faire, dans l'organisation sociale, à la cité une place bien marquée et bien distincte de celle de l'Etat.

La « cité antique », Rome, Athènes, Sparte, par exemple, sembla souvent être toute la République, il est vrai ; mais elle n'en visait pas moins à l'hégémonie sur d'autres cités dont l'histoire ne s'occupe guère et qui furent non moins intéressantes. Elle avait son gouvernement qui était en même temps celui de toute la confédération ou de tout l'empire ; mais elle n'en avait pas moins ce que nous appelons une administration municipale, à laquelle était commise la sauvegarde des intérêts de la cité, en tant que telle, et non pas en tant qu'Etat. D'ailleurs les conditions de la vie moderne ne permettent plus à une ville de gouverner ainsi tout un pays ou de s'affranchir de toute domination extérieure : à peine trouve-t-on en Europe quelques principautés comme celle de Monaco, plutôt terrain neutre pour les jeux et le cosmopolitisme que territoire politique. Envisageons donc exclusivement la cité dans l'Etat.

Pour la cité, comme pour l'individu, la question de la liberté politique est de celles qui se posent tout d'abord. Dans quelle mesure la cité peut-elle être autonome ? L'Etat n'a-t-il pas toujours le devoir d'intervenir quand les actes de la cité paraissent immoraux, et lorsqu'il y a conflit entre la moralité que professe l'Etat et la moralité que professe la cité, n'y a-t-il pas, comme pour les conflits du même genre entre la société et l'individu, un moyen légal pour la cité de faire triompher tôt ou tard sa conception, ceci impliquant de la part de l'Etat une tolérance assez grande, une sorte de condescendance même à l'égard des unités sociales subordonnées ?

Comme l'individu encore, la cité ne saurait être dispensée d'initiatives particulières par les règles générales que lui pose l'Etat ; mais sa spontanéité a besoin d'un contrôle incessant. Si les cités d'une même contrée ne formaient pas un système, l'unité sociale serait compromise et l'existence de la cité le serait bien vite aussi, car il n'y aurait aucune raison pour qu'on obligeât les citoyens à former un tout dans une enceinte restreinte si dans une enceinte plus large la société ne doit pas encore former un tout. La raison exige que l'unité synthétique s'étende à l'humanité entière ; nous n'avons pas à insister sur ce point. Pour le moment, bornons-nous à constater qu'il faut une force supérieure exerçant son action incessante pour maintenir unies les unités distinctes qui s'appellent cités et qui ont, avec une tendance fédéraliste, une tendance séparatiste aussi légitime. Rien de ce qui est contraire au système supérieur ne doit être toléré dans le système inférieur : tel est le principe de l'intervention de l'Etat dans l'administration des cités.

Mais si l'Etat contrôle, il n'administre pas. La politique dans la nation n'est pas la même que la politique dans la commune, bien que toutes deux tendent à la réalisation de la même fin : l'harmonie des forces sociales. Dans la cité l'exemple est aussi efficace que le précepte, la suggestion sociale est d'un usage plus fréquent que le commandement. C'est pourquoi tandis que dans la politique de l'Etat l'influence de l'élite et de la foule est rarement appelée à s'exercer immédiatement, dans la politique communale on sent à chaque instant cette double influence.

M. Izoulet, parmi tant de pages où il est question de tout autre chose que de la vie sociale, en a placé quelques-unes où avec son style si original il fait bien ressortir la nécessité de concilier la foule et l'élite. « Le problème, dit-il, c'est de faire entrer l'une sans faire sortir l'autre », c'est de « procurer l'admission pacifique de la foule dans la cité », sans que par un ostracisme inverse de l'ostracisme séculaire la foule ne mette pas l'élite hors de la cité. La foule suit et suivra toujours quelqu'un. Nous n'ignorons pas que l'imitation, la contrainte suggestive sont les principes de sa psychologie. La foule est aveugle et par conséquent impulsive ; ses impulsions lui viennent de ses chefs, de son élite. Mais que vaut cette élite que la foule suit, même dans les pires folies, avec une confiance parfois stupide ? Cette élite est-elle composée des meilleurs soit au point de vue intellectuel, soit au point de vue moral, ou bien des plus hardis, des plus violents, des plus habiles ? Il faut donc préciser le sens du mot « élite ».

M. Izoulet l'a fait. Pour lui, l'élite est, nous l'avons vu plus haut, constituée par des « intellectuels » (1), par des poètes « qui mènent le monde » parce que « la littérature, la poésie, l'art, loin d'être le superflu, le luxe de la vie, en sont l'âme même (2) ». « La littérature, c'est le trésor spirituel de notre

(1) *La Cité moderne*, p. 117.
(2) *Ibid.* p. 654.

espèce (1) » ; les gens de lettres sont donc l'âme de la cité, l'élite par excellence. Mais d'autre part (2), M. Izoulet nous dit que « la raison sociale, c'est l'intelligence de la foule aiguisée par la spécialisation chez l'élite, qui devient *hyper-idéatrice*. Simple différence de degré ». Ainsi l'élite, c'est une partie de la foule : la littérature, c'est la plus haute expression de l'âme de la foule ; il n'y a donc plus lieu de craindre que la foule chasse son élite ou la méconnaisse ; on peut seulement redouter que le niveau intellectuel de l'élite baisse à mesure que baisse celui de la foule. Mais n'y aura-t-il pas alors des esprits vraiment élevés qui grandiront en dehors de la tradition sociale et qui quoique méconnus, mériteront à nos yeux d'être appelés l'élite véritable. Or si ce sont des hommes de lettres, des poètes ou des penseurs, ils seront impuissants à réagir contre l'injuste ostracisme qui les frappera ; ils ne seront pas compris ; et d'ailleurs connaîtront-ils assez la société, les conditions de l'existence sociale, pour prétendre à être proclamés l'âme de la Cité ? Mais qui donc ignore que ces doux rêveurs, que sont d'ordinaire les poètes et les penseurs, ont toujours été de piètres politiques ? Ils manquent de sens pratique autant que de science positive. Pour être un homme politique, il ne suffit pas d'avoir des conceptions esthétiques qui expriment d'une façon admirable la sensibilité d'un peuple en ce qu'elle a de plus pur ; il faut avoir des conceptions pratiques d'abord, de la volonté et de l'habileté ensuite pour les réaliser.

Sans doute, une élite de poètes, d'artistes, de penseurs, si elle provoque l'admiration d'une cité, l'ennoblira, élèvera le niveau intellectuel et par conséquent le niveau moral de la foule ; mais mieux vaudrait encore une élite d'hommes vertueux, courageux et bons, dont l'exemple serait une leçon vivante pour leurs concitoyens. Cette élite serait précisément

(1) *Ibid.* p. 660.
(2) *Ibid.* p. 117.

sans cesse en opposition avec la foule, parce qu'elle puiserait ses inspirations à une autre source : tandis que la foule est impulsive, se laisse guider par ses passions, par sa sensibilité, l'homme moral obéit à sa volonté raisonnable, rendue féconde par les clartés scientifiques et par l'exercice de la vertu. Mais cette élite, la foule ne la suivrait pas.

Tant qu'il y aura opposition entre la multitude et l'aristocratie morale, celle-ci ne pourra pas guider la foule, ne sera pas l'élite populaire : les chefs du peuple seront les violents ou les habiles sans honnêteté. Il faut donc que la foule se modifie pour que son élite en se modifiant se rapproche de l'élite morale, tende à se confondre avec elle. Le meilleur moyen de modifier la foule, c'est de l'organiser, c'est de faire qu'elle cesse d'être « foule » pour devenir peuple. Or, à défaut de tendances plus humaines, la foule a du moins l'instinct grégaire des animaux : ceux qui se ressemblent, ceux qui ont des intérêts communs s'assemblent, et l'on voit vite naître, spontanément, un conflit de forces collectives qui intègrent chacune des forces sociales individuelles. Si l'on n'y met point d'entraves, ces forces collectives se détermineront avec plus de précision ; les énergies industrielles en se différenciant donneront naissance, comme nous l'avons vu plus haut, aux corporations, qui avec les familles constitueront la matière première de l'organisation de la cité. A cette matière première viendront s'ajouter des groupements de forces sociales d'autre nature, des églises, des sociétés de jeux, des collèges d'instruction mutuelle, des unions artistiques ou philanthropiques ; de telle sorte que la cité sera un chaos d'éléments réalisés, qu'il s'agira de transformer en un système. Pour cela, il suffira d'utiliser encore les tendances propres aux éléments. Les corporations tendent elles-mêmes à la division du travail industriel plutôt qu'à l'opposition ruineuse, les sociétés de jeux complètent les sociétés d'instruction, les diverses fois religieuses communient dans une même foi morale. Dès lors la foule n'est plus qu'une faible minorité de « déclassés » dont on peut avoir pitié et dont on n'a rien à craindre. La cité n'a plus qu'à prendre conscience d'elle-même, de son organisation interne ; mais elle conçoit aussi son action en dehors en tant que collectivité, et elle a besoin de représentants autant que d'administrateurs. Or dans chaque groupement il y a une élite dont l'exemple sera suivi avec plus de docilité, dont la voix sera plus écoutée que celle de toute autre puissance ; n'est-ce donc pas au sein de ces diverses élites que devra se recruter le corps représentatif et administratif de la cité ?

N'aura-t-il pas toute la compétence requise pour sauvegarder les intérêts de tous, pour prendre les décisions qui intéressent la cité entière, pour trancher à l'amiable les différends entre citoyens, pour entamer, poursuivre et terminer les négociations de toutes sortes avec les autres cités ? Quand un Conseil municipal réunira les meilleurs, les plus éclairés de tous ceux que spontanément leurs compagnons, leurs collègues, leurs coreligionnaires auront placé à la tête de leur corporation ou de leur association, ne sera-t-il pas tout proche de se confondre avec l'élite morale et ne sera-t-il pas docile à la voix des sages et des prudents ? En son sein les passions opposées se neutraliseront, les forces contraires auront une résultante sociale qui sera tout proche d'être la résultante morale : la raison gouvernera la cité.

Ce qui nous paraît être la cause de bien des erreurs, en ce qui concerne les droits du peuple à se gouverner lui-même, c'est l'opposition qu'on laisse subsister implicitement entre la volonté raisonnable et la volonté populaire. Si la volonté gérale n'est pas raisonnable elle n'est pas digne de gouverner la cité ; si elle est raisonnable, pourquoi tant redouter que les représentants du peuple ne soient pas ses représentants immédiats, l'émanation directe du suffrage universel ? S'ils sont choisis parmi les meilleurs dans chaque ordre de citoyens, s'ils sont les élus de l'élite propre à chaque corporation, à chaque groupe, ne seront-ils pas éminemment aptes à reconnaître ce qui est conforme à une volonté sociale idéale, en tout identique à la volonté morale même ? Et dès lors leurs délibérations ne seront-elles pas aussi conformes à la volonté populaire en tant que celle-ci est une volonté droite ?

Il n'est pas nécessaire que la démocratie soit gouvernée par de folles passions : elle dégénèrerait d'ailleurs, s'il en était ainsi, immédiatement en démagogie. Que le dernier mot reste au peuple, mais au peuple rationnellement organisé ; voilà ce que réclame le principe même de la démocratie. Une aristocratie n'a pas le droit d'usurper la fonction des élus du peuple, fonction qui consiste à édicter au nom de tous ce qu'édicterait une volonté impersonnelle respectueuse de tous les devoirs ; mais les élus du peuple peuvent et doivent être une véritable aristocratie morale,

II. *L'Etat* (1)

L'union des cités donne naissance à la nation, forme sociale suprême en l'absence d'une organisation rationnelle de l'humanité entière. La nation, déjà pourvue d'organes locaux d'administration des intérêts collectifs, requiert théoriquement peu d'organes spéciaux d'administration générale. En fait cependant, le Gouvernement d'un pays est généralement chargé de tant de détails qu'il devient un organisme excessivement complexe. C'est ainsi qu'en France à la fin du XIXe siècle, presque rien ne se fait dans le moindre village qui ne suppose une décision gouvernementale. Sans doute, il est d'une excellente organisation politique que tout puisse être le plus possible contrôlé par les représentants les plus autorisés de la volonté collective la plus puissante ; mais il est vraiment

(1) Cf. Appendice A. La représentation organique.

désastreux que la centralisation soit poussée à un tel point que l'initiative municipale par exemple soit presque annihilée. Le contrôle de l'état ne doit en effet entraver en rien l'exercice normal de l'initiative particulière. Trop d'unification, trop de centralisation nuit à la vitalité d'un pays en même temps qu'à la bonne gestion des intérêts les plus généraux. Le gouvernement de l'Etat peut avoir ses représentants auprès de tous les organes locaux d'administration, mais l'autonomie relative de ceux-ci doit être respectée, leur spontanéité le plus possible développée et rendue féconde.

La question capitale est celle de la constitution du gouvernement national propre à une organisation démocratique rationnelle. Comment la souveraineté du peuple pourra-t-elle être rendue effective malgré l'adoption du système représentatif ?

On ne saurait le contester ; cette souveraineté est généralement méconnue en fait ; les Assemblées législatives ne sont pas à proprement parler des Assemblées de représentants du peuple, et les gouvernements que l'on proclame républicains ne peuvent servir d'interprètes à une volonté nationale qui n'a nul moyen de se manifester. Les élections, faites souvent sous la pression gouvernementale, appellent au scrutin indistinctement toutes les catégories de citoyens, artisans et agriculteurs, artistes et commerçants, lettrés et illétrés. Qui l'élu représente-t-il ? Quels intérêts a-t-il la charge de défendre ? Quels désirs peut-t-il exprimer au nom de ses électeurs ? Les uns ont voté pour le candidat qui plaisait à leur maire ou à leur curé, les autres ont voté pour leur ami, bien peu ont connu et apprécié le programme politique de celui auquel ils ont accordé leurs suffrages ; presque personne n'a songé à ce que doit être la représentation nationale.

Aussi quand les députés venus de tous les points d'un pays se trouvent réunis pour la première fois dans la salle de leurs séances ont-ils le sentiment de leur incapacité, et, s'ils n'é-

taient retenus par une fausse honte, leur premier acte serait-
il de proclamer leur incompétence. A défaut de spécialisation antérieure qui serve de base aux groupements, une
différenciation se produit qui amène la formation de partis
politiques dont le principal but est la conquête du pouvoir
et le principal moyen l'intrigue. Le parti le plus fort profite
de sa puissance, parfois éphémère et à la merci d'une désagrégation inévitable, pour opprimer les partis numériquement
les plus faibles : les minorités ont toujours tort, fussent-elles
les plus sages. La politique se sépare ainsi de la morale et
l'art politique devient une technique d'ordre tout à fait inférieur.

Une telle incoordination, un tel illogisme deviendrait bien
vite insupportable à une nation dont l'organisation sociale serait suffisamment rationnelle. Elle exigerait sans délai que la
représentation du pays reflétât l'organisation de ce pays,
que ce fût une *représentation organique*, le pays étant en tout
organisé. Pour cela elle modifierait le suffrage universel non
pour le restreindre, mais pour lui donner une réelle portée.

Tous les citoyens doivent sans doute être appelés à exprimer leur volonté pour le choix d'un représentant, et le suffrage d'un ouvrier ne vaut pas moins que celui d'un capitaliste ; celui d'un illettré même, a, s'il est exprimé dans des
conditions convenables, la même valeur que celui d'un savant.
Mais l'illettré et le savant, le commerçant et le laboureur, qui
ont des intérêts tout différents, un idéal différent, des tendances parfois opposées, des besoins propres à chacun d'eux ou à
la corporation à laquelle ils appartiennent, doivent-ils être
réduits à n'avoir qu'un seul et même représentant ? Pourquoi plusieurs corporations du même métier ne s'uniraient-
elles pas plutôt pour envoyer dans l'Assemblée nationale un
représentant autorisé de leurs idées, de leurs tendances communes ? Toutes les forces sociales auraient ainsi comme leur

émanation directe dans un Parlement qui serait l'image exacte du pays tout entier (1).

Dans ce Parlement l'union se ferait entre représentants de tendances similaires ; une conciliation serait possible entre représentants de tendances opposées plus souvent complémentaires que contradictoires, et l'harmonie des forces sociales serait préparée d'avance de telle façon que la tâche du gouvernement serait ensuite rendue facile.

La préparation des lois ne saurait d'ailleurs être confiée à l'Assemblée qui les vote : une autre assemblée composée en grande partie de juristes serait chargée de leur élaboration, elle pourrait y apporter toute sa science politique, toute sa prévoyance fondée sur l'expérience, le savoir et la réflexion. Elle éviterait aux représentants du peuple les erreurs qui résultent d'enthousiasmes passagers ou de la vision confuse des conséquences qu'entraîne une mesure nouvelle. Le gouvernement serait tout d'abord l'intermédiaire entre ces deux corps législatifs ; il serait ensuite et surtout le fidèle exécuteur des décisions de la volonté collective.

III. *La souveraineté nationale et le Fédéralisme administratif.*

La distinction commune du pouvoir exécutif, du pouvoir judiciaire et du pouvoir législatif est vicieuse parce qu'il n'y a vraiment qu'un pouvoir ; celui de légiférer, qui a pour instruments d'exécution le gouvernement et les juges. Ceux-ci n'ont par eux-mêmes aucun pouvoir : toute leur puissance, toute leur autorité, leur vient de la loi dont ils doivent être les scrupuleux interprètes.

La souveraineté nationale ne se divise pas ; elle est un droit de commander, au nom de tous, soit à chacun, soit à un certain nombre, soit à tous. Quand elle s'exerce sur tous, elle se

(1) Cf. Appendice A sur la Représentation organique.

manifeste par la loi : quand elle s'exerce sur quelques-uns ou
sur un seul, elle se manifeste par une application particulière
de la loi. Mais à l'appui du droit est la puissance, qui rend le
droit effectif. La puissance fait du peuple législateur le peuple souverain exécuteur de ses propres décrets. Là force du
souverain est fondée essentiellement sur le respect de tous
pour la volonté générale. Si tous les citoyens pouvaient manquer de respect pour la volonté commune, ils seraient tous
en contradiction avec eux-mêmes ; quand il y a révolte générale contre les décisions gouvernementales, c'est que celles-ci
n'expriment plus la volonté de tous ; quand il y a révolte
partielle, c'est ou bien que les révoltés sont des êtres immoraux, ou bien que la volonté supposée générale est immorale.
Dans le premier cas, le respect des bons citoyens est encore
accru par la résistance que rencontre la loi ; dans le second
cas il est diminué et le Gouvernement débilité ne se maintient
plus qu'en cessant d'être démocratique.

Il en est de même de la justice. Ou bien elle est inspirée
par le respect de la loi morale, ou bien elle est immorale.
Dans le premier cas elle est elle-même respectée ; dans le
second cas elle perd toute valeur aux yeux des bons citoyens,
elle n'a plus qu'un pouvoir usurpé. Son pouvoir légitime, emprunté à la souveraineté nationale, lui est retiré.

Mais de ce que la souveraineté nationale est une et indivisible, selon l'expression chère à nos aïeux de la Révolution,
il ne s'ensuit pas que l'administration du pays doive être confiée à une seule main pas plus que la justice ne doit être rendue par un seul homme. Si la volonté générale des citoyens
gouverne un pays, nous avons vu que la volonté générale des
habitants gouverne aussi la cité ; nous avons même fait entrevoir deux tendances opposées dans l'esprit de la cité :
l'une qui la porte à s'unir avec d'autres cités pour constituer
la nation, la seconde qui la porte à se séparer, à vivre par
elle-même et pour elle-même. Nous avons nommé l'une ten-

dance fédéraliste, l'autre tendance séparatiste : de la première naît l'unité nationale, de la seconde la diversité des centres vivants, doués de spontanéité, capables de décision et d'action. Le « Fédéralisme administratif » concilie la centralisation qu'entraîne la première et la décentralisation qu'implique la seconde.

Il fait sentir partout l'existence de l'Etat en face de celle de la cité ; il permet le contrôle, légitime comme nous l'avons vu, de la volonté collective plus particulière par la volonté collective plus générale. Mais de la cité à la nation la distance est peut-être trop grande encore. Jadis en France l'organisation provinciale servait d'intermédiaire entre l'organisation communale et le gouvernement national. En substituant à cette organisation régionale fondée sur l'histoire, sur la communauté des intérêts économiques, sur les limitations géographiques les plus naturelles, une division arbitraire par départements, arrondissements et cantons, les hommes de la Révolution montrèrent une fois de plus que leur capacité pour reconstruire n'égalait pas leur puissance de destruction. Combien factice en effet est cette vie cantonale qui n'a pas même d'organisation administrative, à la façon de l'arrondissement ou du département ! Le canton est trop petit pour répondre à une tendance fédéraliste bien vivace ; ses éléments constitutifs ne se complètent pas, de façon à en faire un petit système, trop restreint encore pour subsister par lui-même, assez étendu cependant pour être indispensable à la vie systématique d'un tout plus grand, d'une région plus complexe. « Il y a en France, dit M. Foncin, (1) environ trois cents ou trois cent cinquante *pays*, n'ayant aucune existence officielle, mais qui sont d'origine ancienne, dont les frontières et les noms sont consacrés par l'usage et qui correspondent à de petites régions naturelles ». Ce sont ces petites régions qui ont

(1) *Les pays de France, projet de fédéralisme administratif*. A. Colin. Paris 1898.

chacune en moyenne une population de cent à cent vingt mille habitants et une superficie de cent cinquante mille hectares, que M. Foncin voudrait avec raison ériger en autant d'unités administratives. Chacune serait « une grande commune ou plutôt un syndicat de communes, unité locale riche, forte et vivante », prête à entrer dans une unité synthétique plus vaste, l'unité provinciale comprenant environ dix syndicats communaux et ayant une population moyenne d'un million à 1.300.000 habitants. Dans chaque « pays », gouverné par un « Conseil de pays », le représentant de l'Etat serait le « contrôleur du pays » ; dans chaque région, il serait le « contrôleur régional ». Le rôle des représentants de la nation entière serait simple : il consisterait à veiller à l'exécution de réglements généraux et à suspendre l'exécution des décisions particulières qui sembleraient en désaccord avec les intérêts ou la volonté de la nation.

Grâce à cette division naturelle d'une nation en régions et en « pays » ou véritables cantons, les charges de l'État pourraient être équitablement réparties, d'abord entre les régions, ensuite entre les cantons selon leur degré de fertilité, d'activité économique, de richesse à tous les points de vue. Le mode de répartition et de perception de l'impôt devrait être déterminé pour chaque petite fédération par l'assemblée populaire, et pourrait varier de région à région, car tel procédé vaut dans un « pays » qui dans un autre est détestable. En matière d'impôt, il faut surtout se préoccuper de rendre moins lourdes les charges du contribuable, non seulement en réalité, mais encore en quelque sorte en apparence, grâce aux facilités accordées, à la variété des moyens de se libérer fournis au paysan, au capitaliste, au commerçant, à l'industriel. L'application d'une règle unique pour un grand pays, en cette matière, est aussi dangereuse qu'en matière de protection ou de libre-échange.

Combien serait simplifiée l'action gouvernementale de

l'Etat tout entier si chacune de ses régions contribuait ainsi à l'administration du tout en assurant la bonne gestion de ses propres intérêts. Le Gouvernement national n'aurait plus qu'à établir, dans l'ordre administratif, un équilibre aussi stable que possible, et à veiller à ce qu'une région ne vienne le rompre au détriment de toutes. Son rôle essentiel serait de représenter et de conserver l'unité générale de la nation, tant pour le dedans que pour le dehors. La puissance de l'Etat ne serait pas affaiblie pour autant à l'égard des ennemis du dedans : l'action gouvernementale serait d'autant plus efficace qu'elle serait moins fréquente. A l'égard des ennemis du dehors, comment serait-elle affaiblie si grâce à la cohésion des éléments distincts qui constitueraient l'unité synthétique la plus active, la plus vivante, la plus féconde, le sentiment patriotique était indissolublement uni à l'amour du village, de la cité, du « pays natal » ? L'armée, docile servante de la République, gardienne terrible des frontières, composée en temps de paix de vrais soldats auxquels viendraient s'adjoindre pour la guerre la nation valide tout entière convenablement exercée, serait l'appui matériel d'une diplomatie franche, généreuse, dont les négociations, faites au grand jour, à la pleine lumière, auraient pour garantie de leur sincérité et de leur valeur la volonté même du peuple souverain.

IV. *L'organisation judiciaire. La Justice contractuelle.*

Après la fonction administrative, une des plus importantes dans une démocratie est la fonction judiciaire. Puisqu'il s'agit en toutes choses d'institutions qui ne portent pas atteinte à la dignité morale du citoyen, quels juges peut-on donner aux accusés, quelle procédure peut-on suivre, quelles garanties doit-on accorder, quelles peines peut-on infliger ?

Le contrat semble la base des rapports juridiques des hom-

mes libres entre eux en tant que particuliers : il lie deux ou
plusieurs parties par des obligations réciproques, comme l'indiquent les anciennes formules du droit romain : *do ut des,
do ut facias, facio ut des, facio ut facias.* De plus, comme le fait
remarquer M. Tarde (1), « toujours et partout, quand deux
hommes se sont engagés l'un envers l'autre, soit concitoyens
soit étrangers,ils ont prévu la violation possible de leurs enga-
ments et se sont plus ou moins prémunis contre cette éven-
tualité ». Mais les précautions prises peuvent-elles faire l'objet
de conventions contractuelles? Peuvent-elles consister simplement en des gages que chacune des parties est autorisée à ne
pas rendre à l'autre si celle-ci ne tient pas ses promesses ?
L'Egyptien donnait en gage la momie de son père, dit-on;
mais d'où venait la valeur de cette momie au point de vue de
l'exécution du contrat, sinon de la désapprobation générale que
valait à l'individu l'oubli des bienfaits et la perte des restes de
ses ancêtres ? C'était donc l'opinion publique qui en définitive
était la garantie de l'exécution du contrat. C'est de même toujours une force sociale qui donne aux contractants l'assurance
que leurs promesses mutuelles auront un effet. « La seule
garantie vraie, c'est l'appui moral ou matériel, probable ou
assuré, des co-associés sous les yeux desquels les contractants
s'engagent. Tant que l'on ne songe pas à contracter en dehors
des murs crénelés du logis familial, cet appui est certain et
l'assurance est obtenue immédiatement par l'adhésion spontanée que donne aux conventions un public de parents qui
s'en souviendra longtemps sans nul écrit » (2). Mais hors de
cette enceinte si restreinte,la garantie risquerait de manquer :
« il devient de plus en plus difficile d'avoir tout entier pour té-
moins et garant le peuple de toute une cité,de tout un pays ou de
plusieurs pays ». Il faut donc substituer à cette garantie vague,
incertaine du public de moins en moins défini, la garantie lé-

(1) *Les Transformations du Droit,* p. 105.
(2) Tarde *op. cit.,* p. 106.

galé. C'est pourquoi à mesure que le droit contractuel se développe, l'Etat, contrairementà ce qu'on pourrait attendre,étend
davantage sa juridiction aux choses privées. **M.** Durkheim
l'a bien montré. « Quand les hommes s'unissent par le contrat, dit-il (1), c'est que, par suite de la division du travail ou
simple ou complexe, ils ont besoin les uns des autres. C'est
pourquoi la plupart de nos relations avec autrui sont de nature contractuelle. Si donc il fallait à chaque fois instituer à
nouveau les luttes, les pourparlers nécessaires pour bien établir toutes les conditions de l'accord dans le présent et dans
l'avenir, nous serions immobilisés. Pour toutes ces raisons, si
nous n'étions liés que par les termes de nos contrats, tels qu'ils
ont été débattus, il n'en résulterait qu'une solidarité précaire.
Mais le droit contractuel est là qui détermine les conséquences
juridiques de nos actes que nous n'avons pas déterminées » (2).
Non seulement il donne une sanction indispensables aux clauses du contrat privé, mais encore il le restreint dans le cas où
ce contrat porte atteinte à la dignité des personnes ou aux principes constitutifs de la vie sociale.

Le contrat implique une « réglementation du contrat qui est
d'origine sociale », d'abord parce qu'il en reçoit sa pleine
vigueur, mais aussi « parce qu'il a beaucoup moins pour
fonction de créer des règles nouvelles que de diversifier dans
les cas particuliers les règles générales préétablies... S'il est
de nature à troubler le jeu régulier des organes, il est nécessaire que, étant dépourvu de toute valeur sociale, il soit
aussi destitué de toute autorité. Le rôle de la société ne saurait
donc en aucun cas se réduire à faire exécuter passivement les
contrats ; il est aussi de déterminer à quelles conditions ils
sont exécutoires et s'il y a lieu, de les restituer sous leur forme
normale » (3).

(1) *Division du travail social,* p. 232.
(2) *Ibid.,* p. 234.
(3) *Ibid.,* p. 235-236

Les limites dans lesquels les contrats doivent rester pour être réguliers sont fixées par la loi; les clauses des contrats qui se sont renfermées dans ces limites sont exécutoires si elles ont été consenties. Par conséquent des hommes honnêtes, connaissant la loi et susceptibles d'apprécier si la liberté des contractants a été suffisante, peuvent rendre la justice contractuelle, prononcer des jugements exécutoires au besoin avec l'appui de la force publique. Ces jugements ne sauraient avoir qu'une forme : ou la restitution de ce qui avait été pris indûment, ou l'accomplissement de ce qui avait été promis, ou la réparation matérielle du dommage causé. Quels magistrats sont ici nécessaires ? Avant tout des gens indépendants, à l'abri des vengeances, cuirassés d'avance contre les menaces ou les sollicitations ayant pour but de les détourner de leur devoir si nettement tracé, si aisé à remplir. Nous avons déjà dit que les représentants de la loi n'ont pas à être élus par leurs concitoyens ; il faut qu'ils soient choisis par le Gouvernement et inamovibles, sauf forfaiture ou incapacité reconnue de comprendre la loi.

Mais ceci nous amène à parler d'un autre genre de juridiction. En effet, qui pourra être juge de la valeur professionnelle des magistrats, de l'accomplissement de leurs devoirs de magistrats, sinon des gens ayant eux-mêmes une compétence particulière dans cet ordre de fonctions ? Les magistrats seront jugés par leurs pairs, et il n'y a point de raison pour que tous les autres fonctionnaires ne soient pas jugés de même, quand il s'agira de manquements à leurs devoirs professionnels. Les membres de l'université, du clergé, de l'armée sont dans la plupart des pays justiciables de leurs tribunaux spéciaux quand il s'agit d'apprécier leurs actes en tant que fonctionnaires, non lorsqu'il s'agit de délits de droit commun. Pourquoi tous les membres d'une corporation n'auraient-ils pas le droit d'être jugés par un tribunal pris dans leur corporation même, lorsque des actes strictement professionnels leur seraient reprochés ? Et pourquoi, par une extension naturelle de l'institution, les conflits entre gens de diverses corporations, entre employeurs et employés, entre commerçants, entre agriculteurs, ne recevraient-ils pas leur solution, au point de vue des pénalités à infliger, devant les tribunaux spéciaux, seuls aptes à juger de la gravité du délit, c'est-à-dire constitués par certains membres des diverses corporations intéressées.

C'est du moins ce qu'exige le souci moral d'accorder aux justiciables les plus grandes garanties de compétence dans les tribunaux dont ils relèvent. Il s'ensuit, en outre, que les magistrats des tribunaux corporatifs ou mixtes devront être élus par la corporation, en ce qui concerne les tribunaux du premier degré, et par toutes les corporations de même nature en ce qui concerne des Cours d'appel soit régionales, soit nationales. Quant aux pénalités encourues, elles peuvent varier de la simple réprimande au renvoi du sein de la corporation, en passant par l'amende, le principe de la réparation due à la personne lésée restant dans tous les cas en pleine vigueur et devant être d'une application constante.

V. *La Juridiction répressive.*

Par ce nouveau genre de juridiction nous sommes sortis de la juridiction restitutive pour entrer dans la juridiction répressive. Dans celle-ci qui fut la première de toutes, les abus se sont accumulés depuis de longs siècles ; des idées barbares y ont gardé une place, qui sont cependant incompatibles avec le principe démocratique du respect dû à la personnalité morale. M. Durkheim constate que les juridictions répressives ont sans cesse perdu de leur importance à mesure que la division du travail social était plus avancée et que par conséquent un droit coopératif à sanction restitutive se développait au détriment du droit à sanction pénale. Il attribue avec la plus grande apparence de raison et avec preuves historiques à

l'appui, la prépondérance primitive des sanctions répressives
à la puissance tyrannique de la collectivité sur l'individu. Le
crime est avant tout « l'acte qui froisse des états forts et définis
de la conscience collective » ; la répression est donc une réaction passionnelle de cette conscience collective qui ne cherche
pas tant à se venger ou à se préserver par des mesures purement utilitaires qu'à retrancher de son sein un élément hétérogène, en non-conformité avec elle. « Les règles que sanctionne le droit pénal expriment les similitudes sociales les plus
essentielles » : il s'ensuit que la juridiction pénale repose en
définitive sur l'intolérance de la collectivité à l'égard des individus, sur le mépris de la liberté sociale qui doit toujours être
accordée à la personnalité morale. A mesure que le sens du
respect moral devient plus fort dans la société, il est donc naturel que cette intolérance diminue et qu'un droit plus large
à la non-conformité soit reconnu à tous.

Ce ne peut pas être un droit absolu puisque l'Etat doit avoir
la prétention d'exprimer par ses lois civiles les lois morales
elles-mêmes auxquels tous doivent obéir. Quiconque viole les
lois civiles est donc ou bien immoral ou bien plus moral que
l'Etat, car on peut violer les lois de l'Etat aussi bien par désir
de réaliser un idéal moral supérieur que par mauvaise volonté.
L'être qui affirme avoir sciemment, délibérément, trangressé
les prescriptions sociales, par méchanceté, par obéissance à des
sentiments inférieurs, à des passions mauvaises, est assurément coupable. Reste à apprécier à quel degré il l'est, selon
qu'il a agi sous l'influence d'excitations malsaines, de causes
pathologiques, ou qu'il a agi de sang-froid, en pleine conformité avec son caractère habituel.

Mais l'être moral qui prétend avoir agi par respect pour le
devoir, qui affirme que son acte a une valeur rationnelle plus
élevée que l'acte qui lui était prescrit par la loi civile, ne
doit-il pas être admis à faire valoir ses raisons, à discuter avec
des hommes de bonne foi capables d'apprécier les motifs de

son acte. Il a eu tort sans doute de se mettre en révolte ouverte avec la loi ; il devait chercher à la faire modifier et non la transgresser de sa propre autorité ; mais reste à apprécier s'il est coupable d'un autre méfait beaucoup plus grave, celui d'avoir manqué de moralité en même temps que de « conformité ».

Dans les deux cas, il y a donc matière à appréciation. Mais dans le premier, l'appréciation relève surtout du médecin-psychologue, dans le second cas du moraliste. Pour être conséquents avec nous-mêmes, allons-nous donc instituer des jurys de médecins-psychologues d'un côté, de moralistes et de sociologues de l'autre ? Ne pourrons-nous pas nous contenter du jury tel qu'il est institué en France, où douze citoyens honorables, ordinairement sans beaucoup de savoir, qu'aucune compétence particulière ne désigne à un choix le plus souvent arbitraire, sont appelés à décider du sort d'un accusé ?

On a déjà si souvent montré les inconvénients d'un tel système qu'il semble superflu d'insister sur la faiblese manifeste de son principe. Celui-ci est que des gens du plus vulgaire bon sens suffisent pour décider « en leur âme et conscience » si un homme est coupable ou non du crime dont on l'accuse. La question est d'abord mal posée, car il ne s'agit pas de savoir si l'accusé est coupable, mais à quel degré il est coupable, dans quelle mesure il est responsable de l'acte qu'il a commis ou dans quelle mesure l'acte qu'il a commis est immoral : un accusé, en effet, ne peut être traduit devant le jury que s'il est convaincu par des témoignages suffisants ou par son propre aveu concordant avec des témoignages valables, d'avoir accompli, *matérialiter*, un fait délictueux. Pour l'en convaincre, des citoyens chargés de l'instruction sont indispensables qui l'interrogent sans menaces, sans torture, sans idées préconçues, avec perspicacité et honnèteté, *devant un public* restreint, si l'on veut, mais suffisant pour offrir des garanties à l'accusé, sans lui donner pour cela des armes dont il puisse faire un

mauvais usage. Lui adjoindre un avocat serait le plus souvent
mettre à sa disposition des ressources dont il n'a nul besoin.
Dès que le fait est bien établi, le jury peut être appelé à prononcer sur la culpabilité de l'agent. Ici toutes les ressources
possibles doivent être laissées à la disposition de l'accusé :
dans certains cas, son avocat sera comme un tuteur ou un père
qui viendra implorer la grâce de son enfant ou de son pupille
irresponsable en montrant combien il est peu maître de lui,
peu apte à résister à l'entraînement des passions, etc. Dans
d'autres cas, l'accusé ignorant la loi civile, son avocat devra la
critiquer pour lui, montrer qu'elle est injuste, que ses prescriptions ne tiennent pas assez compte de la nature humaine
ou tenaient trop de compte des conditions sociales dans lesquelles elles ont été édictées. Que peuvent faire en présence
de tant de subtilités des gens ignorant la casuistique morale ?
Ne seront-ils pas trop prompts à l'enthousiasme quand ils entendront une parole vibrante, fut-elle l'expression d'idées an-
tisociales et immorales ? à la défiance, en présence d'arguments
qu'ils ne comprendront pas ? Il croiront juger selon la conscience morale, et ils jugeront selon leur préjugés et leurs impressions du moment ? Ils seront les représentants de cette
foule ignorante et souvent cruelle quand elle eût dû être indulgente, souvent indulgente quand elle eût dû se montrer
vengeresse, qui dans l'antiquité absolvait les scélérats et con-
damnait les justes : ils ne seront pas les représentants de la
justice.

Les garanties que l'institution du jury semblait devoir donner aux citoyens disparaissent donc en présence de l'incapacité des jurés vulgaires. Elles n'existent qu'autant que les
jurés sont des hommes de science, de moralité indiscutable. C'est par trop sacrifier au préjugé égalitaire que soutenir l'égale aptitude de tous les citoyens à apprécier la
culpabilité d'un homme, quand rien n'est plus difficile que de
sonder les consciences, deviner les intentions cachées, parfois

ignorées du sujet lui-même, rechercher les motifs et les mobiles, les influences diverses, les antécédents, faire la part de la responsabilité collective, de l'hérédité, de la contagion morale, des maladies du cerveau ou de l'esprit, établir le rôle des sophismes, des erreurs involontaires, des réactions spontanées qui font dépasser le but que l'on se proposait d'atteindre.

Quand on songe à tout ce qu'implique de notions variées un jugement équitable sur une personnalité morale, on est effrayé par l'étendue des devoirs de tout juge ayant à connaître des violations de la loi civile. On ne peut manquer d'avouer que jamais aucun juge, aussi instruit qu'il soit, ne sera à la hauteur de sa tâche ; on ne peut donc manquer de désirer que le jury criminel soit constitué par les citoyens les plus instruits dans les sciences morales et politiques. Leur connaissance de la nature humaine et des lois civiles et morales, loin de les rendre moins aptes à juger « selon la conscience morale », donne à leur conscience morale sa pleine valeur et une perspicacité indispensable à l'administration de la vraie justice.

Il va sans dire que dans une démocratie véritable l'institution du jury est applicable à tous les degrés de la juridiction criminelle : il n'est pas de petits délits. Ce n'est pas le fait qui importe au juge, c'est l'homme. L'agent est-il bon ou méchant, vertueux ou vicieux ? a t-il eu des intentions morales ou des intentions immorales ? Son crime, aussi infime qu'il soit, décèle-t-il une âme criminelle ou n'est-il qu'un accident ? Voilà les questions que se pose un juge. S'il a devant lui un délinquant d'occasion, qu'il soit indulgent ; s'il doit condamner un être anti-social, de caractère foncièrement immoral, qu'il soit sévère.

La peine doit donc être proportionnelle, non à la gravité du délit, mais au degré d'immoralité du délinquant. Il ne s'agit pas de rétablir l'ordre troublé par un méfait en faisant souf-

frir le malfaiteur, comme l'ancienne philosophie juridique le
croyait ; il s'agit, au point de vue utilitaire, de prévenir le
retour de faits qui mettent la vie sociale en danger, et au
point de vue moral, d'inhiber dans une personnalité morale
des tendances immorales, par une punition qui exerce une
action coercitive sur tout l'être du coupable, qui l'oblige à
se réformer, qui l'amène à la réflexion, destructrice d'habitudes vicieuses, de tendances anormales et même d'instincts
héréditaires pernicieux.

La peine devant être individuelle, la loi qui prescrit des
peines en général ne peut fixer une échelle de peines correspondant pour chaque espèce de crime à l'échelle des culpa-
bilités (1) ; le juge applique la loi en adaptant ses prescriptions générales aux cas particuliers : enfin l'autorité
pénitentiaire applique la peine à l'individu en tenant compte
de la nature de celui-ci. « C'est à l'administration qu'incombe
en grande partie, dit M. Yvernès, le rôle d'adapter la peine
au délinquant ; c'est grâce à la nature du traitement et à la
durée du régime qu'elle peut exercer utilement cette tutelle
pénitentiaire individuelle ».

VI. *La peine*.

A quelle peine les juges condamneront-ils donc en réalité ?
A cette peine qui est un bonheur pour le criminel esclave de
ses mauvaises tendances, de ses passions funestes, puisqu'elle
consiste à lui imposer une rééducation morale. Les prisons
ne peuvent avoir qu'un nom dans une organisation démocratique : ce sont des maisons de redressement moral. Une prison dans laquelle les détenus vivent dans une promiscuité
répugnante, chacun d'eux étant exposé à une contagion

(1) Cf. Saleilles *L'individualisation de la peine*. Alcan 1898.

morale plus dangereuse peut-être que celle qu'il a connue
auparavant, une prison où les gardes au lieu d'être des éducateurs sont des tortionnaires, où les heures de captivité sont
des heures d'exaltation morbide, de concentration de l'individu sur lui-même dans la haine de la Société, une prison enfin
telle que la conçoivent la plupart de ceux qui réclament la
punition du criminel, est un anachronisme dans la civilisation
démocratique.

Si un homme de caractère moral a cédé à un entraînement
coupable, il n'a nul besoin de passer au pénitencier. Une
pénalité morale suffit pour lui inspirer l'amer regret de sa faute.
Dans une démocratie, la dégradation civique, la privation
temporaire des droits civils et politiques sont des peines de la
plus haute efficacité. La monarchie ou l'aristocratie connaît
de telles peines pour ses nobles : jadis l'exil de la Cour équi-
valait à une privation temporaire des droits dont jouit actuellement le citoyen ; c'était une peine fréquemment appliquée
et dont l'effet était toujours sûr. La dégradation civique, quand
le peuple est le seul souverain, est une peine infâmante au
plus haut degré : elle peut punir de grandes fautes. De ce degré
extrême que peuvent atteindre les pénalité morales au degré
extrême d'où elles peuvent partir il y a un grand nombre d'intermédiaires que le législateur doit prescrire et que le magistrat doit savoir édicter selon les circonstances, de façon à ne
jamais diminuer leur effet. Le régime pénitentiaire constitue une seconde échelle de peines, ou plutôt un tout autre
ordre, comme nous l'avons montré plus haut : il répond aux
besoins des malades que la société soigne tout en se préser-
vant de leurs excès.

Quant à la peine de mort, elle ne peut être considérée,
quand elle est prononcée contre un citoyen, que comme un
abus de pouvoir de la part de la société. Comment la collectivité aurait-elle le droit de supprimer une personnalité morale
dont elle ignore le degré de responsabilité et qu'elle ne peut

pas dire incurable, irrémédiablement tournée vers le mal,
incapable de repentir et de guérison partielle ou totale ? Rien
ne justifie la peine de mort, même au point de vue utilitaire :
les statistiques ont montré que la criminalité ne s'est pas
accrue dans les pays où la peine de mort a été abolie. Tout la
condamne au point de vue moral, aussi bien les sentiments
de justice que ceux de charité. En admettant même qu'un
homme doive être retranché de la société de ses semblables, on n'aurait pas pour cela le droit de le retrancher
de la nature à moins de n'avoir pas plus d'estime pour lui que
pour un chien enragé ou une bête venimeuse : de toutes les
peines, la plus haute est donc la déportation en un lieu de
relégation où sont annihilées d'avance toutes les entreprises
des bandits coalisés contre la civilisation qui les a rejetés de
son sein.

La peine de mort a d'ailleurs paru si excessive aux peuples
civilisés que pour atténuer les effets de condamnations capita-
les trop nombreuses, les constitutions des pays européens ont
conservé au chef de l'Etat le droit de grâce de tout temps reconnu aux souverains. Mais n'est-il pas contraire au principe
démocratique que le gouvernement exécutif ait, en quoi que
ce soit, le droit de modifier les arrêts de la justice ? « Le droit
de grâce, comme le constate M. Tarde (1), est de toutes parts
battu en brèche comme une survivance de l'absolutisme
monarchique, de la souveraineté judiciaire incarnée dans le
roi ».

VI. *La procédure*

Ce n'est pas seulement le droit de grâce qui semble appelé
à disparaître de l'organisation judiciaire démocratique.
M. Tarde critique cependant à tort le droit d'appel. « Inconnu à

(1) *Les transformations du droit* p. 44.

l'origine, dit-il, il s'est introduit comme une nécessité de circonstance quand la justice royale se superposant aux justices familiales ou locales, mais n'osant encore les supprimer, les a laissées fonctionner en se réservant le droit de juger en dernier ressort. C'est encore là un expédient éclectique. Si un tribunal est présumé supérieur en sagesse à un autre, pourquoi ne pas le saisir tout seul et tout d'abord de la connaissance des affaires ? Il en est judiciairement des deux degrés de juridiction comme politiquement des deux Chambres, dualité dont l'utilité disparaîtrait le jour où le recrutement d'une chambre unique serait soumise à des garanties suffisantes, où par exemple, on ne pourrait fabriquer des lois qu'à la condition de présenter au moins les mêmes preuves officielles de capacité qu'on exigerait des juges chargés de les appliquer (1) ». Mais M. Tarde reconnaît lui-même que ce qui caractérise l'évolution de l'organisation judiciaire, à mesure que l'évolution sociale se poursuit dans le sens de l'idéal démocratique, c'est que « la procédure devient de plus en plus formaliste, c'est-à-dire de plus en plus précise, régulière et minutieuse (2) ». Pourquoi, sinon parce qu'on recherche le moyen de donner de plus en plus de garanties au citoyen contre l'arbitraire de certains pouvoirs, ou l'oubli du devoir professionnel chez certains juges, ou enfin l'erreur judiciaire toujours possible malgré la toujours plus grande honnêteté, la toujours plus grande valeur intellectuelle et morale des magistrats. Le droit d'appel est une de ces garanties.

Mais est-ce à dire que la procédure elle-même, malgré une si incontestable utilité, continuera à être si onéreuse qu'il sera parfois impossible aux concitoyens sans fortune de se faire rendre justice quand ils auront été lésés dans leurs droits soit par un particulier, soit par un tribunal ? La justice démocratique doit être gratuite en principe, et dans l'application aussi

(1) Op. cit. p. 44.
(2) *ibid.* p. 42.

peu coûteuse que possible. Il doit toujours être possible à un
prévenu d'avoir le secours gratuit d'un avocat ; un citoyen
doit toujours pouvoir s'instruire des dispositions particulières
d'une loi qu'il est toujours censé ne pas ignorer ; des consultations juridiques gratuites sont aussi indispensables que
des consultations médicales gratuites. Le pauvre doit être
devant la justice l'égal du riche ; le faible a droit au moins à
autant d'égards que le puissant. L'inégalité des fortunes et des
conditions doit disparaître au seuil du prétoire : le juge doit
ignorer la qualité des prévenus ou des parties pour ne se souvenir que de leur titre de citoyen, titre qui rend leurs personnes inviolables jusqu'à ce qu'un arrêt soit intervenu.

VII. *L'organisation charitable*

Si l'Etat a le devoir d'empêcher les injustices quand il peut
les prévenir, il a aussi celui de réparer les maux qu'il n'a pas
pu prévenir, et de soulager les misères inévitables. Il remplit ainsi la dernière partie de sa mission régulatrice. L'organisation des secours temporaires en cas de maladies, des
secours permanents pour les vieillards, ne saurait consister
simplement dans la création d'hospices de divers ordres et de
maisons de santé : on ne remédie pas ainsi à toutes les misères. Dans une démocratie, où les arts indispensables à tous
pour la satisfaction des besoins essentiels de l'existence font
l'objet de services publics, l'exercice de la médecine doit être
un service public et gratuit. Les malades sont en principe à la
charge de la communauté puisque pendant leur maladie ils
ne peuvent travailler. S'ils ont auparavant pu faire des épar-
gnes, elles leur servent à améliorer leur sort ; mais on ne saurait admettre que tous les citoyens sans exception n'aient pas
le minimum de secours médicaux et pharmaceutiques indispensables à leur guérison. Il y a donc nécessairement dans la

société démocratique un corps de fonctionnaires composé de médecins en nombre suffisant pour assurer, au point de vue de leurs fonctions particulières, le service de tous.

Après la maladie vient souvent la misère : l'ouvrier affaibli ne peut fournir un travail correspondant aux exigences de sa situation ; il contracte des dettes dont il ne pourra peut-être jamais s'acquitter. En dehors des cas de maladie, la ruine au point de vue pécuniaire résulte d'entreprises inconsidérées, de négligences plus ou moins coupables, de circonstances diverses contre lesquelles l'individu est souvent impuissant à réagir. La Société doit-elle faire une distinction entre ceux qui sont devenus misérables par des accidents indépendants de leur volonté et ceux qui le sont devenus par leur propre faute ? Assurément, les premiers ont plus de titres que les autres à l'estime publique ; mais quand une misère existe en fait, celui qui l'éprouve n'est-il pas suffisamment puni de sa négligence, de sa débauche, ou de son imprévoyance ? et la Société ne doit-elle pas considérer l'être moral qui souffre plutôt que l'être moral qui a commis une erreur ou une faute ? Le manque de charité vient souvent d'un sophisme qui a pour fondement l'idée de sanction : on est habitué à ne pas séparer la culpabilité de la sanction ; on en conclut que le coupable doit toujours voir sa faute sanctionnée, fût-ce par les peines les plus graves, du moment où elles sont la conséquence naturelle ou prévisible de cette faute. Mais pourquoi augmenter ainsi, sans profit pour l'humanité et pour la moralité, la somme des maux, des souffrances dans l'univers ? Pourquoi ne pas arrêter au plus tôt le cours des conséquences, si souvent désastreuses pour l'homme, qu'ont certains actes humains ?

Tous les malheureux sans exception ont droit à la pitié. Aucun être moral ne peut être dépourvu du nécessaire sans que la société ait le devoir impérieux de le lui fournir aussitôt. La nourriture, le vêtement, le logement des indigents sont à la charge de l'Etat : la solidarité humaine l'exige. Que si le nombre des indigents augmente jusqu'à devenir hors de proportion avec le nombre des citoyens capables de se suffire à eux-mêmes, c'est ou bien que la majorité est victime de l'exploitation de 'quelques affameurs, ou bien qu'elle est victime de ses vices et de sa paresse ; dans le premier cas, le devoir de conservation sociale oblige à des réformes économiques ; dans le second cas, une réforme morale est nécessaire, mais ni dans l'un ni dans l'autre de ces deux cas l'exercice de la pitié ne peut être suspendu.

La mendicité et le vagabondage sont de vraies plaies sociales : ces faits décèlent le défaut d'organisation charitable ; ils sont en contradiction avec le principe de la division du travail social qui exige que chaque citoyen ait une fonction déterminée ; ils avilissent l'homme, contrairement au principe de l'inviolable dignité humaine ; ils développent des tendances immorales, et contrairement au principe élémentaire de l'activité pour la conservation de soi-même, la société tolère l'existence de ce qui est une source permanente de dangers pour elle.

Pour supprimer la mendicité et le vagabondage, il ne suffit pas d'édicter contre les vagabonds et les mendiants des peines sévères, toujours trop sévères tant que le mobile de leurs actions sera la misère sans adoucissement ; il faut et il suffit que l'on organise le ministère de la charité. Que de fortunes privées seraient bien employées à créer des asiles où les gens sans foyer s'abriteraient, se fixeraient et apprendraient à travailler, à rendre des services en échange de l'hospitalité reçue ! Si la générosité privée fait défaut, la charité de l'Etat doit y suppléer : la Démocratie se doit à elle-même de ne pas laisser des malheureux sans asile et sans pain.

Il y a en France d'après la statistique de 1896 (1), 15.827 bu-

(1) Publiée en 1898 par l'Imprimerie nationale.

reaux de bienfaisance qui ont secouru pendant l'année 1.476.571 Français et 55.209 étrangers ; leurs recettes se sont élevées à 41.564.097 francs, dont 65.449 seulement ont été fournis par l'Etat ou les Départements ; 2.277.566 proviennent de legs et donations, 12.835.077 constituent la part des communes. De ces quarante millions reçus par les bureaux de bienfaisance, plus de quatre millions ont été consacrés à l'achat de nouvelles rentes sur l'Etat ; quatorze millions ont payé des « dépenses diverses », dix-huit millions ont été employés en achats de pain, denrées alimentaires, vêtements, bois de chauffage et médicaments. Ce qui fait qu'en moyenne on a dépensé douze francs par personne secourue, pour sa nourriture et son entretien matériel, et que chaque bureau de bienfaisance a disposé d'environ douze cents francs pour une population moyenne de deux mille habitants (car les communes ayant un ou plusieurs bureaux de bienfaisance ont une population totale de 27.379.423 habitants).

N'est-il donc pas possible à une commune de deux mille habitants de dépenser plus de douze cents francs pour ses malheureux, estimés au nombre moyen de cent ? Le budget d'un bourg de telle importance supporte des charges beaucoup plus lourdes, acceptées pour des motifs bien moins impérieux. Sans doute « l'assistance médicale gratuite pour les indigents »,récemment instituée, est venue apporter le supplément de dépenses qu'on semble en droit d'exiger des communes et de l'Etat en faveur des malheureux ; mais il reste beaucoup à faire pour que toutes les vraies infortunes soient connues et soulagées comme il convient.

Une amélioration vraiment démocratique consistera dans la création de retraites pour tous les vieillards. La décadence psychique et biologique de l'individu, inévitable à un certain âge, est la cause de beaucoup de malaises économiques pour les familles et d'un profond dénûment pour les individus isolés. Les vieillards ont droit à la vénération et par conséquent à l'amour, au dévoûment des jeunes. La société doit à ceux qui l'ont fait vivre, qui ont été son honneur et sa force, de ne pas les abondonner dès qu'ils sont incapables d'agir et de subvenir par eux-mêmes à leurs propres besoins. Les vieux serviteurs reçoivent des secours de ceux à qui ils ont prêté leur concours loyal, dévoué ; les vieux serviteurs de la démocratie ont droit de même à une pension de retraite. Si leur prévoyance a été assez grande et leur gain suffisant pendant la période de vigueur et de santé pour qu'ils paient des primes destinées à leur assurer des rentes pour la vieillesse, ils ne doivent avoir réussi par leur épargne qu'à augmenter leur bien-être. Mais il en est d'imprévoyants, il en est beaucoup plus encore qui, surchargés de dépenses de toutes sortes quand ils sont en pleine santé, ne peuvent faire d'économies : que du moins le pain et un abri leur soient assurés pour leurs vieux jours.

Enfin si l'Etat ne peut rien pour le soulagement des infortunes morales, des détresses de l'âme parfois plus terribles que les autres, que du moins il encourage toutes les manifestations de la charité humaine dans ce sens. La démocratie a besoin d'une religion d'amour, qui élève sans cesse les cœurs vers un idéal toujours plus élevé d'humanité, de fraternité. Cette religion ne comporte ni rites, ni sacerdoce : c'est au fond du cœur de chacun un désir de perfectionnement indéfini dans l'amour du bien et de ses semblables, dans l'accomplissement de ses devoirs sociaux ; toutes les collectivités qui tendront à ce but en même temps qu'à l'accroissement effectif de la puissance charitable dans la nation ou dans l'humanité devront être encouragées ; leur rôle régulateur et initiateur complètera celui de l'Etat.

QUATRIÈME PARTIE

L'ÉDUCATION POLITIQUE

I. *Rapports de l'Education et de la Politique.* — Le but de l'éducation démocratique est de rendre le citoyen apte à prendre part au gouvernement ; tout autre est la fin de l'éducation théocratique ou aristocratique.

II. *L'Education dès le berceau.* — Il faut commencer l'éducation dès le premier moment. Il faut ensuite développer l'esprit de famille et prévenir une émancipation morbide de la jeunesse.

III. *L'Ecole.* — L'Ecole a pour fin le culte du vrai. Jamais on n'a fini d'apprendre : tous doivent en trouver les moyens. L'Education professionnelle doit compléter l'éducation scientifique et esthétique.

IV. *L'Education dans l'Etat.* — Le milieu, l'Eglise et l'armée tendent à faire l'éducation de l'homme. Il faut y ajouter l'influence de la science sociale et de la philosophie sociale jointe à celle de la libre discussion.

CHAPITRE PREMIER

RAPPORTS DE L'ÉDUCATION ET DE LA POLITIQUE

I. *But de l'Education démocratique.*

« C'est dans le gouvernement républicain que l'on a besoin
de toute la puissance de l'éducation » ; nous pouvons le
redire après Montesquieu et tant d'autres. Mais tandis que
Montesquieu voit dans l'éducation seulement un moyen d'inspirer l'amour de la vertu politique (1), qui se confond avec
« l'amour des lois et de la patrie » et demande une « préférence continuelle de l'intérêt public au sien propre », nous y
voyons en outre la base même de la politique démocratique.
Comme nous l'avons dit déjà, cette politique, qui a pour
objet la conciliation des forces sociales, en apparence diver-
gentes, mais tendant en réalité à s'unir spontanément en un
vaste système social ; cette politique, qui n'a de commun que
le nom avec l'art de gouverner du despote ou des aristocrates,
demande à chaque citoyen un souci éclairé des affaires publiques, une aptitude à défendre les intérêts de sa corporation,
de sa cité et de son pays, en les comprenant bien, en aperçe-
vant tous leurs liens avec des intérêts voisins. Elle requiert
donc une vertu faite, comme l'a vu Montesquieu, de désintéressement relatif, de respect du devoir et d'obéissance à la loi

____

(1) Livre IV. Ch. V de l'*Esprit des Lois.*

civile qui formule les devoirs généraux du citoyen; mais aussi de tendances pratiques, fondées en raison, et concourant à la réalisation d'un système social. Tout homme digne d'être considéré comme membre d'une démocratie doit donc commencer par être apprenti-citoyen : son apprentissage est son éducation même.

L'esprit de famille, l'esprit de corps, le civisme, le patriotisme ne sont pas des sentiments factices à introduire comme de force ou de ruse dans l'âme des enfants ou des hommes. L'éducation rationnelle ne saurait être une éducation contre nature. D'autre part, si la vie politique est comme nous l'avons vu plus haut la vie selon la nature et selon la raison, il n'est pas nécessaire d'imposer cette éducation à l'homme par des moyens violents ou des procédés détournés : il suffit d'amener le citoyen à reconnaître en lui-même des aptitudes à la vie sociale et de faire porter à ces aptitudes tous leurs fruits, pour réaliser d'abord une éducation parfaite et ensuite pour rendre à la vie sociale son ampleur normale, son cours régulier.

On ne peut donc pas prétendre à diriger l'éducation par la politique, c'est-à-dire à donner aux enfants, aux jeunes gens, aux hommes, des *préjugés* conformes à telle ou telle institution gouvernementale. Une semblable conception peut être celle de l'éducation dans une monarchie dans une théocratie, où le respect de certaines institutions, de certaines règles posées, est indispensable au maintien de la forme existante de gouvernement. Dans une démocratie rien ne doit être respecté sans motif avouable, sans raison ; tout ce dont l'existence n'est pas consacrée par des considérations rationnelles, peut être critiqué, examiné à nouveau, combattu par le citoyen : il faut donc préparer celui-ci à la critique autant qu'au respect, à la discussion autant qu'à l'obéissance, à l'exercice de la volonté raisonnable en toute occasion.

L'art de l'éducation diffère à mesure que diffère l'art politique : quand celui-ci est fait de ruses et de violences, celui-là est fait d'insinuations ou d'injonctions brutales et suit des méthodes propres à capter les esprits ou à les subjuguer.

Quand l'art politique n'est plus fait d'artifices, quand il suffit au citoyen de recourir aux procédés que la Raison lui indique plutôt qu'à des procédés hasardeux, pour bien se conduire et pour réaliser avec le concours de tous ses semblables cette œuvre d'art qui s'appelle l'Etat, l'éducation elle-même ne consiste plus qu'en une discipline intellectuelle et morale qui se propose sans s'imposer et qui ne doit qu'à sa valeur rationnelle la préférence qu'on lui accorde.

II. *L'Education théocratique et aristocratique.*

En revanche, l'éducation dans un régime théocratique ou aristocratique est beaucoup plus simple que l'éducation démocratique. Tous ceux qui aspirent à établir leur domination sur la multitude, soit par la crainte qu'ils inspirent, soit par les ruses qu'ils emploient, ne peuvent pas désirer que la multitude soit instruite : la science est leur ennemie. Ils ne peuvent pas désirer davantage que les hommes soient doués d'une sensibilité morale et d'une ferme volonté : l'indépendance d'esprit, l'élévation des sentiments, la fierté légitime que donne une volonté vraie, stable dans ses décisions, dans sa ligne de conduite, dans ses modes de réaction au milieu, ne conviennent pas aux serviteurs d'un tyran. La théocratie demande plus de confiance aveugle, plus de foi que de lumière, la tyrannie demande plus de soumission que de courage. C'est pourquoi l'éducation donnée par les agents de pouvoirs anti-démocratiques vise soit à l'exaltation de certaines tendances d'ordre inférieur, telles que les tendances mystiques, l'orgueil, la vanité, la peur ; soit à l'abaissement du niveau intellectuel et moral par un développement exagéré de la crédulité, de la

Duprat   17

superstition au détriment de l'esprit critique, de la mémoire au détriment de l'intelligence, de l'habitude au détriment de la volonté,de la spéculation oiseuse,de la contemplation esthétique au détriment de la science ou de l'action.

Aussi leur activité s'exerce-t-elle plutôt dans le sens de la mutilation des esprits et des œuvres que dans le sens de l'épanouissement de l'intelligence et de la mise en lumière des beautés renfermées dans les ouvrages que l'on étudie.

Que l'on considère combien cette éducation classique que l'ancien régime nous a léguée est formelle, vide, dépourvue de portée pratique, de moyens propres à émanciper ceux qui la reçoivent.

Elle s'est transformée heureusement depuis un siècle ; mais il y a cent cinquante ans, elle ne comprenait aucune culture scientifique, rien que l'étude du latin et du grec, (faite pour parvenir à écrire correctement dans ces langues mortes et non à comprendre les idées émises par les anciens), avec quelques notions de théologie et de logique. Il est vrai que les exercices religieux étaient multipliés, que de belles harangues étaient préparées longtemps à l'avance pour la réception des autorités, que de sévères directeurs de conscience prêchaient aux jeunes âmes le respect du prince et la crainte de Dieu (1).

On peut juger par là de la correspondance que nous avons signalée entre la nature de la politique et la nature de l'éducation ; on peut voir en outre combien le procédé est simple, rudimentaire comme tous les procédés barbares de mutilation.

Que l'on considère maintenant les exigences de la société actuelle : elles apparaîtront d'ailleurs bien inférieures à ce qu'elles devraient être si le régime démocratique était vraiment réalisé chez nous. La culture scientifique est au moins

____

(1) Cf. « Lettres patentes du roi en faveur du collége d'Angoulême, le 27 octobre 1763 », et « Compte rendu aux Chambres assemblées concernant le collège que les ci-devant soi-disant Jésuites occupaient à Angoulême » (14 juin 1763).

aussi recherchée que la culture littéraire ; on favorise l'enseignement professionnel, l'éducation technique, agricole, industrielle, commerciale, artistique ; on apprend des langues vivantes ; les plus humbles ouvriers assistent à des conférences pour la propagation des idées libérales, des notions scientifiques, économiques et politiques ; la presse fournit un aliment, souvent malsain il est vrai, mais toujours recherché avec avidité, à la curiosité universelle. On veut savoir pour s'affranchir : les vieux moules d'éducation sont brisés ; un grand courant entraîne les esprits les plus rudes même, vers la lumière scientifique. Quelle multiplicité de connaissances ne rêve-t-on pas d'acquérir ! Quelle multiplicité de sentiments des maîtres généreux ne rêvent-ils pas d'éveiller, de développer ! Que de voies sont ouvertes à l'action dans lesquelles on se prépare à entrer par une culture spéciale !

Cependant tout cet essor présente un aspect encore chaotique, et il est une activité que l'on délaisse un peu : c'est l'activité technique préparatoire à la pratique des affaires publiques. Mais ce que nous avons déjà dit permet de concevoir pourquoi, supposant toutes les autres, elle ne peut apparaître que la dernière de toutes. Il faut qu'une société soit déjà organisée pour que la vraie politique puisse s'y créer à son tour des organes de conservation et de reproduction, puisse y déterminer l'éducation politique.

Déjà, il y a plus de vingt siècles, un penseur de la Grèce antique concevait la nécessité de placer à la tête de l'Etat des gens instruits, préparés à remplir toutes les fonctions politiques. « Quel est le parti le plus sage que nous ayons à prendre ? demandait Platon dans le VIe livre de la République. N'est-ce pas d'établir gardiens de l'Etat ceux qui seront reconnus capables de veiller à la garde des lois et des institutions... qui peuvent joindre l'expérience à la spéculation ?.... N'est-ce pas à des hommes doués de pénétration, de mémoire de grandeur d'âme et d'affabilité, amis de la justice, de la force et de la tempérance..., perfectionnés par l'éducation et par l'expérience, que l'on confiera le gouvernement de l'Etat ? » Et après avoir comparé l'Etat à un vaisseau dont le pilote expérimenté est haï par ses matelots *« parce qu'ils croient que l'art de gouverner n'est pas un art que l'on puisse apprendre »* et que chacun « s'imagine qu'il peut être pilote sans avoir aucune connaissance du pilotage » ; il recherchait le meilleur moyen de former les hommes d'Etat, de les préserver des vices qui corrompraient leur naturel excellent.

Platon estimait en effet avec raison que la politique est un art qui peut s'apprendre et il le considérait comme le plus élevé de tous, puisque ses philosophes, les plus savants, les mieux doués des hommes, les plus proches des dieux grâce à un exercice continu de la dialectique, il les plaçait à la tête de la cité idéale en prenant bien soin que rien ne vînt porter atteinte à la pureté de leur âme.

Certes nous ne pensons pas qu'il y ait lieu de créer dans l'Etat une classe particulière de citoyens, sorte de caste philosophique où de père en fils on se vouerait spécialement à l'étude des sciences qui servent de base à l'art de gouverner les peuples. Une telle caste constituerait bien vite une aristocratie imbue de tels préjugés qu'autant vaudrait retourner à l'ancienne oligarchie. Les idées de Platon correspondaient nécessairement à son tempérament d'aristocrate, dédaigneux du peuple, considérant ce peuple comme analogue à un animal sauvage que l'on ne peut apprivoiser que par des flatteries grossières et qu'il faut soumettre à la domination de la raison, grâce à l'intermédiaire d'une force généreuse, d'une sorte d'armée obéissant aux prescriptions des sages. Nous avons plus de confiance dans la démocratie. Certes nous n'ignorons pas ses défauts, bien qu'ils diffèrent de nos jours de ceux de la démocratie athénienne ; car il y a cette différence entre les peuples modernes civilisés et le peuple le plus civilisé de l'antiquité que chez ceux-là la division du travail social est poussée beaucoup plus loin que chez celui-ci. Nos démocraties sont bien mieux organisées déjà que ne l'était le peuple athénien, malgré ses admirables qualités naturelles. Ce que Platon n'a pu réaliser en Grèce ou en Sicile pourrait être réalisé de nos jours. La politique platonicienne pouvait passer à bon droit à Athènes pour une utopie ; mais combien notre développement agricole, industriel, commercial a modifié depuis lors les conditions de la vie politique ! La République d'Athènes ne pouvait être qu'une démagogie ; notre commencement d'organisation sociale appelle une vraie démocratie.

Or si dans une véritable démocratie, tous les citoyens sont législateurs, si tous sont hommes politiques ou appelés à l'être ; si l'on est homme politique déjà par ce fait seul que l'on prend conscience des intérêts collectifs de sa corporation et de sa cité et que l'on est apte à représenter ses compagnons de travail, ses concitoyens, à cause des connaissances techniques, de la compétence particulière que l'on possède ; ce n'est que le degré inférieur de l'art politique que l'on atteint ainsi. Il est un degré supérieur, celui de l'homme qui, ayant une compétence particulière, sait cependant rechercher les moyens de concilier les intérêts particuliers et les intérêts généraux, les tendances diverses, les besoins en apparence opposés ; qui fait la synthèse des aspirations particulières et sait prendre une vue d'ensemble des désirs collectifs distincts, pour en réaliser l'harmonie et en assurer la satisfaction rationnelle.

C'est pourquoi l'éducation politique ne saurait se borner à une éducation propre à inspirer l'esprit de famille et l'esprit de corps ; il faut qu'elle comprenne en outre un ensemble de moyens propres à inspirer l'amour de tous, le désintéressement, le désir éclairé de réaliser le bien collectif non par des procédés empiriques, mais selon des méthodes rationnelles. Les deux sortes d'éducation sont également nécessaires au citoyen . Nous allons les examiner successivement.

CHAPITRE II

L'ÉDUCATION DÈS LE BERCEAU

I. *Le jeune enfant.*

L'éducation d'un être constitue tout un système dont les
éléments doivent, dès le premier moment, converger vers la
fin proposée. Sans doute les habitudes contractées par l'enfant, pendant ces cinq premières années, n'ont qu'une assez
faible influence sur le développement ultérieur du caractère.
Mais pourquoi ne pas être conséquent avec soi-même dès le
début de l'œuvre que l'on entreprend ? Pourquoi laisser se
développer la tendance aux volitions inconstantes, aux caprices, aux désirs violents, à l'obstination que favorise la faiblesse de certains parents ? Ne restera-t-il donc rien dans
l'esprit du jeune homme ou de la jeune fille de ces sottes complaisances qui en ont fait dans sa jeunesse ce qu'on appelle
communément un « enfant gâté » ? Et les actes du citoyen ne
porteront-ils aucune trace de l'éducation première négligée
ou maladroite ?

Dès le début de l'existence, l'enfant doit être accoutumé à la
régularité. Quelque chose s'oppose à ses caprices, à ses désirs
intempestifs : ce n'est pas la loi civile ou la loi morale, c'est
simplement la volonté de ses parents, volonté dont l'enfant
ignore le plus souvent les raisons, mais devant laquelle on

l'habitue à s'incliner. Baldwin (1) a insisté avec raison sur ce point : le père est d'abord comme un dieu pour l'enfant, car il est la puissance mystérieuse dont on ne sonde pas les desseins.

Mais après avoir bénéficié de ce sentiment qu'éprouve l'enfant obéissant en présence de la ferme volonté paternelle, et qui est la base même du respect religieux, mais qui ne peut pas être le principe du respect moral, les parents doivent s'appliquer à éliminer progressivement la vénération un peu trop craintive qu'ils inspiraient tout d'abord et devenir pour le jeune être des législateurs « dont la volonté soit toujours présumée juste et bonne ». Ainsi ils feront naître et se développer un sens moral, celui de l'existence d'une loi devant laquelle tous s'inclinent parce qu'elle est une obligation rationnelle.

Il faut sans doute bien des années avant que la loi du devoir soit conçue dans sa pureté, avant que l'obligation morale soit aperçue dans un éloignement radical de tout arbitraire ; mais il n'est jamais trop tôt pour jeter les fondements d'un respect qui deviendra en son temps rationnel et qui changera ainsi l'obéissance à autrui en obéissance à soi-même en tant qu'être raisonnable, la servitude en indépendance véritable, la docilité en fierté morale.

Nous ne venons d'ailleurs d'indiquer que la plus haute mission de la famille. Il en est quelques autres qu'il est moins difficile et qu'il n'est pas moins nécessaire cependant de remplir ; elles supposent généralement que le groupe familial ne soit pas réduit au trio souvent égoïste qui comprend simplement le père, la mère et l'unique enfant, car un tel groupe est en quelque sorte incomplet, comme arrêté dans son développement naturel. La famille normale compte plusieurs enfants: c'est non seulement une nécessité naturelle que l'on n'élude que par des moyens d'une moralité au moins douteuse, certains

____

(1) *Interprétation sociale et morale des principes du développement mental.*

cas très honorables exceptés, c'est aussi une nécessité sociale, car la dépopulation est à tout prendre un mal ; c'est enfin, et ici c'est le point le plus intéressant pour nous, un besoin de l'éducation familiale. L'unique enfant, sans cesse entre ses parents, s'étiole moralement, devient triste à mesure que sa solitude lui pèse davantage ; il ne connaît pas les jeux de son âge, à moins qu'il ne soit en rapports constants avec des enfants voisins ; mais, même dans ce cas, il ne peut acquérir toutes les qualités qui se développeraient en lui s'il avait de petits frères ou de petites sœurs.

On a déjà fort bien étudié les états d'esprit que fait naître dans un enfant la présence d'un frère plus fort, ou plus faible, plus âgé, ou plus jeune. Plus âgé, le frère impose sa volonté, étonne par son habileté, son savoir, sa force : il est à l'occasion un puissant auxiliaire qu'il faut ménager, ou un soutien bienveillant qui excite la reconnaissance. Plus jeune, il permet au cadet de jouer auprès de lui le rôle que jouait naguère auprès du cadet le grand frère. En présence des parents, tous tendent à réclamer les mêmes soins et d'égales faveurs ; tous éprouvent les mêmes sentiments de respect et d'affection pour le père et la mère, de solidarité entre eux.

La vie de famille concilie ainsi l'égalité et la hiérarchie, habitue à la justice autant qu'à la charité et à l'amour, établit dans les esprits pour toujours l'idée d'une communauté d'intérêts, la conception du « Socius », si importante pour la conception même du moi.

Combien il serait regrettable que l'enfant fût privé de cette première éducation des sentiments que seule la famille peut faire, et combien notre vie sociale s'en ressentirait profondément.

II. *L'esprit de famille*

La famille est une force sociale qui en dépit de modifications incessantes semble devoir toujours subsister dans les nations civilisées (1). Elle n'est pas sans doute le prototype de l'Etat comme l'ont affirmé les métaphysiciens de la sociologie, mais elle est la condition de la vie sociale supérieure : au sein de la horde amorphe, elle n'avait pas de limites bien nettes ; dans le clan, l'endogamie et l'exogamie, le patriarcat et le matriarcat commencèrent à dessiner des noyaux distincts de relations sexuelles et de rapports de parents à enfants ; la famille elle-même ne nous semble apparaître vraiment que lorsque du sein de la tribu sort le chef de famille amenant avec lui femmes, enfants, et travailleurs et allant s'établir sur un territoire distinct, d'où bientôt partiront à leur tour de nouveaux groupes du même genre. Alors, la famille comprend ce que plus tard on appellera les parents, les enfants et les domestiques, serfs ou esclaves. Car l'esclavage primitif ne différait en rien sans doute de la domesticité. La sphère familiale s'est retrécie, par le rejet progressif en dehors d'elle des domestiques qui n'étaient unis au chef par aucun lien du sang, et même des parents trop éloignés. Ainsi de contraction en contraction, la famille a été réduite à un petit nombre de personnes, d'autant plus dignes de respect et d'affection, aux yeux les unes des autres, que leur groupe se détachait mieux des groupes subordonnés ; ainsi la monogamie a triomphé en mainte civilisation de la polygamie, et enfin l'égalité des enfants a détruit les privilèges de aînés.

Mais ce processus de contraction pendant lequel les liens familiaux se resserrèrent a été suivi en bien des points d'un processus de désagrégation. Nous voyons naître de nos jours bien des idées fausses sur « l'émancipation de la femme » : on accuse ces idées d'exercer une influence dissolvante sur la famille ; en réalité elles sont une conséquence de la dissolution de cette unité synthétique, et non une cause. La famille

_____

(1) Cf. L'Appendice B sur la dissolution de la famille.

normale de nos jours n'est pas opposée à une émancipation légitime de la femme : elle a mis l'épouse au même rang que le mari ; elle bénéficie de la culture intellectuelle et morale de la femme et de la mère ; elle a besoin de savoir-faire, de puissance pratique en tous ses membres ; elle répudie enfin la conception par trop surannée d'une autorité souveraine, d'un arbitraire sans contrôle de la part du chef de famille ; la femme n'est plus l'humble servante, elle est la collaboratrice du mari et dans l'éducation des enfants et dans toutes les affaires domestiques, parfois même dans l'accomplissement de la fonction sociale propre au mari en tant que citoyen. Que son émancipation se complète par certains droits politiques concédés aux veuves, aux femmes qui sont de véritables chefs de familles, qu'on s'efforce de détruire le préjugé qui fait écarter systématiquement la femme de certaines fonctions publiques, où sa place est au moins aussi bien marquée que celle de l'homme. rien n'est plus conforme au principe démocratique. Ce ne saurait être un danger pour l'existence même de la famille et pour l'accomplissement de sa mission.

Mais si l'on entend par émancipation de la femme la désertion du foyer familial, si la femme désire quitter au plus tôt son ménage pour s'enfuir dans un club, abandonner l'éducation, le soin de ses enfants à des domestiques, pour courir aux plaisirs mondains ; c'est que le mot famille n'a plus de sens pour elle ; c'est qu'elle est morte à la vie sociale normale.

On peut payer à peu près de même l'émancipation des enfants. Les jeunes gens doivent avoir une indépendance croissante à l'égard de la volonté paternelle ou maternelle ; mais lorsqu'ils en viennent à oublier le berceau familial, à négliger leurs devoirs les plus stricts, souvent pour vivre une vie sociale anormale, quelquefois simplement pour s'assurer une plus complète liberté, ils rompent la continuité de la vie de famille, ils privent celle-ci d'un de ses éléments essentiels.

Il importe que partout, dans une société, le mot famille

éveille des sentiments profonds, ait une signification rigoureuse. Il doit suggérer chez tous les hommes l'idée de devoirs
réciproques dont l'accomplissement est nécessaire à la vie
sociale. Les devoirs des parents envers les enfants dérivent de
la nature même des relations fondamentales qu'établit la procréation. Il est inutile d'insister sur les devoirs de protection,
de nourriture et d'éducation des jeunes, qui s'imposent aux
parents à un degré beaucoup plus élevé encore dans la race
humaine que dans les espèces animales. La conservation de
la société repose tout d'abord sur l'accomplissement des devoirs familiaux envers les jeunes : la société a donc le devoir
de contraindre les parents à l'observation de leurs obligations,
le droit de mettre toute sorte d'entraves à une émancipation
mal conçue ; et c'est pour elle d'un intérêt vital.

D'ailleurs à mesure que les liens familiaux se relâchent dans
un pays, la dépopulation par insuffisance de procréation s'y
accentue. On a accusé la misère économique, la débauche,
l'alcoolisme, les conditions du travail, les préoccupations
bourgeoises et capitalistes, d'entraîner la dépopulation des nations de l'Europe occidentale ; une des causes que l'on a trop
souvent négligées, c'est la ruine de l'esprit de famille. On remarque combien les familles disposant d'une large aisance
pécuniaire tiennent au petit nombre d'enfants ; mais n'est-ce
pas précisément en elles que la vie commune est plutôt une
métaphore ou du moins un état très passager ?

VI. *L'émancipation des jeunes gens*

Quant à l'émancipation hâtive et excessive des jeunes gens,
elle a en partie créé la crise économique que nous subissons
actuellement. Avec la plus grande indépendance possible, les
enfants séparés de la famille ont réclamé les moyens de satisfaire leurs besoins égoïstes ; ils ont morcelé l'héritage familial

au plus vite afin que du lien commun il ne reste même pas des vestiges d'ordre pécuniaire. Or, si comme on peut le prétendre, la famille est vraiment le possesseur primitif des biens, le principe même de l'hérédité de ces biens, ne devrait-elle pas toujours manifester son existence par un fonds indivis, fonds de secours, vrai patrimoine qui survivrait à la distribution de certaines dots, nécessaires à l'établissement de chacun des enfants en des positions différentes ? Jadis l'aîné était dépositaire des biens familiaux ; il devait aide, assistance à ses frères, parce qu'il restait le chef de la famille le représentant du principe familial après la mort des parents ; mais peu à peu l'aîné s'appropria les biens de tous et de la dépossession inique des plus jeunes naquit la révolution qui accorda à tous les enfants une part égale du patrimoine. Nous ne déplorons pas la distribution équitable d'une portion des ressources communes ; mais nous désirerions que la famille fût la première comme elle est la plus naturelle des « sociétés de secours mutuels », et cela à tous les points de vue, tant à celui des secours pécuniaires qu'à celui de l'assistance morale. Pour qu'i len soit ainsi il suffit de faire revivre l'esprit familial qui disparaît.

Il est donc une éducation qui résulte de la constitution même de la famille normale. Quand les enfants sont devevus des jeunes gens, avant de fonder à leur tour chacun une nouvelle famille, ils se rattachent tous au foyer paternel comme facteurs économiques de la prospérité domestique. Et déjà la division du travail social apparaît dans cette organisation restreinte où la connexion des fonctions est d'autant plus étroite. Après avoir appris ce qu'est la solidarité morale, l'enfant apprend ce qu'est la solidarité économique, et comment la production, la consommation des richesses sont subordonnées en définitive à des lois morales, et comment aussi la fraternité est inséparable en droit, quoique souvent séparée en fait de toutes les conditions d'existence. Malheureusement trop de jeunes gens sont enclins à s'oublier dans un concubinage immoral, dégradant pour la femme, avilissant pour l'homme. « L'union libre » n'est pas le concubinage : elle n'est une forme irrégulière que dans l'état actuel de la législation et des mœurs. Puisque les unions libres existent en fait, pourquoi ne pas leur permettre de devenir l'antichambre de la vraie famille ? Il est des jeunes gens à qui les parents refusent un consentement sollicité en vue d'un mariage qui a le tort de n'être pas « avantageux » ou de n'être pas à la convenance de tel ou tel ascendant : ils vivent maritalement en dépit de la défense paternelle. Peut-on les condamner à vivre toujours en parias ? Et les enfants qui naîtront, si la femme les laisse naître, seront-ils voués à une condition toujours inférieure ?

Sans doute on pourrait donner à de tels ménages irréguliers une sorte de sanction légale qui garantit les droits de la femme et de l'homme aussi bien que ceux de l'enfant à venir ? La recherche de la paternité est interdite à cause des abus qu'elle entraînerait ; mais quand un jeune homme a vécu plusieurs années maritalement avec une femme pourquoi ne serait-il pas le père de l'enfant de par la loi ? Pourquoi un contrat ne serait-il pas admis par la même loi qui consacrât l'union temporaire dans des conditions strictement déterminées, qui fût valable bien que non suivi de mariage, sous certaines conditions d'âge et de publicité ?

La femme dès lors ne serait pas exposée à un abandon qui en la plupart des cas la jette soudain dans la prostitution. L'homme pourrait compter sur plus de fidélité, plus de régularité dans la vie qui serait déjà tout près d'être la vie de famille. Combien de mariages seraient l'heureuse terminaison de ces « unions libres » qui constitueraient par elles-mêmes un palliatif d'un des maux dont souffre la famille ; la désertion du foyer conjugal par l'homme qui préfère une vile maîtresse à sa femme, l'éloignement dans lequel se tient le jeune débauché de la vie de famille.

Mais la loi ne peut pas beaucoup contre les mœurs. Ce sont

les mœurs qui font les révolutions de cet ordre : et l'éducation familiale est seule assez puissante pour créer des mœurs toutes différentes de celles qui sont communément adoptées. Pourquoi donc l'éducation dans la famille ne tendrait-elle pas de bonne heure à inspirer au jeune homme le mépris de la prostitution, la haine de l'existence irrégulière dans le concubinage, la réprobation de toute désertion du foyer familial et des intérêts domestiques, tant qu'il ne s'agit que de satisfaire sa cupidité ou d'autres passions aussi basses ? Pourquoi les parents n'enseigneraient-ils pas à leurs enfants les devoirs qui s'imposent à eux lorsque vient l'âge où à leur tour ils peuvent fonder une famille ? L'éducation en vue de cet incessant renouvellement du lien conjugal dans la société ne peut être donnée que par les parents; et ils sont cependant bien rares les pères qui osent parler au nom de la morale, de mariage régulier à leurs fils, les mères qui entretiennent leurs filles de leurs devoirs d'épouses. Qui donc le fera ? Si personne ne le fait, pourra-t-on s'étonner que l'esprit familial sans l'appui de la tradition, de l'hérédité sociale, semble chaque jour s'affaiblir, tende à disparaître ?

La société démocratique ne pourrait subsister si elle était privée de cette complexe éducation familiale qui commence au berceau et ne finit qu'à la mort, quoiqu'elle soit moins intensive à partir du moment où au sein de la famille, de nouvelles familles se constituent. En effet, la prostitution, l'oubli des devoirs conjugaux, la rupture du lien économique et moral entre parents et enfants, ainsi qu'entre enfants d'une même famille, peuvent ne pas mettre en un péril immédiat une aristocratie ou une tyrannie ; mais la forme démocratique ne pouvant se maintenir que par la vertu de tous les citoyens, un manquement généralisé à des devoirs de famille serait funeste à cette forme.

La famille doit y être le « berceau de toutes les vertus ». L'éducation familiale doit tendre à les inspirer toutes, mais en particulier celles qui sont indispensables à la conservation de la forme normale de société conjugale. Il serait illogique que la loi tienne les enfants jusqu'au delà de leur majorité sous la tutelle de leurs parents au point de vue du mariage, si la morale ne faisait une obligation à ces mêmes parents d'exercer une action éducatrice au même point de vue. Or il est légitime que les parents veillent sur l'établissement de leurs enfants et aient un droit de veto dans certaines circonstances où l'union légale projetée serait immorale ; mais ce droit vient d'un devoir d'éducation ; il ne peut avoir d'autre fondement que l'obligation qui est faite aux parents de veiller continuellement à ce que les actes de leurs enfants soient d'une rigoureuse moralité, à ce que les habitudes contractées soient autant d'éléments de vertu sociale.

Les parents gardent le droit moral et ils ont le devoir de donner des avis autorisés à leurs enfants même mariés sur la conduite à tenir en conformité avec la tradition familiale ; ils sont les gardiens de l'honneur du nom porté en commun par eux-mêmes, par leurs enfants et par leurs parents, et par eux l'esprit de famille est conservé, transmis, fortifié, pour le plus grand avantage de la vie sociale tout entière.

Si donc l'on songeait plus souvent aux bienfaits sociaux d'une saine éducation familiale, combien elle serait moins dédaignée et combien la démocratie attacherait de prix aux vertus familiales du citoyen. Celui-là mériterait une couronne de chêne qui aurait élevé de nombreux enfants dans l'amour les uns des autres, dans le respect du devoir et dans le désir d'une noble indépendance : il aurait fait beaucoup plus pour la République qu'un de ces héros militaires, dont les assemblées populaires sont immédiatement portées à proclamer le mérite. Le dévoûment paternel ou maternel, que l'on ne peut manquer de louer quand il est éclatant, est de tous les instants dans la famille normale ; et il est plus facile de se dévouer au bonheur de ses enfants, de faire pour eux le sacrifice même de son existence que de les élever comme il convient, de même qu'il est plus aisé de mourir pour son pays que de lui être utile. Nous pouvons honorer le sacrifice ; mais nous devrions honorer plus que nous ne le faisons la vertu agissante, la vertu familiale, qui demande beaucoup d'affection sans doute, mais aussi de l'intelligence et un art que nous ne saurions, après ce que nous venons de dire, séparer de l'art politique.

D'autre part, à mesure que les enfants deviennent des êtres plus raisonnables, ils apprennent à discuter avec leurs parents, à discuter entre eux, à débattre les questions importantes, à fuir l'obéissance passive, à rechercher l'indépendance morale ; de sorte qu'en dernier lieu la vie de famille est l'apprentissage de la vertu civique la plus éminente, d'ailleurs inséparable de la plus large tolérance.

CHAPITRE III

L'ÉCOLE

I. *Le culte de la vérité.*

L'Ecole a principalement pour objet l'instruction, la culture de l'intelligence ; mais par cela même, elle a pour objet indirect la culture de la sensibilité et de la volonté. De plus, elle établit entre les élèves un lien social qui fait de l'ensemble des écoliers un groupe où la camaraderie, l'esprit de corps, les sentiments de solidarité, se développent encore mieux peut-être par les jeux ou exercices pratiques communs que par les études communes.

Si tous les enfants ont le droit de trouver au foyer familial aide, concours, affection, acheminement collectif vers la réalisation d'un idéal social et moral, préparation efficace à la pratique des vertus essentielles de l'humanité, l'école doit offrir à tous un complément indispensable à l'éducation de la famille. L'instruction primaire est donc obligatoire : l'obligation d'aller à l'école découle directement du devoir qu'a la Société de faire instruire les enfants, de les doter de ce complément d'éducation que la famille ne peut pas toujours donner.

L'école doit d'abord établir dans l'âme de l'enfant un culte qui restera dans l'âme de l'homme jusqu'à la mort, le culte de la Vérité. Le vrai est l'objet du savoir ; la connais-

Duprat

sance du vrai est un besoin pressant, sa recherche est l'honneur de l'humanité. Si le beau se distingue profondément du vrai, le culte du beau est cependant aussi humain que le culte du vrai ; l'école doit initier à la recherche du vrai, à la contemplation du beau ; mais il y a une vraie beauté à distinguer de ce qu'on appelle beauté, par entraînement, par mode, par tradition : de sorte que le souci du vrai doit l'emporter toujours, même en esthétique, sur le souci du beau. L'amour de la science n'est rien de plus qu'un amour du vrai, avec une tendance plus ou moins précise à atteindre la vérité par des méthodes déterminées. C'est donc en définitive l'amour de la science qu'il faut inspirer à l'enfant. On y est puissamment aidé par l'attrait qu'offre cette connaissance à un point de vue beaucoup moins désintéressé : la science en effet procure la puissance, et le savant est honoré bien plus parce que la possession de la vérité assure à l'humanité la domination de la nature qu'à cause de la vérité en elle-même. Quelle que soit la voie par laquelle l'enfant arrive à l'amour de la science, il importe que la recherche habituelle du vrai lui donne pour plus tard surtout des habitudes de véracité, de sincérité, des sentiments de répulsion pour le mensonge et l'hypocrisie, un éloignement constant des causes d'erreur.

Sans doute les connaissances rudimentaires que l'enfant peut acquérir à l'école jusqu'à l'âge de treize ou quatorze ans sont bien insuffisantes pour lui donner une idée exacte de la science avec son but et ses méthodes. Aussi cette instruction primaire, si elle était la seule que l'on pût donner à l'enfant, serait-elle en bien des cas plus nuisible qu'utile. En effet, elle en ferait accroire à l'enfant sur la portée de son savoir, elle le rendrait vaniteux sans profit, en admettant même que l'arme si faible, mais à double tranchant qu'on lui a fournie ne se retourne pas contre la société. En France, l'instruction obligatoire a créé, il faut le reconnaître, un véritable danger social, parce qu'on s'est borné à donner aux enfants jusqu'à douze ans environ, une instruction rudimentaire, sans leur apporter les moyens d'en profiter pour leur propre bien et pour le bien de la société, sans établir après l'école primaire ces œuvres post-scolaires que représentent les cours d'adultes, les sociétés d'éducation mutuelle, les conférences, les classes du soir, les patronages, etc.

II. *L'enseignement intégral.*

Rien n'est moins démocratique que cette division de l'enseignement qui semble créer pour les enfants du peuple des écoles primaires, des collèges pour les fils de la bourgeoisie, et des établissements d'enseignement supérieur pour les plus favorisés de tous. On établit ainsi au moins deux classes dans la jeunesse : celle que compose la grande majorité des jeunes gens, qui ne sont pas « allés au collège », et celle des jeunes gens qui sont « allés au collège ». C'est méconnaître le principe même de l'instruction : car il n'y a pas une science élémentaire, une science secondaire et une science supérieure ; il n'y a qu'un genre de savoir dans lequel on possède plus ou moins, mais dans lequel on a le devoir de faire d'incessants progrès. A ce devoir correspond le droit de recevoir, à tout âge et dans toutes les situations, les leçons de maîtres aptes à donner progressivement une culture intellectuelle plus complète.

Sans doute, il faut distinguer ceux qui ne peuvent disposer que d'une heure par jour pour leur instruction de ceux qui peuvent disposer de tout leur temps ; parmi les jeunes gens, ceux qui de bonne heure ont besoin de savoir beaucoup et doivent recevoir une culture intensive de ceux qui ont toute la vie pour apprendre. Nous ne pensons pas que tous les jeunes gens doivent et puissent recevoir la même instruction : il en est toujours de plus intelligents qui sont aptes à recevoir plus tôt des enseignements plus complets ; ceux-là constituent une élite que la démocratie doit cultiver avec soin pour son honneur et son profit, qu'elle doit faire passer rapidement des degrés inférieurs aux degrés supérieurs du savoir, pour constituer avec elle sa noble phalange de savants, de penseurs, de poètes.

Un souci extrême de l'égalité dans l'instruction amènerait la plus grande injustice : ce serait le triomphe de la médiocrité, et aussi le triomphe des adversaires de la démocratie qui prétendent qu'elle est ennemie de tout talent supérieur, jalouse de tous ceux qui dépassent la moyenne. Un souci rationnel de l'égalité veut ici comme partout une différenciation dans le mode de traitement : aux jeunes ouvriers on fera des cours publics, des conférences hebdomadaires, des classes du soir ; aux mieux doués on fera suivre des cours réguliers dans les collèges et les universités ; mais la lumière scientifique sera répandue à profusion dans tous le pays, et les professeurs les plus éminents tiendront à honneur d'instruire la foule et de se mettre à sa portée. Ainsi les bienfaits de l'éducation scientifique s'étendront à tous les citoyens, également avides de vérité.

L'école ouverte à tous, quelles que soient les matières qu'on y enseigne, voilà l'idéal démocratique sur ce point. Il faut ajouter : l'école à tous ses degrés rendue accessible à tous ceux qui sont susceptibles de devenir l'élite, et rendue accessible par un entretien gratuit, par des bourses, des secours, des libéralités de toutes sortes.

Nous avons indiqué un peu plus haut la fin générale de l'éducation scientifique : par l'amour du vrai, le développement de l'esprit critique, la haine de l'hypocrisie et du mensonge, le désir de clarté et de preuves. Nous devons indiquer maintenant quel est à notre avis le moyen le plus propre à réaliser cette fin. Par quels stades l'éducation scientifique devra-t-elle passer ?

Toute éducation qui a pour objet immédiat la conquête

de titres et de diplômes permettant d'entrer en une carrière dite libérale relève de l'éducation professionnelle dont nous parlons plus loin. Ce n'est pas une véritable éducation, c'est une préparation technique. Donc, en principe, l'éducation scientifique ne saurait avoir de sanction en dehors de la bonne conduite dans l'existence entière : toute autre sanction la détournerait de son véritable objet alors même qu'elle ne se présenterait que comme un moyen, car on sait combien aisément les moyens deviennent fins pour les hommes. On ne peut objecter que pour être admis à recevoir un enseignement supérieur il faut justifier par un titre de l'acquisition de connaissances élémentaires, car ici encore la sanction est intimement liée à l'acte : quiconque essaye de s'instruire en une science pour laquelle il n'est pas préparé par des études antérieures ne profite pas des leçons qu'il tente de recevoir, perd son temps et fausse son esprit.

Il y a en effet des degrés qu'il faut franchir dans l'échelle des connaissances avant de pouvoir s'élever à une science quelconque. On sait que la classification de Comte prétend être une indication du degré de complexité croissante et par conséquent du degré de difficulté des sciences positives. Les mathématiques sont à la base comme condition de toute connaissance scientifique précise ; puis viennent : l'astronomie, la physique, la chimie, la biologie et enfin la sociologie. M. Alexis Bertrand a conservé cet ordre dans son plan d'études. Il voudrait que l'ordre d'enseignement suivît l'évolution de la science et parcourut les intermédiaires indispensables pour comprendre comment l'évolution s'est faite par un passage ininterrompu des mathématiques à la sociologie. D'autre part il voudrait que l'enseignement des mathématiques se continuât malgré l'enseignement des sciences physiques et naturelles et que celui-ci se poursuivît à son tour malgré l'admission de l'élève au cycle des sciences sociales. Nous croyons qu'on pourrait objecter à ce plan d'études la difficulté que présentent les sciences mathématiques comme étant les plus abstraites de toutes. En effet, M. A. Bertrand admet une sorte d'introduction empirique à l'étude des sciences proprement dites, une étude rudimentaire qui va sans doute du concret à l'abstrait et familiarise l'esprit des débutants avec la découverte des lois sous les phénomènes les plus complexes comme les plus simples.

C'est le rôle de l'enseignement primaire, obligatoire pour tous, de préparer le jeune homme à aborder l'étude des sciences dans un ordre encore plus rationnel qu'historique. Les connaissances mathématiques sont indispensables à l'acquisition des connaissances de tous les autres ordres ; elles habituent l'intelligence aux formes rigoureuses de raisonnement, aux déductions exemptes de sophismes; elles l'obligent à une invention méthodique; elles forment des esprits amis de l'ordre et de la précision, de l'enchaînement des idées, de la clarté née de la rigueur démonstrative. Mais elles ont l'inconvénient de trop éloigner de l'observation des faits, de trop porter au raisonnement déductif à l'exclusion de la recherche inductive. C'est pourquoi elles appellent, comme un contraire appelle son contraire, les sciences physiques et naturelles, qui, avec la physique mécanique et astronomique, se dégagent peu à peu des mathématiques pures, pour s'en éloigner de plus en plus en passant de la chimie à la biologie, la psychologie et la sociologie.

L'éducation scientifique est loin d'exclure l'éducation esthétique. Il résulterait de la culture exclusive de l'intelligence une sorte de déséquilibre qui enlèverait à l'esprit humain une bonne partie de sa valeur. La sensibilité ne doit pas être plus négligée que l'intelligence. Or il est des émotions que l'on ne peut éprouver avec intensité qu'après une éducation correspondante : ce sont les émotions esthétiques. Il faut avoir appris à goûter la beauté des œuvres d'art pour les aimer autant qu'elles le méritent ; il faut avoir appris de quelles difficultés l'artiste a été obligé de triompher pour admirer son œuvre comme il convient de l'admirer. La littérature, la poésie, les beaux arts seront donc l'objet d'un enseignement public, tout comme les différentes sciences.

On ne peut songer à faire de toute une nation un peuple de savants et d'artistes ou de citoyens artistes et savants à la fois ; les aptitudes à la recherche scientifique diffèrent profondément de celles que requiert la création artistique. Mais il est bien possible que tout citoyen ait à la fois l'amour de la science et celui de la beauté, le désir de s'instruire sans cesse, de goûter toujours davantage les chefs-d'œuvre de l'art.

III. *L'Education professionnelle.*

On parle beaucoup en divers pays, depuis quelques années, de la création d'écoles professionnelles, écoles d'agriculture, écoles de commerce, écoles industrielles, etc. En France, l'Ecole polytechnique, l'Ecole centrale, les Ecoles des Arts et Métiers, d'Agriculture, l'Ecole coloniale, les Ecoles normales, les Facultés de Droit et de Médecine, les Ecoles de notariat, etc., sont autant d'écoles professionnelles auxquelles préparent souvent d'autres écoles professionnelles annexées aux établissements d'enseignement secondaire ou d'enseignement primaire supérieur. Les créations de cet ordre correspondent bien aux besoins de la division du travail social ; elles permettent au jeune homme qui a reçu une culture scientifique générale d'appliquer les connaissances qu'il a acquises et surtout d'en acquérir de nouvelles spécialement en vue du métier qu'il doit remplir. Rien n'est plus important au point de vue politique, s'il est vrai, comme nous l'avons dit plus haut, que l'organisation technique d'une nation soit la base de son organisation politique.

L'amour du métier est inséparable des tendances sociales que suppose l'organisation politique des peuples les plus civilisés. Pour aimer son métier, il faut déjà posséder des aptitudes qui y correspondent, avoir acquis une certaine habileté qui prévienne les insuccès décourageants. Plus on est habile ouvrier, en effet, plus on est attaché à son art, plus on s'efforce de le perfectionner ; mais on ne devient bon ouvrier qu'à la condition d'avoir été bon apprenti et pour être bon apprenti même, il faut avoir reçu une préparation spéciale. Ce n'est pas la science pure qui prépare à l'action technique, du moins directement. La recherche des lois de la nature doit en elle-même être désintéressée : tous les faits, méritent également l'attention du savant ; s'il en est de plus particulièrement intéressants, ils ont une importance particulière seulement en ce sens que d'eux dépend un grand nombre d'autres et que leur connaissance est féconde par ses conséquences scientifiques.

Pour le technicien sont intéressants les faits et les lois d'où l'on peut faire dériver un grand nombre d'applications pratiques. Münsterberg, dans un ouvrage récent (1), montrait bien l'opposition du point de vue scientifique et du point de vue pratique : le praticien est trop occupé du succès des moyens traditionnels qu'il emploie et des inventions dont il fait l'essai pour s'employer à des recherches vraiment scientifiques. Le succès implique l'action sur les êtres vivants ou les choses concrètes, la science implique la liaison des conceptions abstraites ; savoir en général n'est pas pouvoir agir dans les cas particuliers.

Toutefois l'action obéit à des règles générales qui servent d'intermédiaires entre les lois scientifiques et la pratique. Celle-ci fournit aux règles théoriques leur orientation particulière, tandis que la science leur fournit une matière plus ample, plus vaste qu'il n'est nécessaire, un champ dans lequel il faut savoir cueillir. Nous disons : la science, car diverses

____

(1) *Psychology and Life*. Houghton. 1899.

sciences particulières sont appelées à la fois à servir de base à la théorie ; il faut cueillir dans les unes et dans les autres, synthétiser selon les besoins pratiques les données d'ordre mécanique et d'ordre physico-chimique ou bien les données physiologiques et les données psychologiques.

Si donc une technologie est le moyen terme obligé entre la science et l'action, il est nécessaire de doter un pays des enseignements professionnels variés dont l'ensemble constitue l'activité technologique, distincte de l'activité technique. Bien plus, puisque tout citoyen doit jouer un rôle dans la société, y remplir une fonction, y exercer un métier, il faut que tout citoyen soit passé par une école professionnelle qui l'ait rendu apte à jouer son rôle spécial, qui lui ait donné une valeur technique. Ici encore, il ne s'agit pas de faire passer tous les jeunes gens par l'Ecole normale ou l'Ecole polytechnique ; mais de créer autant de degrés d'enseignement professionnel qu'il convient à la diversité des fonctions sociales.

De même que l'éducation scientifique doit développer chez tous l'amour du vrai, l'éducation littéraire et esthétique l'amour du beau, l'éducation professionnelle doit développer l'amour de l'action régulière, du travail humain sous quelqu'une de ses formes. Mais les écoles professionnelles ne suffisent pas pour remplir cette tâche ; elles ne fournissent, nous venons de le dire, qu'une préparation quasi-scientifique à l'apprentissage d'un métier. Cet apprentissage ne peut se faire qu'au sein même de la corporation.

L'éducation donnée par la corporation est très complexe : il ne s'agit pas seulement pour l'apprenti d'acquérir l'habitude de certains actes, la connaissance de certains moyens, de certains procédés propres à réaliser la fin proposée à telle ou telle technique ; il s'agit aussi pour la corporation de gagner un nouvel adepte à son esprit, à ses traditions, à ses coutumes, voire même à ses préjugés et à ses erreurs. Il faut que l'apprenti, en devenant ouvrier, se montre digne de la corporation dont il a reçu les enseignements, au sein de laquelle il a recueilli une part de l'héritage social. Noble apprentissage de la solidarité humaine que celui qui se fait ainsi, en même temps que l'apprentissage du métier, dans le travail, par le travail et pour le travail ! Quels sentiments de fraternité, quels élans de dévoûment, de générosité n'est-il pas susceptible d'engendrer ? que d'émulation honnête, quelle franche rivalité, quelle loyale ardeur à toujours mieux faire ! Si la science nous donne des citoyens avisés, pourvus d'esprit critique et amants de la vérité, le travail bien organisé ne nous donnera-t-il pas des citoyens honnêtes, francs, scrupuleux, vaillants et s'aimant les uns les autres ?

Sans doute il ne faudrait pas, nous l'avons déjà dit, que la corporation abusât de sa puissance pour briser les volontés indépendantes, pour prescrire une conformité d'opinions et de tendances, qui serait la mort même de tout esprit d'initiative et de liberté, qui amènerait, comme jadis, le triomphe de la routine et des préjugés. Il faudrait lui enlever la puissance coercitive qui la rendit odieuse autrefois. Il est vrai qu'elle ne le fût jamais devenue si elle n'avait pas eu l'appui du pouvoir politique, pouvoir tyrannique, toujours ennemi des novateurs et des indépendants. Si la corporation de l'avenir n'a pas de privilèges, si l'individu est libre d'en sortir, surtout quant il croit à la valeur de sa découverte et qu'il en voit l'importance méconnue, l'intolérance de la collectivité ne sera nuisible qu'à elle-même. De même que Bernard Palissy inventa l'émail en dehors de toute corporation, certains ouvriers perfectionneront, dans l'isolement s'il le faut, l'industrie humaine ; mais combien il sera avantageux à la plupart des inventeurs de trouver au sein de leur corporation un appui moral et pécuniaire, un retentissement immédiat de leurs conceptions, une confirmation de la valeur de leurs innovations ; combien l'initiative se trouvera encouragée, contrairement à ce que l'on pouvait redouter !

L'individualisme a peut-être fait plus de mal dans le
XIX⁰ siècle que les corporations dans les quatre ou cinq siècles
précédents : que de pauvres ouvriers, exaltant leur valeur à
leurs propres yeux, ont poursuivi la réalisation de leurs projets chimériques, ont abouti à la misère et au suicide, qui,
s'ils eussent vécu en un milieu convenable, eussent vu immédiatement l'inanité de leurs conceptions ! Combien d'autres
eussent trouvé dans leurs compagnons de précieux auxiliaires pour la réalisation de projets féconds !

L'éducation donnée par la corporation ne peut donc être
qu'une éducation virile, propre à former des citoyens utiles à
leur pays, déjà pénétrés, au moment où ils entrent dans la vie
politique, d'un esprit social, encore étroit sans doute, mais
qui s'élargira sous la poussée des sentiments généreux qu'a
cultivés jusqu'ici la famille, l'école et la corporation.

CHAPITRE IV

L'ÉDUCATION DANS L'ÉTAT

I. *L'Education du milieu, de l'Eglise et de l'armée.*

L'individu ne vit pas seulement dans sa famille ou sa corporation : il vit nécessairement dans sa cité, atmosphère morale qui lui est aussi indispensable que l'atmosphère physique. Il subit, même malgré lui, des influences de toutes sortes qui contribuent à son éducation. Les journaux qu'il lit, les conversations qu'il entend, les exemples que lui offrent la rue, l'église, le temple, la réunion publique, la fête populaire, etc., agissant directement sur son esprit ou indirectement par les réactions qu'ils provoquent, le modifient dans un sens déterminé, en font un être social d'un type défini. Il est bien rare qu'un homme ne puisse être classé comme appartenant à un parti politique et comme ayant un caractère social déterminé : c'est que les suggestions qu'il reçoit de ses concitoyens tendent sans cesse à lui faire adopter des conceptions communes ; et il lui faut une singulière force de caractère pour éviter ces suggestions : s'il fuit les unes, il tombe dans les autres qui relèvent d'un parti opposé. Un homme d'esprit original, s'il a quelque valeur, est immédiatement imité et donne naissance à un nouveau parti. Certains types sociaux disparaissent après de multiples modifications successives : ils sont remplacés par d'autres qui, en s'opposant encore ou en se conciliant, jouent dans la dynamique sociale exactement le même rôle que les premiers. Nous avons déjà fait observer plus haut que puisqu'il faut subir l'influence de son milieu et de son temps, céder à la puissance de l'éducation sociale, d'autant plus dangereuse qu'elle s'exerce plus obscurément, il vaut mieux chercher à organiser cette éducation dans la cité et dans l'Etat, lui donner des organes qui lui permettent de réaliser la fin politique par excellence : l'harmonie des êtres sociaux dans un système complet.

Quelques organes de ce genre existent déjà. Ce sont surtout l'Eglise et l'armée ; l'une et l'autre ont entrepris en effet l'éducation de l'être social dans un sens déterminé, pour en faire un homme dévoué à une foi commune, l'Eglise à la foi religieuse, l'armée à la foi patriotique.

En dehors des tendances théocratiques qu'a souvent montrées l'Eglise catholique, on peut trouver dans le christianisme une tendance constante à assurer la paix sociale par l'éducation religieuse. La foi en un même idéal surnaturel, dans la bonté ou la justice de Dieu et dans l'immortalité de l'âme est bien capable de réaliser dans certaines circonstances l'union des cœurs sinon celle des esprits, les cœurs étant émus par des sentiments aisément communicables, les esprits pouvant diverger dans l'interprétation d'articles de foi communs.

L'union réalisée par une croyance religieuse risque donc déjà d'être imparfaite ; de plus elle est insuffisante, elle est loin de correspondre aux besoins sociaux : la vie n'est pas faite seulement d'élans mystiques ; des gens qui s'entendent sur le terrain religieux pourront bien ne pas s'entendre sur le terrain économique ; on voit de la même foi découler des conséquences toutes différentes, précisément parce que les principes religieux ne sont pas assez féconds pour systématiser toute l'activité sociale.

Il en est de l'amour de la Patrie comme de l'amour de Dieu.

On peut aimer sa patrie de diverses manières et on peut
être porté par la même ardeur patriotique à se quereller sur
des questions sociales. L'Armée cultive surtout ce sentiment
social qui fait que l'individu se dévoue pour le salut de la collectivité, pour l'honneur du pays auquel il est rattaché par
des liens divers. L'éducation que le soldat reçoit au régiment
développe en lui sans cesse l'esprit de sacrifice : c'est au nom
de l'abnégation qu'on lui demande d'obéir sans raisonner aux
ordres de ses chefs, de passer les meilleures années de sa jeunesse, loin de sa famille, de ses occupations habituelles, de
ses études, de ses intérêts. Mais en quoi tout cela pourrait-il
le préparer aux multiples devoirs de la vie sociale ? En quoi
l'éducation en vue du sacrifice peut-elle prétendre à être une
préparation à l'union des citoyens dans leurs fonctions si diverses ? Etre disposé à tout pour la grandeur de la patrie
n'est pas savoir comment on y travaille.

Cependant c'est déjà quelque chose que de s'être entendu
sur un point aussi important, que d'avoir éprouvé ensemble
le frisson de l'idéal religieux ou de l'idéal patriotique. Si c'est
insuffisant pour faire l'éducation du citoyen, c'est peut-être
utile pour la commencer. De plus en plus, la foi religieuse et
la foi morale ne font qu'une même foi ; Dieu devient l'idéal
moral. Quand on l'a conçu comme tel, les dangers de la foi
religieuse, le fanatisme et la superstition notamment, ont disparu ; les avantages ont subsisté : on admet qu'il y ait différentes Eglises, différentes religions ; on ne fait plus du même
credo la condition nécessaire d'une entente cordiale entre
hommes ; on demande seulement à ses semblables de travailler avec soi-même à l'accomplissement du devoir et au triomphe
du bien, que le devoir soit conçu sous forme de commandement divin ou comme un commandement de la raison, que le
bien soit conçu comme la perfection divine ou comme l'autonomie de l'être moral. Alors parmi les devoirs, l'éducation
militaire vient signaler le sacrifice pour le salut et la grandeur

de la patrie : imposée à tous, cette éducation, comme l'éducation religieuse ou morale, unifie les consciences, les fait communier en un même sentiment (1).

Mais il faudrait du moins que cette influence des institutions éthico-religieuses et des institutions militaires ne fût pas éphémère, et que le jeune homme, après avoir été pénétré de l'esprit moral et de l'esprit de sacrifice pendant quelque temps ne fût pas ramené à une conception beaucoup plus étroite de la vie, telle qu'il ne songe plus qu'à l'accomplissement de ses devoirs professionnels et de famille, à l'intérêt de ses proches et au sien propre.

Le prédicateur, au nom de la religion, prétend diriger seul les consciences ; l'officier au nom du patriotisme, prétend diriger seul les soldats : ils prétendent l'un et l'autre remplir auprès du citoyen le rôle des parents auprès de l'enfant, des maîtres auprès de l'élève, des ouvriers habiles auprès de l'apprenti. Mais comme l'art qu'ils possèdent est moins complexe, moins fécond que celui du maître et de l'ouvrier habile, tandis que la technique qu'ils ont à enseigner est beaucoup plus complexe, beaucoup plus difficile encore que toutes les autres, il y a une grande disproportion entre les moyens employés et la fin proposée ; les moyens n'en sont que moins efficaces et leur action n'en est que plus tôt annihilée, s'ils ne reçoivent pas au plus vite le complément dont ils ont besoin.

II. *La Science sociale.*

La vertu politique par excellence, nous l'avons vue, est celle qui pousse tous les citoyens à rechercher avant tout la réalisation d'un système social rationnel, ses intérêts particuliers

---

(1) Voir dans le *Manuel général de l'instruct. primaire*, du 4 février 1899, n° 5, p. 51, un article de M. Louis Boisse. « Le patriotisme, c'est l'idéalisme des masses » a dit M. Boutroux (*Rev. de Paris*, nov. 1898).

dussent-ils en souffrir, à sacrifier à l'harmonie sociale ses préférences individuelles, la satisfaction de ses tendances trop
étroites. Mais l'amour de cette organisation sociale que représente pour nous le mot « nation », ne peut être efficace que
s'il synthétise des tendances déterminées, et non des inclina-
tions vagues, générales, dont on ne peut apercevoir les contradictions. Cet amour éclairé qui est nécessaire au patriote, au
citoyen, ne peut être inspiré que par une connaissance de
plus en plus précise des conditions de la vie sociale, des lois
du devenir social, des fonctions variées que suppose l'existence collective la plus large, la plus développée. Il s'ensuit
qn'un enseignement particulier est nécessaire à l'éducation
politique la plus haute. Rappelons donc pour les compléter
les vues émises plus haut sur la philosophie sociale. L'enseignement que nous souhaitons doit donner à ceux qui le reçoivent
d'abord les indications qu'on peut tirer des expériences politiques effectuées par les générations passées ; ensuite la notion de l'état politique présent ; enfin et surtout un idéal politique aussi précis, aussi bien déterminé que possible pour
l'avenir. Il ne suffit pas en effet de dire au citoyen, au futur
homme d'Etat : ce qui importe, c'est qu'un système social soit
réalisé. Il faut dire aussi quel système social on propose comme
le plus digne d'être réalisé. Pour être réalisable, ce système devra fatalement être inspiré par l'état présent et par l'évolution
passée : il comprendra des éléments nécessaires que la philosophie de l'histoire permet dès à présent d'indiquer avec
précision. Mais le passé ne saurait fournir le plan complet de
l'état social à venir : de même que la philosophie des sciences, la philosophie sociale est obligée d'ajouter aux conceptions
qu'autorise pleinement le passé des conceptions plus aventu-
reuses dont on ne connaîtra bien la valeur qu'à l'expérience.
La philosophie sociale n'est donc pas tant une science
qu'une construction de l'esprit sur le prolongement de données scientifiques. Plusieurs constructions de ce genre sont

possibles ; il est permis de les opposer les unes aux autres, de
les comparer, de discuter leurs avantages respectifs, d'être
partisan de l'une plutôt que de l'autre. De là vient précisément que les partis politiques les plus divers subsisteront
toujours en opposition aux autres, alors même qu'ils seraient
tous éclairés par la même lumière scientifique.

Les conclusions de la philosophie sociale n'auront en effet
rien de la rigueur scientifique. Comme le dit M. Fouillée (1),
« ces spéculations sont métaphysiques, par conséquent hypo-
thétiques ; il faut donc les donner pour ce qu'elles sont, non
pour des dogmes ou des certitudes... Mises à leur vraie place,
les conjectures sur le plan du monde et de l'histoire, doivent
être soumises aux règles ordinaires des hypothèses, au contrôle de la logique, au calcul ou à l'appréciation méthodique
des probabilités. Ce travail fait, non seulement les deux régions de la métaphysique et de la science sociale n'empiète-
ront plus l'une sur l'autre et ne donneront plus lieu à des
controverses sans issue, mais un rapprochement et un trait
d'union deviendront possibles entre les deux ».

M. Fouillée conçoit comme « trait d'union » entre la sociologie et la philosophie sociale « la notion des idées-forces ».
À notre avis, cette notion est inutile, car s'il est bien vrai
qu'une idée de l'ordre pratique, adoptée par un esprit, est
toujours une force qui détermine à elle seule l'action, il n'est
nul besoin de telles représentations entre la science qui est
faite d'hypothèses actuellement vérifiables et la spéculation
sur le futur qui est faite d'hypothèses à vérifier. « Qu'y a-t-il
de vrai dans la philosophie métaphysique de l'histoire ? C'est
cette pensée que la société humaine a un certain *idéal,* qu'elle
prend pour *fin* et dont la poursuite plus ou moins consciente
doit donner un sens à son histoire. Or, une telle proposition
prise dans sa généralité n'exprime absolument rien d'incom-

(1) *La Science sociale contemp.,* p. 384.

Duprat   19

patible avec la sociologie positive ; et cependant elle exprime un point de vue trop négligé des sociologistes ». Nous ajouterons seulement que c'est par un faux esprit scientifique que certains sociologues rejettent la considération des fins sociales : le concept de finalité est déjà un des concepts constitutifs de la biologie ; pourquoi serait-il banni de la sociologie ? pourquoi la finalité que l'on observe dans la coordination des fonctions sociales serait-elle l'objet de recherches scientifiques si l'idée de fins sociales à réaliser progressivement était antiscientifique ? En réalité il n'y a pas antagonisme, pas même hiatus entre la sociologie et la philosophie sociale ; aucun trait d'union n'est nécessaire entre la science politique et son prolongement hypothétique.

Il n'y a pas lieu de distinguer ici avec M. Fouillée, une « méthode naturaliste et une méthode idéaliste » ; la «considération de l'humanité entière, du Grand Etre dont Auguste Comte a fait un nouveau Dieu » n'est pas de celles que l'on fait entrer dans la philosophie sociale ; c'est vraiment une conception métaphysique, on peut même dire théologique. Est-ce à dire qu'il ne faille considérer que le passé et se borner à constater ce qui a été ? Mais la prévision est de la nature de la science et l'examen du passé nous fait jeter un regard sur l'avenir. Comme le passé nous a montré une évolution ininterrompue, nous croyons à l'évolution dans l'avenir, au progrès, et le terme du progrès, nous le savons bien, est un idéal. « L'idée du Grand Etre social est la plus haute de toutes, affirme M. Fouillée ; elle exprime l'idéal même de la pensée, il en résulte qu'elle est vraiment l'idée directrice et aussi l'idée efficace par excellence. Comment alors la partie la plus importante de la méthode ne serait-elle pas celle qui détermine l'idéal suprême pour en déduire ensuite ses conditions d'existence et ses moyens de réalisation ? » Nous répliquons : cet idéal, cette méthode dont vous parlez n'ont rien de sociologique, rien qui se rapporte à la philosophie scientifique, nous n'avons pas à déduire les conditions d'existence de la société future d'un concept *a priori* : nous avons à induire des faits passées, les possibilités futures et d'après celles-ci conjecturer la nature sociale à venir.

Auguste Comte a signalé les inconvénients de ce qu'il appelle la politique philosophique, celle qui est fondée sur des a priori ou des inductions hasardeuses. Il la montre apte à démolir, non à construire. Mais ses critiques n'atteignent pas la philosophie sociale fondée sur la science. Cette philosophie, il faut l'enseigner à tous les citoyens, et quelques-uns plus éclairés plus intelligents lui feront faire par leurs recherches d'incessants progrès. D'une part éducateurs de leurs concitoyens, d'autre part hommes politiques s'inspirant tout à la fois des besoins présents et de à la fin atteindre, ils seront les vrais représentants du peuple dans sa généralité, tandis que d'autres esprits moins philosophiques le représenteront dans son organisation détaillée. Ceux-ci préserveront ceux-là de faire prévaloir dans la direction des affaires des vues trop générales et théoriques ; les premiers en retour préserveront les seconds de rester enfermés dans leurs vues particulières trop étroites. Les représentants des diverses corporations attachés à leur mission spéciale seront l'image du peuple au point de vue de la division du travail social ; ceux d'entre eux qui auront l'esprit philosophique seront l'image du peuple au point de vue de la connexion des éléments sociaux.

Ainsi deux tendances relativement opposées existeront en chaque citoyen comme elles doivent exister, nous l'avons vu, dans le corps social à l'état normal : une tendance à la satisfaction des besoins particuliers, nettement conçus grâce à l'organisation sociale du pays, et une tendance à l'établissement d'une étroite coordination entre les éléments distincts de cette organisation nationale. L'amour de la nation sera le correctif de l'amour exagéré du clocher ou de la corporation comme celui-ci était déjà le correctif de l'amour exagéré de la famille ou de soi-même.

L'éducation du citoyen sera dès lors complète. Tous ceux qui auront reçu avec profit les enseignements de la famille, de l'école, de la corporation et des maîtres de la philosophie sociale, seront aptes à constituer l'élite démocratique ; leur esprit toujours en éveil leur fournira sans cesse des prévisions nouvelles plus vastes, mieux coordonnées entre elles et avec les faits du passé ou l'état social actuel. La discussion de leurs projets, leur comparaison avec d'autres, émanés de citoyens également éclairés, ressemblera fort aux discussions entre sages qui conviennent à l'avance de quelques principes fondamentaux et qui, s'ils divergent dans des questions d'ordre secondaire, savent du moins les raisons de leur divergences, reconnaissent l'action sur leur esprit de tendances opposées, inconciliables peut-être, mais également légitimes. Dès lors ce sera sans colère que l'on recevra la contradiction de ses adversaires: on pourra même faire des expériences politiques qui seront sans danger, car les adversaires de la politique soumise à l'expérience, étant de bonne foi, s'uniront à ceux qui en auront fait l'essai, soit pour en reconnaître la valeur et en tirer les conséquences, soit pour réparer au plus vite l'erreur commise. La politique expérimentale rendue possible par l'événement de la politique rationnelle, assurera le progrès social comme la méthode expérimentale assure le progrès scientifique.

CONCLUSION

Dans un autre ouvrage, nous avons recherché le rôle de l'éducation dans le traitement préventif des maladies mentales ; ici, nous avons indiqué le rôle de l'éducation dans la formation de l'unité sociale : ce qui est encore montrer son efficacité, mais à un nouveau point de vue, puisque la politique fondée sur l'éducation scientifique et morale a pour fin la suppression des troubles sociaux.

Or les troubles de l'esprit individuel et les troubles de la « conscience sociale » sont parfois intimement liés. Nous avons montré dans notre étude de l'instabilité mentale comment les influences sociales peuvent déterminer la nature de certaines psychopathies, comment la désintégration sociale peut amener des impulsions morbides, des tendances perverses, des passions dangereuses pour l'individu ou par la collectivité. « Les fonctions qui entraînent une grande responsabilité, qui offrent sans cesse à l'esprit l'idée de dangers réels ou imaginaires, mènent aisément au psychopathies (1). La solidarité de l'homme et du milieu au point de vue psychopathologique est rendue évidente, par exemple, par ce fait que le médecin qui vit dans un milieu d'insanité se laisse peu à peu envahir par elle ». Le désir d'acquérir la renommée, la gloire, mène les artistes, les écrivains, les savants, à des troubles de l'esprit, passagers ou durables, de gravité variable. La misère et le vice, faits sociaux, engendrent les maladies de l'intelligence, de la sensibilité, de la volonté. M. Durkheim a admis qu'il y

(1) *L'Instabilité mentale* p. 249

a vraiment une force sociale qui impose à certains individus le suicide, et « pour chaque peuple une force collective d'une énergie différente qui pousse l'homme à se tuer » (1).

Mais réciproquement, l'instabilité mentale et les troubles qui se superposent à elle, amènent des manifestations séditieuses, des paniques, des enthousiasmes morbides, etc. La psychologie des foules repose en grande partie sur la psychologie morbide (2). L'éducation rationnelle de l'individu est préventive des troubles sociaux. C'est là le résultat négatif de la discipline qui forme les caractères, affermit les volontés, mène à la liberté morale par l'obéissance aux ordres de la raison et par le réfrènement des tendances morbides à l'instabilité mentale.

Mais le résultat positif est de donner une valeur intellectuelle et morale à l'individu. Or celui-ci, nous n'avons cessé de le répéter, est essentiellement un être social. La valeur d'un être social dépend du degré auquel il réalise l'idéal du citoyen. L'éducation du citoyen n'est donc que le prolongement naturel, indispensable, de l'éducation de l'homme en général. La première se superpose à la seconde comme la sociologie à la psychologie, et la continuité du développement naturel se retrouve aussi bien dans la continuité du processus éducatif que dans la continuité du processus scientifique.

La santé du corps social dépend de l'éducation comme en dépend la santé morale de l'individu.

(1) Dans un prochain ouvrage, « Les Causes sociales de la Folie », nous traiterons plus particulièrement ce sujet qui relève à la fois de la Psycho-pathologie et de la Sociologie.
(2) Cf. « *L'Instabilité mentale* », p. 252.

APPENDICE A

(Voir III⁰ partie. L'organisation sociale. Chapitre IV, § II).

LA REPRÉSENTATION ORGANIQUE

I

Notre livre était déjà à l'impression quand parut le travail si important, si documenté de M. Ch. François, intitulé : « La représentation des intérêts dans les corps élus ».

« Parti de l'idée, que la démocratie, telle qu'elle est actuellement pratiquée en France, est toute superficielle, l'auteur s'est efforcé de prouver que le remède principal à ce vice mortel consistait à rapprocher la démocratie du pays réel, vivant non pas dans sa généralité imprécise, mais dans ses moindres parties, ses multiples besoins, ses opinions variées, ses divers intérêts saillants » (1). Nous avons eu la même idée. Comme M. François, nous avons cru que la démocratie requiert une organisation de la représentation nationale correpondant à l'organisation nationale elle-même. Les « circonscriptions territoriales » doivent faire place aux « circonscriptions fonctionnelles », qui permettent d'ailleurs, par un sage groupement, la distribution du pays en régions ayant « droit à une autonomie plus grande ».

M. François conserve toutefois une Chambre des députés,

(1) Ch. François. « La représentation des intérêts dans les corps élus ». *Annales de l'Université de Lyon*, 1899, p, 335.

élue par le suffrage universel direct, et un Sénat destiné, dit-il, à « seconder la représentation des intérêts par la réhabilitation de l'élite et sa réintégration à la tête du pays « (1). Il place seulement à côté du gouvernement et comme autant de points d'appui, des Conseils supérieurs représentant les intérêts des diverses fonctions constitutives de la nation, et un Conseil d'État chargé « d'harmoniser définitivement l'œuvre des autres corps de l'État et aussi des corps locaux, puisqu'il devra, conjointement avec le Parlement, parer aux dangers d'une décentralisation trop prononcée (2).

Mais n'est-il pas à craindre que la Chambre, issue du suffrage universel, ne prétende à la souveraineté et n'écoute que d'une oreille trop distraite les avis des Conseils supérieurs, du Conseil d'État et même du Sénat, qui, s'ils résistent ou s'obstinent dans leurs réclamations, risqueront de soulever des conflits qu'il faudra tôt ou tard résoudre, en affirmant ou bien la domination de l'élite, ou bien celle de la foule ? Nous ne voyons pas quels avantages on peut trouver à morceler ainsi la souveraineté nationale, à la distribuer entre l'Élite, la Foule et les corps organisés. Nous voyons bien au contraire les dangers de cette affirmation implicite que le pays « dans sa généralité imprécise » a autant de droits à être représenté que le pays dans son organisation interne, dans son ensemble bien vivant de forces mises en harmonies. N'est-ce pas proclamer l'égale valeur du chaos et de l'organisation, et n'est-ce pas mettre en danger l'unité nationale dans l'ensemble de la nation même ? N'est-ce pas aussi encourager la création d'une classe de « politiciens » ignorant tout en particulier, connaissant tout en général, en présence de classes multiples de « spécialistes » que l'on suppose incapables de vues générales et désintéressées ?

D'ailleurs, M. François semble admettre que la souverai-

(1) P. 337.
(2) P. 343.

neté appartient au peuple juridiquement organisé, c'est-à-dire, à l'état en tant qu'unité collective et non en tant que somme d'individus détenant chacun une part de souveraineté. Pour lui comme pour nous, la « représentation nationale » est un organe destiné à exprimer la « volonté sociale » de la façon la plus convenable. Il n'y a donc de Chambre de députés remplissant bien sa fonction que celle qui est composée de gens capables dans leur ensemble de comprendre les intérêts, les besoins, les désirs du pays ; la représentation organique est donc la seule vraie représentation nationale, la Chambre amorphe issue du suffrage universel chaotique, de la foule des électeurs, n'est qu'une parodie de la vraie Chambre des représentants. Pourquoi se contenter de la parodie si l'on peut réaliser le modèle ? Nous concluons donc non au maintien des corps législatifs tels qu'ils existent en France, à l'heure actuelle, mais à leur transformation en organes compétents de législation. Que deux Chambres soient nécessaires pour éviter les conséquences néfastes des entraînements soudains auxquels sont exposées même les assemblées d'élites, nous n'en saurions disconvenir ; que le mode de recrutement doive être différent, c'est une conséquence de la dualité même ; mais n'y a-t-il pas lieu de distinguer dans la représentation nationale, la représentation des corps de métiers et la représentation des cités ou des intérêts communs de collectivités déjà organisées. Si dix, vingt, trente syndicats ou associations sont nécessaires pour constituer une circonscription électorale au point de vue professionnel, bien que ces syndicats ou associations n'appartiennent pas à la même cité, n'est-il pas légitime que la commune ou le groupe de communes associées ait aussi son représentant ? Et ne trouve-t-on pas là le fondement rationnel d'une dualité dans la représentation nationale, dualité qui ne peut faire naître les conflits que nous redoutions de l'opposition du suffrage universel inorganique au suffrage universel organisé. Car les ntérêts des cités ont pour base l'harmonie des intérêts pro-

fessionnels çoexistant en chaque commune ; il y a neutralisation des tendances excessives, par conséquent passagères,
variables, tandis qu'il y a « renforcement » des tendances
normales, durables, qui naissent et grandissent au sein de la
cité. La représentation des cités est un remède au mal que
M. Paul Laffitte signale comme conséquence de la « politique
des intérêts », l'absence de suite, de cohésion, de direction,
de discipline. « Ceux qu'un même intérêt a réunis aujourd'hui,
un intérêt contraire les séparera demain », dit M. Laffitte (1).
A cela il est aisé de répondre que la corporation, la cité sont
par leur existence et leur persistance mêmes de sûrs garants
de la constance de certains intérêts et de la continuité d'une
politique fondée sur leur représentation ; que s'il faut concé-
der un droit de représentation à des associations passagères,
à des ligues éphémères comprenant les citoyens qui n'ont pas
de profession ou qui n'ont que des intérêts passagers à faire
représenter, et s'il y a dans ce droit concédé un danger (que
nous n'admettons pas d'ailleurs) pour la politique systématique, pour la continuité des vues gouvernementales, nous
possédons mieux qu'un palliatif à l'inconvénient signalé : c'est
le suffrage à deux degrés, la représentation des cités entières
par les élus de la cité.

M. François veut confier à l'élite le soin de l'intérêt général ; mais pourquoi cette élite ne se trouverait-elle pas au sein
des deux assemblées élues par les associations professionnelles
et par les cités ? Nous avons déjà dit combien il est difficile
de concevoir l'élite quand on la sépare du peuple. A quels
signes la reconnaître ? Quelles fonctions lui attribuer quand
on n'a pas la certitude de la reconnaître ? Il nous semble que
les intérêts de la nation dans son ensemble sont aussi inséparables des intérêts collectifs plus restreints, quand ils sont
bien entendus, que ceux-ci des intérêts individuels bien com-

____

(1) « Le suffrage universel et le régime parlementaire », p. 27-82.

pris. On a dit avec raison que dans l'individu il y a souvent lutte entre le désir du bien particulier et celui du bien général, triomphe même du dernier sur le premier ; il en est de même et plus souvent encore dans la cité, où le bien du pays passe souvent avant la satisfaction de désirs particuliers. On n'a pas besoin d'appartenir à l'élite intellectuelle pour être enclin au dévouement, pour aimer la justice que M. Izoulet proclame avec raison identique à l'intérêt (1). Il est vrai qu'il faut apprendre à connaître l'État dans son ensemble pour bien comprendre ce qui est juste, ce qui est de l'intérêt de tous ; mais pour l'apprendre il ne suffit pas d'appartenir à une élite indéterminée, il faut posséder plus ou moins de science sociale, avoir fait l'apprentissage complet de son métier de citoyen. Cet apprentissage, tous ont le devoir de le faire et ceux qui y auront le mieux réussi seront évidemment les plus écoutés, les mieux suivis dans les assemblées législatives. Nous n'avons pas voulu en faire une caste orgueilleuse, vouée à l'impuissance, ne fût-ce que par son isolement.

II

M. François a voulu surtout faire œuvre pratique et en conséquence il a cherché à éviter les bouleversements ; le système qu'il préconise nous apparaît donc comme un moyen de transition entre l'état actuel du suffrage universel en France et l'organisation de ce même suffrage que conçoivent à peu près de la même façon tous ceux qui s'inspirent à la fois de l'idée démocratique et de l'idée de gouvernement.

Que la conception d'une représentation des intérêts dans les corps élus ait séduit non seulement les démocrates avancés de tous les pays, les partisans de l'extension des syndicats professionnels, mais encore et même plus que tous en apparence

(1) *Cité moderne*, p. 409.

les partisans déguisés ou avoués d'une réaction monarchiste
ou d'institutions théocratiques, il ne faut pas s'en étonner. La
représentation des intérêts peut se faire de deux façons : soit
par l'élection, soit par le choix. Dans le premier cas, elle a son
origine dans le peuple ; dans le second cas elle a son origine
dans une décision arbitraire du gouvernement qui peut se contenter de prendre les avis des conseils de l'industrie, du
commerce, de l'enseignement, etc. Dès lors la représentation
des intérêts est un leurre pour le suffrage universel. Elle n'est
vraiment démocratique qu'autant qu'elle est la représentation
de tous les intérêts économiques, artistiques, intellectuels,
moraux, religieux, etc., et qu'elle est toute la représentation
nationale, souveraine interprète de la volonté collective dont
le gouvernement est la fidèle expression dans ses décisions
pleines de conséquence et de prévoyance. Or telle n'est pas,
nous l'avons déjà montré et nous avons maintenant une nouvelle raison de le regretter, l'idée que M. François nous présente de la réprésentation nationale organique à l'image de la
nation organisée.

Son plan d'organisation politique cantonale et régionale
n'est pas davantage celui qui convient en propre à la démocratie. On ne peut qu'approuver la critique qu'il fait, après
MM. Foncin, Faguet, Deschanel et Donnat, du morcellement
de la France en une multitude de « chétives agglomérations » ;
il nous paraît concevoir à bon droit comme réalisable et même
d'une réalisation indispensable « le syndicat de communes »,
le « municipe », la « grande commune, véritable cellule provinciale » au dire de M. Faguet, qui peut supporter la comparaison avec la cité de dix à vingt mille âmes. Un syndicat de
communes rurales présente en effet beaucoup plus d'homogénéité qu'une grande ville ; les régions boisées, les régions
viticoles, par exemple, constituent de vastes étendues de pays
où tous les villages ont à peu près même composition où les
occupations sont identiques, les besoins et les désirs collectifs

analogues d'agglomération à agglomération. C'est seulement
dans l'ensemble du canton que l'on voit se dégager les diverses
fonctions sociales, les commerçants se distinguer des industriels, les uns et les autres des agriculteurs ou des rentiers ;
c'est donc seulement dans cet ensemble qu'il faut chercher un
rôle administratif à jouer par des corps élus. Dans le canton
comme dans la cité, il y a des intérêts divers à concilier : les
chambres cantonales peuvent donc être assimilées aux conseils
municipaux des grandes cités ; leurs membres doivent être
élus de même manière, c'est-à-dire de façon à représenter
chacun les tendances collectives d'un syndicat professionnel
ou d'une association de quelque importance (l'importance
n'étant pas mesurée seulement par la quantité des membres,
mais aussi par la valeur sociale) (1).

Mais si les chambres cantonales ou les conseils municipaux
ne sont que des comités consultatifs sur les avis desquels le
maire et ses adjoints s'appuient pour prendre leurs décisions,
c'en est fait de la souveraineté populaire. Il faut, comme le
demande M. Deschanel (« La Décentralisation », p. 9) que « le
conseil décide » ; mais il faut aussi que ce « conseil », composé de personnes compétentes, soit élu par tous les citoyens,
divisés en catégories.

Nous le répétons, la démocratie ne saurait souffrir une mutilation du suffrage universel et de ses prérogatives souverai-
nes, elle demande seulement que le suffrage universel soit
rationnellement organisé.

(1) Là gît peut-être la plus grande difficulté de la représentation des
groupes sociaux : comment évaluer la valeur sociale d'une association
de citoyens? Les industries alimentaires auront-elles une valeur sociale
égale ou supérieure aux professions dites libérales? Ainsi posée la
question l'est peut-être assez mal. Il suffirait pensons-nous d'attribuer
un ou deux représentants à chaque groupe social reconnu comme
constituant, quel que soit le nombre de ses membres, un élément assez
important. Personne ne serait exclu pour autant. Car les groupes estimés d'importance secondaire pourraient être fusionnés d'après leurs
affinités de façon à ce que leur fédération ait un ou deux représentants.
Nous revenons plus loin sur cette question.

Entre les intérêts (toujours dans le sens le plus large du mot) du « canton » et ceux de la nation, prennent place ceux de la région ou « province ». Ils offrent une plus grande diversité à concilier, mais ils ont pour fondement naturel de leur unité synthétique la communauté des sentiments, des traditions, des coutumes, du dialecte, du climat, du caractère régional ; d'ailleurs cette communauté peut seule être le principe de la division d'un pays en provinces.

M. François demande pour les conseils provinciaux un ou deux délégués par canton (1). Mais n'est-ce pas renoncer au principe de la représentation organique ? Sans doute, on affirmerait ainsi l'existence de « l'être moral qu'est le canton » ; ne vaudrait-il pas mieux cependant que les intérêts régionaux de chaque profession, du commerce, de l'industrie, de l'agriculture, de l'enseignement, etc., y fussent directement représentés, du moment où la représentation des cantons ou des cités serait assurée au sein du Sénat ? Les corporations ou associations locales seraient ainsi amenées à se considérer comme des éléments d'une fonction spéciale d'abord régionale, ensuite nationale ; elles perdraient assez de la sorte leur esprit « particulariste », si redouté qu'il est le principal obstacle à l'adhésion que donneraient sans cela beaucoup d'esprits à la constitution des groupements corporatifs.

En résumé, le canton ou la cité, la région ou province, l'Etat ou nation, seraient dans notre conception administrés directement par les représentants du peuple. Mais rappelons que, comme organes de contrôle, auprès des conseils cantonaux ou municipaux comme auprès des conseils régionaux ou provinciaux siègerait avec le droit de veto, un représentant de l'Etat, tandis qu'auprès de la Chambre des députés serait créé un Sénat composé des représentants des cités ou can-

(1) *Op cit.*, p. 180.

tons. Partout, d'ailleurs, la fonction gouvernementale ou administrative exigerait « une tête » en vue de la prévision, de l'initiative continuelle, de l'accomplissement sans interruption d'une fonction indispensable à la vie politique qu'on a désigné souvent par les mots : pouvoir exécutif.

III

Ce système de représentation nationale aurait l'avantage de résoudre le problème politique sans que nous ayons à donner une solution particulière aux questions fréquemment posées dans l'état actuel de la démocratie : celle du vote plural, celle du droit de représentation des minorités.

Du moment où chacun est inscrit non dans une circonscription territoriale, mais dans une circonscription fonctionnelle, il vote avec ses pairs, et son suffrage ne vaut pas plus que celui de ses compagnons de vote : il n'y a pas lieu d'accorder au plus instruit un triple ou quadruple suffrage et à l'ignorant un suffrage simple ; il suffit que l'association, le syndicat ou le groupe qui a une haute valeur sociale soit malgré sa faiblesse numérique aussi favorisé au point de vue de la représentation que le groupement plus important au point de vue quantitatif, mais de moindre valeur sociale.

D'autre part, l'injustice qui consiste à exclure du gouvernement d'un pays les minorités même les plus imposantes, disparaît dès qu'il s'agit de la représentation non point d'individus, mais d'intérêts ou tendances collectives. Sans doute, c'est encore le plus grand nombre qui décide du choix des représentants, mais ceux-ci ont pour mandat la défense d'intérêts collectifs précis qui sont aussi bien ceux de la minorité que ceux de la majorité. S'il se produit fréquemment des divergences de vues sur les intérêts collectifs, entre membres d'une même association ou d'une même corporation, ces divergences doivent être combattues par une action tout interne, ou des comités directeurs, ou des membres les plus influents, ou des arbitres de bonne volonté, sur l'association elle-même. Les intérêts bien entendus d'un corps social lui prescrivent l'union de ses éléments : divisé, il est impuissant à tous les points de vue ; son impuissance politique résulte de son fractionnement. Si donc les divergences ne sont que superficielles entre la majorité et la minorité, tous tendent à la conciliation pour la défense des idées, des principes communs. Si les divergences sont profondes, la scission se produit et des deux côtés s'impose la nécessité de choisir un arbitre comme représentant. C'est ce qui peut arriver surtout à la suite des conflits si fréquents de nos jours entre patrons et ouvriers. Soit, par exemple, une circonscription houillère où les ouvriers sont la grande majorité, les patrons l'infime minorité, bien qu'ils aient à leur service une force sociale considérable, l'argent et parfois le savoir. Si patrons et ouvriers forment la même circonscription électorale, les intérêts des ouvriers seront seuls représentés, les intérêts des patrons risqueront d'être méconnus. Donc, ou bien les patrons s'entendront avec les ouvriers sur le choix d'un représentant commun aux deux partis, ou bien ils réclameront le droit d'avoir une représentation propre. Si ce droit ne leur est pas reconnu (1), on ne pourra cependant leur refuser le droit de nommer, de concert avec les ouvriers, des arbitres qui statueront sur le choix de candidats à une représentation commune. Dans le cas enfin où les suffrages des ouvriers et ceux des patrons s'obstineraient à se porter sur d'autres candidats que ceux dont le choix serait fait par les arbitres, il n'y aurait, semble-t-il, d'autre ressource que celle de modifier la circonscription

____

(1) Le Conseil d'Etat en premier ressort, le Parlement en dernier ressort semblent seuls avoir qualité pour reconnaître ou dénier à un groupe, à une ligue, une société, une corporation, un syndicat, le droit d'avoir un représentant particulier.

électorale et de rattacher le corps des patrons par exemple à celui des rentiers, des banquiers, des capitalistes. Une minorité qui ne serait pas satisfaite de mesures aussi libérales serait tout près d'être une minorité factieuse.

D'ailleurs la soupape de sûreté du système consisterait dans la liberté pour chaque citoyen de se faire inscrire dans la circonscription électorale qui lui conviendrait le mieux. Il serait bien extraordinaire qu'un viticulteur de la Gironde choisît, sans avoir aucun intérêt dans la Beauce, une circonscription électorale de cultivateurs de céréales dans ce dernier pays.

C'est une simple question de détails à régler, quant à la date extrême à laquelle un électeur doit être inscrit dans une circonscription pour avoir le droit d'y prendre part à un vote, et quant aux conditions dans lesquelles le sectionnement ou la fusion de circonscriptions existantes peut s'effectuer.

M. François dit avec raison « qu'un électeur parqué contre sa volonté dans tel ou tel groupement perdra de ses qualités de sang-froid ou bien se désintéressera de l'élection ». Il ne veut pas plus que nous cependant du vote multiple, c'est-à-dire de la faculté accordée à chaque électeur de voter en plusieurs circonscriptions, comme en Angleterre et dans une certaine mesure en Autriche. Mais il souhaite que le vote soit obligatoire, car, dit-il, « il est de toute nécessité que les intérêts de tous et de chacun soient connus et défendus ». La raison ne nous paraît pas bonne. Il ne s'agit pas, à notre avis, des intérêts de chacun, mais des intérêts collectifs auxquels chacun doit s'intéresser. Plus il y a de suffrages exprimés, plus il y a de chance pour que le souci des intérêts généraux l'emporte sur celui des intérêts particuliers : la bonne gestion des affaires publiques exige donc que chaque

Op cit., p. 312.

Duprat 20

citoyen considère le vote comme faisant l'objet d'une obligation morale. Toutefois l'abstention d'une faible minorité est beaucoup moins dangereuse dans le système de la représentation organique que dans tout autre système représentatif, car, comme nous l'avons déjà indiqué, ce n'est plus la quantité qui fait la valeur du scrutin, c'est bien plus la clairvoyance, l'intelligence, d'un mot la qualité des électeurs. La démocratie n'est pas tant le pouvoir de la multitude que la souveraineté du peuple éclairé, de la volonté collective conforme à la raison (1).

(1) Récemment, dans un compte-rendu de la *Revue Philosophique* (juillet 1889), M. G. Palante s'élevait avec énergie contre les vues politiques de M. Walas, analogues à celles de MM. Benoist et Durkheim, et fort rapprochées de celles que nous avons émises, en ce qui concerne le « système électoral fondé sur la classification des citoyens en castes professionnelles ». Il semblait craindre que l'individu fût absorbé par la caste ou l'association, et il suggérait cette appréhension que dans un tel système l'individu soit réduit à ne plus faire de politique générale, à cesser d'être vraiment citoyen pour devenir exclusivement épicier, agriculteur ou magistrat. Appréhension très légitime, mais non justifiée quand il s'agit, comme dans notre conception, d'envoyer dans des assemblées cantonales, provinciales ou nationales des représentants chez qui la compétence technique ne saurait exclure la compétence politique. Tout au contraire, nous souhaitons que les deux soient intimement unies, que l'homme d'affaires soit rendu par l'étude des sciences sociales apte à devenir homme d'Etat; et c'est même pourquoi nous ne voulons pas séparer « l'élite » que M. François charge de « prendre soin des intérêts généraux » du reste de la représentation nationale. L'électeur a donc dans notre système comme dans le système actuellement établi en France, à se préoccuper de l'aptitude de son élu à gérer toutes les affaires publiques sans distinction ; il aura donc les préoccupations du citoyen jointes à celles de l'homme qui appartient à une corporation, à une association. Quant à la pression que le groupe peut exercer sur l'individu, nous ne la redoutons pas pour l'homme de volonté et nous la préférons pour l'homme faible à celle de la foule.

APPENDICE B

Voir IV⁰ partie, l'Education politique, Ch. II.

LA FAMILLE ET L'ÉTAT SOCIAL

I

Dans un ouvrage récent (1), M. Lalande a opposé aux théories évolutionnistes, qui font dériver l'organisation sociale et familiale d'une différenciation progressive, une théorie d'après laquelle le devenir des sociétés est dû à la dissolution des éléments primitifs avec tendance à une homogénéité croissante de toutes les parties constitutives de l'agrégat social.

D'après M. Lalande, la famille est normalement en voie de dissolution (2) ; la différenciation qui lui a donné naissance « appartient essentiellement au domaine de l'histoire naturelle » (3). Les conditions physiologiques dans lesquelles s'est exercé l'instinct de la reproduction ont accentué la distinction de l'homme et de la femme, elles ont affermi et développé l'institution familiale » ; et cela à une époque préhistorique. La période historique commence avec le *patriarcat*, considéré comme primitif par la Bible, Platon et Aristote, et la « patria potestas » a eu pour cause non la réflexion, « mais bien la supériorité de l'homme fort qui monopolisait quelques femmes, à

(1) « La Dissolution opposée à l'Evolution », Alcan, 1899.
(2) Cf *op cit.*, p. 311 sqq.
(3) *Op cit.*, p. 312.

la façon dont il disait : Ce champ est à moi » (1). De même qu'il subjugue les femmes, il s'asservit par la force des auxiliaires qui viennent compléter sa domesticité ; le « droit de naissance » prolonge le « droit de conquête » ; les fils des esclaves comme les fils des maîtres continuent la maison, la famille, qui forme ainsi « l'élément constitutif de la cité antique ». Cet élément a ses principes propres, sa religion, ses dieux. « Rien de commun d'une famille à l'autre : on ne peut servir à la fois deux autels. La femme qui se marie rompt tout lien avec ses propres lares... La puissance paternelle anime cette unité.... Le maximum d'hétérogénéité joint à la plus solide intégration sont ainsi notre point de départ historique » (2).

Mais voici qu'entrent en scène « la conscience réfléchie des hommes, et les révolutions ». La famille cesse d'être le type unique d'organisation politique ; le pouvoir paternel faiblit, puis le désir d'égalité fait supprimer le droit d'aînesse ; par une « troisième révolution, les clients s'affranchissent, le patriciat se confond avec la plèbe, les esclaves ne font plus partie de la famille. « Une nouvelle forme de mariage devient usuelle : la femme, au lieu d'être achetée ou de passer « in manum mariti » par confarréation, demeure en droit dans la famille de son propre père.... La femme prête même quelquefois à son mari et le gouverne par sa créance » (3). Elle s'émancipe du moins, quand elle ne devient pas souveraine, et c'est la ruine définitive du lien familial.

M. Lalande croit retrouver cette dissolution de la famille au sein même du progrès de la civilisation dans toutes les sociétés modernes ; partout, dit-il, la famille ne se différencie et ne se concentre en même temps qu'aux périodes de barbarie qui précèdent les périodes de vitalité économique, intellectuelle, artistique. Il semble en résulter que la famille forte, unifiée, est

(1) *Op cit.*, p. 314.
(2) *Op cit.*, p. 316-317.
(3) *Op cit.*, p. 326.

plus proche du règne animal que du monde civilisé ; et c'est bien en vain que l'on reconnaît la haute valeur morale de l'esprit familial conservé intact au sein d'un groupement élémentaire solidement constitué.

L'organisation sociale normale dans l'avenir serait donc, si nous en croyions le théoricien de la dissolution universelle, caractérisée par l'absence à peu près complète de lien familial, par l'indépendance des individus actuellement encore asservis à l'autorité paternelle ou maternelle.

Mais la ruine de la famille pourrait n'avoir d'autre résultat que de renforcer la puissance d'autres collectivités telles que la corporation, la cité, l'Etat, sur l'individu isolé, moins apte à résister à des influences plus puissantes et parfois plus tyranniques. Il semble même que toujours quand l'individu s'est soustrait à la domination de l'esprit familial, il est tombé sous le joug d'un autre esprit collectif. La congrégation, la corporation, le club, la secte, ont généralement profité de la décadence du pouvoir paternel ou maternel. Il est des périodes où la vie domestique s'affirme au détriment de la vie publique, il en est d'autres où un mode de vie publique s'affirme au détriment de la cohésion de l'agrégat domestique. M. Lalande semble l'avoir méconnu en faisant de la dissolution de tous les groupes constitutifs de la société organisée la condition d'un progrès social réel. Il a postulé l'individualisme bien plus qu'il n'a prouvé que l'idéal individualiste fût la seule conception autorisée par l'histoire.

II

Or pour parvenir à l'idéal qu'il décrit, il nous fait passer du patriarcat le plus défini à une sorte de matriarcat ou du moins à une forme d'existence familiale dans laquelle le mari est sans autorité au sein de la famille de sa femme, est soumis à son épouse ou au chef de la famille de son épouse (1). Cette condition maritale a reçu un nom emprunté à la langue malaisienne *ambil anak*. C'est en Polynésie et en Malaisie que l'on constate en effet l'ambil pur, au sujet duquel Waitz dit dans son *Anthropologie der Naturvolker* (2) : « Quand le mariage est conclu par ambil anak, l'homme ne compte plus et prend une place tout à fait inférieure dans la famille de sa femme : il est entièrement subordonné et n'a aucun droit sur ses enfants ».

M. G. Mazzarella a établi par des recherches consciencieuses (3) que l'ambil pur existe ou a existé à notre connaissance dans près de trois cents tribus appartenant à toutes les races. Non seulement Post, Kohler, Waitz, Wilken l'ont décrit tel qu'il existe en Océanie, mais on le trouve en Chine, quoiqu'il n'y soit pas la forme ordinairement adoptée, chez les Bédouins, où Burton l'a étudiée (4), au Kamschatka et au Zambèze, chez les Indiens de l'Amérique comme chez les nègres du Congo ; on peut enfin affirmer son existence autrefois dans les principales branches de la famille arienne. Aussi M. Mazzarella prétend-il que l'ambil anak fut à un moment donné le mode matrimonial imposé par l'évolution naturelle à tous les peuples actuellement plus avancés dans la voie de la civilisation.

L'ambil se rattache indubitablement au matriarcat, c'est-à-dire à un mode d'organisation sociale dans lequel la parenté s'établit juridiquement en suivant la ligne féminine, le chef de la famille étant l'oncle maternel, le père n'entrant dans la collectivité que d'un façon temporaire, n'y jouant jamais qu'un rôle secondaire d'auxiliaire destiné à assurer la continuité de la famille par la procréation d'enfants sur lesquels il n'a point de droits.

Peut-on maintenant affirmer que le matriarcat est plus pro-

---

(1) *Vide supra et op cit.*, p. 326.
(2) Vol. 5, p. 144.
(3) « La condizione giurid. del marito », Catania 1899, E. Coco.
(4) Burton. A pilgrim to El medinah and Meccah. II. p. 84.

cheque patriarcat des époques primitives de la sociabilité humaines ? Le grand débat ouvert par Bachofen (1), et dans lequel on a vu intervenir d'une part Mac Lennan, Morgan, Lubbock, Tylor, Spencer, Letourneau, et d'autre part Sumner Maine, Fustel de Coulanges, Westermarck et Tarde, parmi beaucoup d'autres, est loin d'avoir abouti à des conclusions indiscutées. Pourquoi le matriarcat aurait-il été la forme primitive universelle ? La promiscuité, qui au dire de certains évolutionnistes l'aurait précédé, n'est même pas universelle dans le règne animal ; comme le fait remarquer M. Espinas (2) le mâle entre dans la famille d'une façon constante dans les régions supérieures du règne animal. Sans doute l'amour est le premier lien sur lequel reposent les relations familiales ; il est assez naturel que les enfants ne connaissent que leur mère et ignorent leur père quand celui-ci ne fait que passer dans la tribu où la faiblesse de son sexe, les mille entraves qu'apporte la maternité, retiennent la femme. Mais nous tournons dans un cercle vicieux en supposant que l'homme est dans la tribu comme un passant qui séduit une fille d'auberge et que l'amour maternel reste le seul fondement de la famille, en concluant ensuite à la nécessité du matriarcat dans les époques primitives. Il faudrait d'abord prouver que la condition sociale de l'homme est telle, à ces époques obscures, qu'il ne puisse pas se fixer en un lieu et y constituer un foyer distinct.

Sans doute encore, la monogamie suppose une telle élévation de sentiments, un tel progrès dans la réflexion, une telle évolution des idées morales que les premiers hommes étaient incapables de la pratiquer. Pour qu'un homme et une femme se restent mutuellement fidèles l'un à l'autre, il faut que des sentiments de pudeur, de dignité morale, d'honneur, de respect de la parole donnée et de respect d'autrui, soient nés, que beaucoup de gens parmi les civilisés ne possèdent qu'à un degré

(1) Das Mutterrecht, 1861.
(2) Sociétés animales, p. 333.

très inférieur. La polyandrie et la polygamie sont naturelles aux sociétés peu avancées. Mais on ne peut en conclure que la polyandrie ou la polygamie ont été nécessairement précédées d'une forme sociale moins différenciée intermédiaire entre elles et la promiscuité supposée primitive. Le faire serait sans doute céder au préjugé évolutionniste que M. Lalande a eu raison de dénoncer : celui qui fait rechercher toujours plus haut une homogénéité toujours plus grande.

Pourquoi la polyandrie n'aurait-elle pas existé primitivement ici et la polygamie ailleurs ? Avec les conditions d'existence les formes d'union sexuelle ont dû varier chez les premiers hommes. Ici sont des terres fertiles qui portent naturellement des fruits abondants, là sont de lieux de chasse et de pêche, ailleurs sont des déserts ; certaines îles son propres à un mode d'existence que certaines autres îles rendent impossible. L'alimentation pose le premier des problèmes sociaux ; pour le résoudre, des moyens divers doivent être employés : ici la pêche, là la chasse ou la culture (d'abord limitée sans doute à la récolte des fruits et à leur conservation) ; mais aussi ailleurs le vol, la rapine, la guerre ayant pour objet de dévorer les vaincus ou de les dépouiller.

Comment les mœurs des peuples agriculteurs ou chasseurs ne seraient-elles pas toutes différentes de celles des peuplades nomades, guerrières ? Grosse (1) l'a très bien compris : d'après lui, la vie de chasse ne favorise ni la promiscuité ni le matriarcat, mais la constitution de petites familles ; chez les peuples pasteurs, une forte organisation militaire est nécessaire pour la défense des troupeaux et le patriarcat prend un caractère très accentué.

Cependant ce serait tomber dans le « déterminisme économique », si mal nommé « matérialisme historique », que de ne pas admettre l'action d'autres causes sociales sur la constitu-

(1) Cf. *Revue philos.*, 9 novembre 1897.

tion de la famille primitive. Les superstitions, les préjugés religieux et au premier rang le totémisme, ont dû avoir la plus grande influence, comme l'affirme M. Durkheim, sur le développement des pratiques endogamiques ou exogamiques. Et de bonne heure l'esprit religieux dut se développer dans l'humanité, surtout s'il se confondît à l'origine avec l'esprit social lui-même et si le premier dieu fut la personnification de la force sociale confusément sentie. Mais les influences sociales et au premier rang les influences religieuses s'exercèrent surtout sur la famille rudimentaire pour la développer, la modifier, introduire de nouvelles prescriptions et surtout de nouvelles restrictions à la liberté des unions sexuelles. L'endogamie et l'exogamie eurent leur source sans doute dans des préoccupations économiques qui bientôt après leur devinrent étrangères. Une peuplade qui avait eu la bonne fortune de grandir dans un pays fertile, où abondaient les ressources naturelles, devait s'efforcer de conserver pour elle seule et pour les générations issues d'elle les avantages que la nature lui avait faits. Les mariages devaient s'y faire entre consanguins et l'inceste n'y était point proscrit, ou plutôt il était ignoré en tant qu'acte susceptible d'être prohibé.

Au contraire, les peuplades condamnées par la pauvreté de leur sol et par leur caractère instable à rechercher de nouveaux habitants, étaient portées à l'exoganie ; celles, d'autre part, où la mortalité trop grande, le chiffre des naissances trop peu élevé, faisaient redouter une dépopulation funeste, étaient portées à recevoir et conserver des éléments étrangers qui constituaient un accroissement de force et de vitalité.

Il était nécessaire dans ce dernier cas, que les nouveaux-venus fussent traités en étrangers, ne jouissent point des mêmes droits que les indigènes, fussent sans autorité sur les générations mêmes qu'ils contribuaient à donner à leur tribu adoptive. De là venait fatalement la situation maritale connue sous le nom d'*ambil* et aussi peut-être le matriarcat. Si en effet, ces mêmes hommes dont la tribu avait besoin pour procréer étaient envoyés ensuite à la recherche du gibier ou occupés à des travaux qui les éloignaient du foyer domestique, n'était-il pas naturel que la femme prît dans la famille une importance beaucoup plus grande que le mari, et que les coutumes qui tenaient lieu de loi fissent un cas beaucoup plus grand de la parenté féminine que d'une parenté masculine difficile à établir, le plus souvent inconnue d'ailleurs. C'est ce qui explique que Grosse ait constaté un matriarcat véritable chez ceux qu'il a appelés avec raison les « agriculteurs inférieurs », tels les sauvages de la Malaisie de la Popouasie, les Hurons, les Iroquois. C'est également chez eux que Mazzarella a constaté l'ambil pur.

A mesure que la tribu s'ouvre davantage au dehors, l'étranger admis dans son sein acquiert plus de droit sur les membres de sa famille, notamment sur sa femme et ses enfants. On voit alors apparaître l'ambil temporaire, sorte de redevance payée en nature (en travail, en domesticité) par le mari à son beau-père, redevance qui plus tard s'acquitte en argent. Plus tard encore, alors que le mari est devenu en apparence le maître de sa femme et de ses enfants, il est cependant obligé d'en appeler à la juridiction de la famille de sa femme en cas de conflit, de contestation, de désaccord, d'adultère, etc. De telle sorte que bien des générations se succèdent avant que la *patria potestas* puisse s'établir dans ces tribus.

Au contraire, elle s'établit d'emblée dans les tribus guerrières, comme conséquence du rapt, de l'enlèvement violent des femmes aux tribus voisines. La jeune fille enlevée à sa patrie est dans la position d'une esclave, elle n'a pas de droit sur les enfants qui lui naissent d'un mari libre (et même libre de ne pas les adopter). Le matriarcat ne peut être qu'un accident dans l'existence de ces peuples.

Il se conçoit beaucoup plus aisément chez certains sauvages de l'Amérique du Nord, qui, d'après Grosse, sont des

« chasseurs supérieurs » : tous les hommes valides en effet sont occupés à des travaux extérieurs à la vie domestique, ils sont éloignés du foyer par de continuelles expéditions qui se prolongent pendant de longs mois, leur existence comporte une double organisation : patriarcale et matriarcale. Ils n'ont pas recours au rapt, à la violence pour s'emparer de leurs épouses ; l'exogamie pacifique semble être la règle chez eux. La femme élève ses enfants au foyer de ses aïeux tandis que le mari assure de concert avec ses alliés la subsistance commune.

Mais que le matriarcat ou le patriarcat soit le mode adopté, ce qui frappe le plus dans l'organisation familiale primitive, c'est la subordination de l'intérêt individuel à l'intérêt familial dont le chef de la famille est d'ailleurs la sauvegarde : ce qui lui confère son autorité parfois sans limites. Voilà un fait beaucoup plus important que la situation juridique de l'homme ou de la femme. En général, les droits de l'individu sont méconnus dans la vie sociale primitive ; tantôt ceux de la femme, tantôt ceux de l'homme, tantôt ceux des enfants ou des serviteurs le sont davantage dans la famille antique ou dans la famille sauvage. Mais il n'y a pas de raison pour affirmer que ce sont d'abord ceux de l'homme, puis ceux de la femme qui sont *nécessairement et universellement* plus respectés ou plus méconnus.

III

M. Lalande a confondu la ruine de la puissance collective, représentée par l'autorité patriarcale ou matriarcale, avec la dissolution de la famille. Cependant le relâchement du lien familial proprement dit n'a rien à voir avec le relâchement de ce lien social d'un autre ordre qui unissait dans un même agrégat, esclaves, affranchis, clients, enfants, fils adoptifs et parents. Un examen superficiel peut sans doute amener un auteur désireux de soutenir une thèse paradoxale à voir dans la famille romaine des temps de la République le type de la famille unifiée et différenciée à la fois, systématisée malgré la diversité de ses éléments. Mais outre que le choix est tout à fait arbitraire, on remarque bien vite que le patriarcat romain ne constitue pas plus la véritable famille que le matriarcat indo-américain ou polynésien. La véritable famille est pour nous, êtres moraux, celle qui comprend des éléments unis à la fois par des liens de parenté et des liens juridiques reposant sur des obligations morales, au premier raug desquelles se place le respect de la dignité des personnes. L'acte sexuel est partout la base matérielle de la famille ; la procréation, la naissance des enfants, leur conservation, leur éducation, l'affirmation continuelle de la solidarité étroite des générations successives, voilà la fin multiple de l'institution familiale. Comme l'a bien vu Kant, pour que l'acte sexuel soit moral, il faut que la femme soit l'égale de l'homme et soit également respectée ; pour que la procréation soit morale, il faut qu'elle entraîne le sacrifice dans les soins incessants à donner aux enfants, la conscience de toutes les obligations que leur éducation entraîne ; enfin, pour que la vie de famille soit morale, il faut que l'affection y détruise la crainte. que l'autorité soit fondée sur la raison, que l'aide réciproque résulte d'une affection mutuelle. Aucune de ces conditions n'était réalisée dans la famille romaine. Mais elles tendirent à s'y réaliser par les différentes « révolutions » que nous avons signalées plus haut d'après M. Lalande lui-même.

Comme nous l'avons dit ailleurs, la famille proprement dite se concentra, rejetant en dehors d'elle tous les éléments qui ne lui appartenaient pas vraiment : esclaves, domestiques, clients, parents éloignés mêmes, et le lien familial au lieu de se relâcher devint plus fort ; il ne pouvait enserrer un si grand nombre d'éléments, si hétérogènes les uns aux autres ; il n'exista tel qu'il devait être que lorsque les conditions sociales lui permirent de trouver une matière appropriée.

Ces conditions sociales ne furent elles-mêmes réalisées que grâce à une modification du corps social qui détruisit la puissance coercitive du groupe, de la collectivité en dégageant de plus en plus la valeur individuelle. La différenciation de l'agrégat primitif aboutit à l'indépendance relative de l'individu, et à la dissolution corrélative des groupes dont l'existence reposait sur des principes incompatibles avec cette indépendance. Mais elle ne peut avoir pour résultat dernier une homogénéité complète. Il ne faut pas confondre en effet homogénéité sociale et égalité morale des individus. Reconnaître à priori à tous les individus des droits égaux (sans condamner pour cela une inégalité dans les situations, par conséquent dans les obligations, et finalement dans les droits effectifs) ce n'est pas reconnaître leur identité ou du moins une similitude qui les empêche de remplir chacun sa fonction sociale nettement définie.

On nous affirme, contrairement à ce que prétend M. Durkhain, que la division du travail social est un vestige de la vie animale, un reste de sauvagerie, une « survivance » des temps primitifs de l'humanité. Mais comment la division du travail eût-elle pu être considérable dans une société où le commerce était inconnu, l'industrie bornée à quelques modes de fabrication très rudimentaires, les fonctions politiques concentrées en quelques mains ? Comment douter des progrès de la spécialisation dans les carrières industrielles comme dans les carrières administratives, alors que tout la désigne de plus en plus comme la condition même du succès.

Tout dans la vie sociale, aussi bien les causes économiques que les causes morales de devenir contribue donc à opposer l'individu à la collectivité et, à affranchir celui-là du despotisme de celle-ci, dans la famille comme dans la nation. Mais cette affranchissement est si loin d'entraîner la rupture du lien familial que, comme nous l'avons déjà indiqué, elle favorise son établissement en réalisant la première condition morale de son existence. Quand tous les hommes comprendront quelle est la haute valeur morale de la vie de famille, ils ne rechercheront plus les unions humiliantes pour la femme ou pour le mari, funestes à l'éducation des enfants ; la recherche d'une épouse ne sera plus la recherche d'une dot ou d'une servante, pas plus que la recherche d'un mari ne sera celle d'un domestique : ces vestiges du patriarcat, du matriarcat et de l'ambil primitifs, disparaîtront comme ont disparu les formes si curieuses du lévirat, cette institution qui, en obligeant le veuf ou la veuve à épouser la sœur ou le frère de la personne décédée, subordonnait entièrement la satisfaction des désirs ou des intérêts individuels à la conservation de la famille, à la satisfaction de la collectivité.

L'esprit familial n'est pas l'esprit d'obéissance, de respect craintif, d'une part, de domination et de dignité surhumaine, d'autre part ; c'est l'esprit de charité, d'amour, de solidarité : il est moral d'en souhaiter le développement ; rien n'empêche, au point de vue sociologique, qu'il ne grandisse et se confirme dans l'humanité civilisée.

TABLE DES MATIÈRES

www.ingramcontent.com/pod-product-compliance
Ingram Content Group UK Ltd.
Pitfield, Milton Keynes, MK11 3LW, UK
UKHW022101120726
13694UKWH00001B/276